"크게 승부하라"

성공을 원하면 크게 승부하세요.
큰 성공은 항상 담대한 투자자의 몫인 법.
이익을 끊지말고 위대한 굴리세요.

최 승 욱 드림

주식 천재가 된
홍대리

주식 천재가 된 홍대리

최승욱 지음

리설 라이프

추천사

● 당신은 주식 책이 재미있다고 하면 과연 믿겠는가? 홍 대리를 주인공으로 한 이 책은, 정말 놀랄 만큼 재미있다.

처음엔 흥미진진하다가 홍 대리의 성공 스토리에 가서는 눈가에 눈물이 맺힐 정도로 감동스럽기까지 하다.

그런데 이 책은, 주식의 각종 이론과 실전 사례가 방대하게 들어 있는 그런 어렵디 어려운 증권 책이 아닌가. 그럼에도, 단 3시간 만에 에필로그까지 몽땅 읽을 정도로 너무 쉽고 재미있다는 사실이 도저히 믿기지 않을 정도다.

만약 당신이 지금 쉬운 증권 책을 찾고 있다면, 그러면서도 돈 버는 원리가 몽땅 담긴 그런 책을 찾고 있다면 반드시 이 책을 일독할 것을 권한다. 정말 증권 책으로서 영역의 한계가 결코 없다는 사실, 이 책을 통해 처음 느꼈을 정도로 이 책은 위대한 수준이다. | KG모빌리언스 윤보현 대표 |

● 나 역시 과거 깡통을 찬 경험이 있는 터라 이 책을 읽은 순간 모든 상황과 등장인물들의 에피소드들이 가슴에 와 닿았다. 책장을 한장 한장 넘기는 동안 크게 승부하는 법을 몰라 포스코를 너무 일찍 손에서 놓았던 순간, 손절매 기준점의 중요성을 몰라 기아차 투자를 통해 얻었던 큰 이익을 고스란히 토해내었던 순간 등이 마치 주마등처럼 스쳐 지나갔다.

조금만 더 일찍 이 책을 접했더라면 최소한 깡통은 차지 않았을 거라 생각하니 그저 안타까울 뿐이다. 부디 이 책을 계기로 많은 투자자가 크게 승부하는 법을 배워 더 이상 주식투자를 통해 고통 받지 않았으면 하는 마음 가득하다.

| B&IP 국제특허법률사무소 대표변리사 박천수 |

● 지난 오랜 기간 주식시장의 현장에서 탁월한 전문가로 활동해온 이 책의 저자 최승욱 대표는 "모든 문제의 답은 시장에 있다."라며 시장의 중요성을 강조한다. 저자는 성장 동력과 비전을 갖춘 기업을 발굴하여 "무릎에 사서 어깨에 판다."라는 증시 격언에 충실하도록 보유 기간의 조절론을 들어 '시장존중주의'를 부르짖는다. 평소 알고 있던 내용이지만 접근 방식이 참 새롭다.

또, 저자는 주식투자를 마라톤에 비유하면서 우리네 인생과 투자를 평생 함께한다는 각오로 아주 여유로운 마음으로 주식투자에 임할 것을 주문한다. 주식시장에서 탐욕과 두려움, 그리고 시간을 극복하는 지혜야말로 성공 투자의 가장 큰 덕목이기 때문에 그의 마라톤 이론은 가슴에 절실하게 와 닿는다.

특히 주식투자에 대한 저자의 모든 철학과 이론을 자동차 운전에 비유한 '드라이브 이론'은 오랜 경험에서 나온 아주 적절한 예시이며 주식투자의 핵심을 매우 정확하게 꿰뚫고 있다. 항상 느끼는 거지만 최승욱 대표의 글은 탁월한 리얼리티와 흡인력을 가지고 있다. 이 리얼리즘은 투자전문가인 자신이 경험했던 실제 상황들을 극화한 것이기에 가능하리라 판단된다. 아무튼, 이 책의 모든 것이 놀랍고 훌륭하다.

| 행복한주주포럼 공동대표 표형식 |

● 불과 2~3년 전만 해도 결코 상상할 수 없었던 꿈의 2000P 시대가 드디어 도래했다. 그러나 15년 전 IMF를 거치면서 277P라는 혹독한 지수를 경험한 숱한 개인 투자자들에게 오늘의 2000P는 어쩌면 잔혹한 지수가 아닐까? 지수로는 무려 일곱 배의 엄청난 성장이지만 성공을 경험한 개인 투자자들은 분명 소수에 불과할 것이니 말이다. 만약, 실패와 눈물을 딛고 시장에 지금껏 생존하고 있는 투자자들이 있다면 아마도 이 책의 홍 대리처럼 기본부터 새롭게 투자법을 익히고 실전에서 자신만의 수익 모델을 찾아 끊임없이 탐구한 소수의 투자자들일 것이 분명하다.

주식시장에서 성공한 사람들의 노하우를 단 한 권의 책으로 얻을 수 있다면 그건 큰 행운이자 축복임이 틀림없다. 과거 IMF를 거치면서 겪었던 수많은 선배들의 시행착오를 되풀이하지 않아도 될 터이니 말이다. 게다가, 앞으로 언젠가 맞게 될 투자위험으로부터 자신을 보호할 요긴한 방패가 될 것도 분명하고. 그런 측면에서 이런 투자 지혜들을 훌륭하게 담아낸 최승욱 대표의 이번 책은 대단한 가치가 있다고 판단된다.

이번 『주식 천재가 된 홍 대리』는 주식투자를 막 시작하려는 분이나 이미 시작한 분들이 앞으로 경험하게 될 모든 상황들, 그리고 그에 대한 대처법들이 실전 사례와 함께 거의 대부분 담겨 있다. 참 신기한 것은 그 방대한 내용을 하나도 빼지 않고 몽땅 소설 형식으로 풀어썼다는 것이다. 당분간 이런 형식의 접근은 물론, 이와 같은 높은 퀄리티의 증권 서

적이 나오기는 어렵지 않을까 생각해본다. 모쪼록, 세상에 공짜는 없듯이 주식투자를 통해 성공을 꿈꾸는 사람들이라면 최소한 이 책만큼은 반드시 일독했으면 하는 바람이다.

| 전 이트레이드증권 전무이사 표순도 |

● 최승욱 대표의 책이 다 그렇지만 특히 이번 책을 읽다 보면 최소한 한 번은 둔기에 맞은 듯한 심한 충격을 입게 된다. 평소에 내가 바로 이런 책을 쓰고 싶었는데……. 그의 책은 매번 이렇게 시기심을 불러일으킨다. 물론 중독성 또한 강하다. 이번 『주식 천재가 된 홍 대리』를 읽다 보면 실제 주식시장이라는 전쟁판 속에서 마치 내가 치열하게 전투를 하고 있는 듯한 생생한 현실감이 온몸으로 느껴진다. 항상 무릎을 탁 치게 만드는 간결하고도 핵심을 찌르는 이론들은 이번에도 여지없이 녹아 있어 다시 한 번 그의 존재감을 느끼게 한다. 이번 책 또한 대가다운 탁월함이 돋보이는 명작으로서 어쩌면 그의 일곱 권의 전작 중 가장 대표작이 되지 않을까 생각될 정도다. 단언컨대, 돈을 버는 가장 빠른 지름길이 있다면 바로 이 책을 정독하는 것이리라 믿어 의심치 않는다.

| 한국경제TV 인터넷뉴스 팀장 김상민 |

프롤로그

'크게 승부하라, 이익은 최대한 굴려라'

이 책에는 새가슴으로 통하는 '홍시우'라는 초보 주식투자자가 등장합니다. 인생이 엉망진창으로 꼬여 있어, 지칠 대로 지친 상태의 스물아홉 살 직장 여성이죠. 그러던 어느 날, 그녀는 '큰물'이라는 재야의 큰손을 만나게 됩니다. '큰물'로 통하는 최부식은 불과 10년 만에 맨손에서 시작하여 수백억 원을 벌어들인 전설적인 인물로서, 실존 인물이기도 합니다.

'크게 승부하라.'
이것이 홍 대리(홍시우)를 만나서 던진 '큰물'의 첫 훈수입니다. 이 훈수 한마디가 훗날 어마어마한 결과로 이어지게 됩니다. 한낱 개미에 불과했던 홍 대리는 소심한 성격을 극복하고, 아주 짧은 시간에 최고의 승부사로 탈바꿈하게 됩니다.
한편, '큰물'로 인해 희망을 하나씩 찾아가고 있던 홍 대리 앞에 또 한 사람의 특급 멘토가 나타납니다. 그는 혼란스러운 증권계의 사부 중의 사부로 통하는 '주식사부', 바로 현승철 원장입니다. 그는 구렁텅이에 빠져 허우적거리는 홍 대리에게 체계적인 거래 법칙과 삶의 철학을 하나씩하나씩 알려줍니다.

'이익은 최대한 굴려라.'

이제 그녀는 '주식사부'를 통해 이익을 최대한 굴리는 요령에 대해서 배웁니다. 그뿐 아니라 그를 통해 이기는 게임에 대한 비밀들을 하나씩 터득하면서 수렁에서 서서히 빠져나오게 됩니다. 그로부터 멀지 않은 어느 날, 소심했던 홍 대리는 자기 인생의 모든 것을 걸고 주식판에서 멋진 승부를 감행합니다. 그들 멘토에게서 배운 대로 말입니다. 아마도 글을 읽는 당신의 가슴속이 다 후련할 정도로 그녀의 승부는 담대하고 통쾌할 것입니다. 수개월 전의 새가슴 홍 대리는 이제 어디에도 없을 정도로 그녀는 완벽한 승부사로 탈바꿈하게 됩니다. 결과가 무척 궁금하다고요? 글쎄요……. 당신이 직접 홍 대리와 함께 먼 여행을 떠나보시는 게 가장 빠르지 않을까요?

이제 제 이야기를 할 차례입니다.

지금 저는 증권 시스템을 개발해서 증권사에 제공하고 있습니다. 그동안 '쪽집게', '상HTS' '보물상자', 'MW리버스' 등 여러 시스템을 만들어서 몇몇 증권사에 제공했습니다. 또한, '상TV'라는 증권 사이트를 운영하고 있으며, 여의도에 있는 당사 아카데미에서는 제자들을 정기적으로 배출하고 있습니다. 거기에다가 틈틈이 시간을 쪼개어 집필한 책이 출간된 것만 벌써 일곱 권이 되었습니다. 정말 하루에 단 한 시간도 여유 있게 쓸 수 없을 정도로 바쁘게 살고 있습니다.

그런데 제가 이렇듯 바쁜 삶 속에 가장 활력을 느끼고 보람을 찾는 일이 무엇인지 아십니까? 다름 아닌 여의도에 있는 당사 아카데미에서 제자를 양성하는 일입니다. 이 아카데미를 통해 지난 11년간 무려 5500여 명의 제자를 배출했으니 스스로 자부심을 느낄 정도로 정말 열심히, 온 정성을 다해 제자를 배출한 거 같습니다. 그런데 이렇듯 엄청난 숫자의 증권 전문가를 양성할 수 있었던 힘이 무엇인지 아세요? 그 배경은 바로 투철한 사명감입니다. 운전면허 없이 운전해서는 안 되듯이 증권 공부 없이 결코 주식을 거래해서는 안 된다는 그런 사명감 말입니다.

저는 지금껏 올바른 트레이더를 양성해야 한다는 사명감을 단 한 번도 잊은 적이 없습니다. 깡통에 허덕이는 개미 투자자들, 그들을 이 살벌한 증권시장에서 오랫동안 생존하게 하고, 더불어 마지막 승자로 만들어야 한다는 그런 막중한 사명감 말입니다. 아마도, 저에게 그런 사명감이 없었다면 지금껏 단 한 명의 제자도 배출하지 못했을 것이 분명합니다.

이렇듯 이 책의 탄생은 바로 저의 사명감에서 비롯됐음을 밝힙니다. 지난 11년간 5500여 명의 제자를 배출하면서 쌓은 경험, 그리고 저와 저의 제자들이 실전 트레이딩을 통해 얻은 수많은 이론과 거래 철학들이 있습니다. 이제는 이것을 책으로 옮겨서 더욱 많은 사람에게 우리의 메시지를 전해야 한다는 사명감에 다시 한 번 책으로 묶게 된 것입니다. 그리고 무엇보다도 크게 승부하는 습관이 부자가 되는 데 얼마나 절대적인지에 대한 저의 믿음과 그 철학을 분명하게 알려야 했습니다.

그러기 위해서, 대부분의 투자자와 크게 다를 바 없는 홍 대리라는 가상의 인물을 만들어서 소설 형식으로 접근하는 것이 최선이라 판단했습니다. 아무튼, 이 책은 재미있으면서 부자 공식이 듬뿍 들어 있는 그런 주식 책을 써야겠다는 바람에서 출발했습니다. 그런 만큼, 이 책을 접한 독자들은 이 책이 갖고 있는 마법 같은 힘에, 그리고 성공 천사 홍 대리의 거부할 수 없는 매력에 분명 푹 빠질 것이라 굳게 믿습니다.

어쩌면 독자 자신의 경험까지 덧칠해서 한층 진보된 홍 대리를 창조하고, 그녀의 성공 모델을 곳곳에 알리는 열렬한 메신저가 될지도 모릅니다. 만약, 저의 이런 호언장담에도 불구하고 이 책이 재미있지 않거나 배움의 가치가 전혀 없다고 판단되시면 저는 그 책임을 분명히 질 것입니다. 언제든 필자가 있는 여의도 교육장으로 오시면 책의 값만큼 주식 강의로 갚거나, 맛난 식당으로 당신을 모실 것을 약속드립니다.

저는 당신이 처한 상황을 모릅니다. 어쩌면 당신은 너무 풍요로워서 아무 걱정이 없을 수도 있고, 반대로 한강 다리에서 뛰어내리고 싶은 충동을 느낄 정도로 하루하루가 참담할 수도 있습니다. 그러나 이 점만은 분명히 말씀드릴 수 있습니다. 모든 고통의 무게는 희망만 버리지 않으면 의외로 가볍다는 사실을 말입니다. 포기하지 않는 이상 당신은 여전히 승자입니다. 저는 지금껏, 희망을 손에서 놓지 않으면 큰 행운은 반드시 올 것이란 믿음으로 살아왔습니다. 저는 두 번이나 깡통을 찼으면서도 지금껏 희망을 버리지 않았습니다. 그 덕분에 오늘의 주인공인 홍 대리까지 탄생할 수 있었으니 참으로 다행이 아닐 수 없습니다. 충분한 시간과 실낱같은 희망, 이것 이상의 소중한 보물은 제게 결단코 없었다는 말씀을 드립니다.

자, 그러면······.

소심한 홍 대리가 어떤 계기로 담대한 홍 대리로 변화하는지, 그리고 어떤 비밀을 풀어서 큰 부자의 길을 걷게 되는지, 이제 저와 함께 그녀의 삶 속으로 한번 들어가보도록 하겠습니다. 분명, 당신도 매력덩어리 홍 대리를 통해 그동안 놓고 있던 희망의 불씨를 새롭게 발견할 것이라 굳게 믿습니다.

홍 대리 파이팅! 개미 투자자 파이팅!

개정판을 내면서

지난 11년간 개인 투자자들의 평생사부로 활동하면서 가장 기억에 남는 책 중 하나가 『주식천재가 된 홍 대리』입니다. 2007년 출판 당시만 해도 어려운 주식 이야기를 소설로 표현했다는 점에서 수많은 독자들에게 큰 호평을 받았습니다. 아마도 주인공 홍시우가 주식투자에 실패한 아버지를 위해 좌충우돌하는 모습에서 대부분의 독자들이 동질감을 느꼈기 때문이라고 생각합니다.

어느덧 이 책을 발간한 지 5년이란 세월이 흘렀고 많은 변화가 있었습니다. 2008년 9월 15일에는 미국 투자은행 리먼브라더스가 파산하면서 글로벌 금융시장이 위기를 맞이했고, PIIGS(포르투갈, 이탈리아, 아일랜드, 그리스, 스페인) 등 유럽 5개 국가가 부도 위기에 빠지는 등 유로존 재정위기는 2012년 지금까지도 글로벌 경제를 위협하고 있습니다.

그 외에도 삼성과 애플을 주축으로 스마트폰 시장에 혁신이 일어났고, 한류 열풍에 힘입어 중국시장에서 국내 기업들의 선전이 두드러졌습니다. 최근에는 2012년 제18대 대통령선거를 앞두고 수많은 정치테마들이 급등락하는 등 시장은 여전히 빠르게 순환하는 모습을 보였습니다.

이렇게 급변하는 시장 상황을 보며 필자는 『주식천재가 된 홍대리』를 좀더 보완해야 할 필요성을 느꼈고 이번에 여러 달의 고민과 수고 끝에 개정판을 내게 되었습니다. 모쪼록 주인공 홍시우가 주식시장에서 어떻게 성공하는지, 여러분은 또 어떤 준비를 해야 하는지, 이번 개정판을 통해 다양한 자극과 큰 혜안을 얻으시길, 진심으로 빕니다.

2012년 11월 평생사부 최승욱

Contents

추천사 4
프롤로그 '크게 승부하라, 이익은 최대한 굴려라' 8
개정판을 펴내며 13
등장인물 소개 16

Chapter 1	공짜 점심은 없다!	19
Chapter 2	부자를 만나라	43
Chapter 3	성공은, 잘할 수 있는 것을 더 잘하는 것이다	55
Chapter 4	나는 나를 베팅한다	71
Chapter 5	파이프라인 증권아카데미에 가다	83
Chapter 6	첫째 날, '주식투자의 핵심은 보유 기간의 조절'	99
Chapter 7	둘째 날, '미래 가치주에 베팅하라'	129
Chapter 8	셋째 날, '강한 종목에 베팅하라'	159
Chapter 9	넷째 날, '수급의 핵, 외국인 따라 하기'	197
Chapter 10	마지막 날, '매매 타이밍을 잡아라'	233
Chapter 11	홍대리, 실전에 나서다	273
Chapter 12	잊지 말아야 할 드라이브 이론	293
Chapter 13	이것이 진짜 큰 승부다	357

에필로그 청량리 지점 트레이딩 센터장이 된 홍시우 378

등장 인물 소개

홍시우(29세)
증권사 경력 5년차지만 영업 경력이 짧고 새가슴이라 불릴 만큼 소심해 매매에 자신이 없다. 그러다가 아버지의 투자실패를 계기로 증권 전문가로 거듭나려 한다. 바로 이 책의 주인공이다.

큰물(50대 중반)
50대 중반. 본명 최부식.
증권투자로 큰 부를 이룬 재야 주식계의 거물.
우연한 기회에 시우의 투자 멘토가 된다.

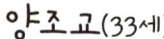

강석기(시우의 애인)
대학 강사로 일하며 교수의 꿈을 키우고 있다.
주식을 투기로 인식, 투자 전문가로 변신하려는 시우를 막기 위해 친구인 양대식을 끌어들인다.

양조교(33세)
본명 양대식. 파이프라인 증권아카데미의 강사.
석기의 친구로 시우를 주식 천재로 만드는 데 결정적인 역할을 한다.

주식사부(41세)
본명 현승철.
여의도에 있는 파이프라인 증권아카데미 원장이다.
훗날 시우에게 '드라이브 이론'을 전수한다.

홍재만 (시우의 아버지)

시우의 아버지.
교직에서 은퇴하고 사설펀드에 퇴직금을 넣었다가 크게 실패한다.

그 외 인물

최준기
시우가 다니는 증권사 지점의 차장이다. 관심이 온통 재테크뿐이며, '복리마법사'로 불린다. '돈밖에 모르는 인간 독종'이라는 말까지 듣는다.

김연동
시우가 다니는 증권사 지점의 과장이며 험악한 인상과는 달리 뛰어난 두뇌의 소유자로 '인공지능'이라고 불린다.

마도로스
본명 장무석. 외항선원 출신의 투자자로 파이프라인 증권아카데미 수강생.

태권도
본명 고광식. 파이프라인 증권아카데미 수강생이다.

그 외 박치곤 차장, 상한가 종목을 먹기 위해 평소 '빨간색'을 좋아한다는 철학을 가진 김진수 대리, 홍대리와 입사동기이며 평소 입이 가벼워 '촉새'로 통하는 정은영 대리, S라인으로 통하는 오진채 등은 시우의 직장 동료들이다. 그 외 증권아카데미 동료들로 깡통맨, 퇴직금여사, 노후대비, 인천가치주가 등장한다.

chapter **1**

공짜 점심은 없다!

Become a Genius in Stocks

　시우의 버릇은 좀 독특했다. 스트레스가 쌓인 날이면 반드시 피자를 먹었다. 20대 후반으로 넘어가며 슬그머니 불어난 체중을 고민하면서도 이 버릇은 쉽게 고쳐지지 않았다.
　'오늘은 참고 밥이나 먹을까?'
　그러나 시우의 마음과 달리 발걸음은 단골 피자집으로 향했다. 막상 가게 문을 밀고 들어가니 애써 참았던 식욕이 마구 요동을 쳤다.
　시우는 평소 즐겨 먹던 불고기피자를 중간 크기로 주문했다. 습관적으로 얼음 없는 콜라를 시키려다가 급히 커피로 주문을 바꿨다.
　'콜라만 줄여도 살이 조금 덜 찌겠지?'
　치즈와 피망이 듬뿍 올려진 따끈한 피자가 나왔다. 피자를 앞에 놓고 앉으니 석기의 찡그린 얼굴이 떠올랐다. 시우와 석기는 결혼을 약속한 사이였다. 그러나 둘은 벌써 열흘째 냉전 중이다. 요즘 석기는 무척 쌀쌀했다. 그 밑바탕에는 자신의 주체 못할 식욕으로 인해 통통해진 몸매도 있겠지만 둘의 결혼 일정이 예정대로 진행되지 않은 이유도 있을 것이다. 시우도 그걸 알지만 마음의 상처로 인해 식욕은 더욱 왕성해질 뿐이었다.

"모든 게 아빠 때문이야!"

평생 존경해왔고 세상에서 가장 현명한 분이라고 믿었던 아버지. 그러나 그런 아버지에 대한 기억은 한참 전에 무너졌으며 이제는 오롯이 원망뿐이다. 아버지를 생각하면 그녀에게 희망이라고는 없었다.

시우는 마치 밑 빠진 독에 물을 채우듯 큰 피자 조각들을 씹지도 않은 채 마구 우겨넣었다. 그럴수록 시우의 결심은 점점 확고해졌다.

'큰물을 만나자!'

H호텔 커피숍은 크고 깔끔했다.

중앙 테이블 쪽에서 한 중년 사내가 시우를 향해 일어나는 모습이 보였다. 연한 베이지색 점퍼에 평범한 청바지, 다듬지 않은 머리에 다소 통통한 체구의 중년 남자. 언뜻 보아서는 도저히 증권가의 전설적 인물인 '큰물'의 모습으로 여겨지지 않는 그저 그런 행색이다.

시우는 언젠가의 일면식을 떠올리며 조심스럽게 발걸음을 옮겼다. 그녀가 다가가자 이내 정중하면서 묵직한 목소리가 들렸다.

"혹시, 홍시우 씨?"

"네, 안녕하세요? 많이 뵙고 싶었습니다."

단 한마디 인사말을 전했을 뿐인데 싸한 느낌이 몸 아래쪽에서부터 가슴까지 빠르게 훑고 지나갔다.

큰물이 명함을 내밀었다. '인성제약 주주협의회 대표 최부식'. 분명 큰물이 맞다. IMF 한파로 한때 남대문시장의 모자 노점상 신세로까지 전락했다가 증권에 뛰어든 지 불과 10년 만에 수백 억대의 재산을 일군 큰물, 바로 최부식이다.

얼마나 기다렸던 큰물과의 만남이던가. 그런 인물이 지금 내 앞에 있다니! 시우는 갑자기 호흡이 가빠지면서 가슴이 두방망이질 쳤다.

"인제 보니 기억이 나는 것도 같구먼. 그래 회사는 잘 다니시고?"

"네."

"그런데 젊은 숙녀께서 무슨 일로 나를 그리 간절히 보자 하셨소? 나오기는 했소만 난 도무지 영문을 모르겠는걸."

큰물은 묵직하게 앉은 채 눈과 입으로만 얘기했다. 절제된 행동 속에 엄격함이 묻어났다.

"오래전의 우연한 인연을 핑계로 불쑥 연락을 드려서 죄송스럽습니다. 그렇지만……."

시우는 채 말을 잇지 못하고 목이 메었다. 그녀의 모습에 큰물이 뜨악한 표정이 되어 잠시 당황했다.

"어허, 무슨 일이 있었기에……. 난 여자 앞에서는 냉정하지 못해요. 주식이 여자 같았다면 아마 벌써 전에 깡통을 찼을걸?"

"죄송합니다. 제가 그만 감정에 복받쳐서."

"괜찮아요. 자, 자, 일단 차나 한잔하면서."

그러고 보니 시우는 아직 자리에 앉지도 않은 채였다. 그만큼 그녀는 절실했다.

큰물.

사람들은 최부식을 그렇게 불렀다. 그는 자타가 공인하는 재야 증권계의 제왕이었다. 수더분한 외모와는 달리 투자에서는 면도날처럼 날카롭고, 스스로 옳은 선택이었다고 믿으면 곰처럼 인내하는 투자 스타일로 큰 성공을 거둔 그에게 사람들은 '큰물'이라는 별명을 붙여주었다. 그의 역량에 대해서는 증권사의 현직 지점장들도 인정해 체면을 접고 암암리에 자문을 구할 정도였다.

홍시우 대리가 큰물을 만난 것도 그런 기회가 계기가 되었다. 6개월 전인가. 큰물은 홍 대리가 일하고 있는 세계증권사 청량리 지점을 방문했다. 지점장의 몇 번에 걸친 요청에 의한 방문이었다.

대학에서 경영학을 전공한 시우는, 5년 전 세계증권사에 입사하여 청량리 지점에서 근무하고 있었다. 나름대로 제 전공과 그리

어긋나지 않는 직장이었다. 그러나 경영관리 쪽에서 주로 일하다가 영업부로 부서를 옮긴 지 얼마 되지 않아 매매나 종목 판단에는 아직 자신이 없었다.

큰물이 지점을 찾았던 그날, 시우는 뜻밖의 봉변에 쩔쩔매고 있었다.

"너 이년, 네가 주식 전문가야? 아니 OCI가 태양광 대장주며 성장가치가 최고라며? 그렇게 좋다는 게 지금 어떻게 된 거냐고! 6개 월만에 반 토막이 났는데, 이제 어쩔 거야? 엉? 내 돈 5000만 원, 이거 어떻게 책임질 거냐고!"

"지 여사님, 그때 너무 조르셔서 말씀드렸고, 실적은 좋지만 이미 많이 올랐으니 충분히 확인하고 판단하시라 했잖아요. 그걸 그냥 덜컥 들어가시면 어떡해요?"

"야, 이년아. 그런 거 다 알면 내가 여기 왜 와? 아무튼, 네가 책임져! 그리고 여기 지점장 빨리 나오라 그래!"

50대 중반으로 보이는 한 중년 여자의 앙칼진 소리로 인해 지점은 금세 난장판이 됐다. 여자는 실내의 기물을 눈에 띄는 대로 마구 집어던졌고, 지점장 방으로 들어가려다 직원들에게 제지당하자 가까이 선 시우의 머리카락을 잡고 늘어졌다.

"아악, 지 여사님!"

그때 큰물이 시우의 머리를 움켜쥔 여자의 손목을 틀어쥐었다. 그 힘에 여자가 움찔하더니 시우에게서 손을 뗐다. 곧이어 큰물의 일갈이 쏟아졌다.

"아주머니! 주식은 첫째도, 둘째도 자신이 하는 겁니다. 그것도 모르고 투자를 합니까?"

여자도 지지 않았다.

"아저씬 뭐야? 저년이 추천하는 회사 샀다가 쫄딱 망했는데, 아저씨가 책임지기라도 하겠다는 거야, 뭐야?"

"그럼 한마디만 물어봅시다. 만약 저 직원 말 듣고 산 주식이 두 배로 올랐다면, 그럼 이익의 절반을 뚝 떼어 저 직원에게 고맙다고 내어놓을 겁니까? 어디 솔직히 말해보시죠."

"그, 그거야……."

"예, 나도 주식해 먹고살지만 그런 사람 한 번도 못 봤습니다."

"그런 건 아니지만."

"그래서 주식은 잘하든 못하든 자기 할 바입니다. 저 직원이라고 왜 미안하지 않겠습니까? 아쉽고 속상하겠지만 그만하시지요. 그래 봐야 다 자기 얼굴에 침 뱉기니까."

큰물의 단호한 목소리에 여자는 금세 의기소침한 얼굴이 되었다.

여자의 기가 꺾이자 큰물은 태도를 바꿔 부드러운 목소리로 위로의 말을 건넸다.

"어떤 투자를 하시는지 모르지만 정말 제대로 된 투자를 하시려거든 먼저 공부를 하셔야 합니다. 서양 속담에 이런 말이 있습니다. '공짜 점심은 없다!' 주식도 과학입니다. 부단한 노력으로 확률을 쌓아가는 야구 선수의 타율 높이기와 같은 거지요. 그게 아니라면 우연히 이익을 얻었다 해도 그건 한낱 모래성일 뿐입니다. 부디 오늘의 실패가 도움이 되길 바랍니다."

'공짜 점심은 없다.'

'야구 선수의 타율 높이기 같은 것이다.'

부드러우면서도 핵심을 찌르는 그의 말은 홍시우 대리에게도 또렷이 들렸다. 그것은 봉변을 면했다는 것 이상의 인상적인 말이었다.

그날 홍 대리는 소문으로만 듣던 큰물을 처음 보았다.

"그때 이런 걸 느꼈어요."

"어떤?"

"어떤 일이든 정상에 오른 사람들은 통한다는 말이 있잖아요. 산을 오를 때 방향은 제각각이어도 오른 후에는 모두 정점에서 만나듯, 그런 거 있잖아요. 학자든 운동선수든 정상에 선 사람들은 보통 사람들과는 차원이 다른 그런 생각들을 가지고 있는 것 같더라고요. 선생님도 그런 느낌이에요."

"허허, 사람 앞에 두고 칭찬도 할 줄 알고. 젊은 아가씨가 제법일세."

시우는 큰물의 말에 가볍게 미소를 지어 보였다. '오늘만큼은 우울해서는 안 되지.' 시우는 애써 밝은 표정을 지으며 잊었다는 듯 명함을 내밀었다.

"정식으로 인사드리겠습니다. 세계증권 청량리 지점 영업부에서 일하고 있습니다."

"크렘린 지점장은 잘 계신가? 여전하지?"

"어머, 별명까지 아시네요. 그런데 두 분 자주 만나시지 않아요?"

"요즘은 잘 못 봐요. 나야 괜찮지만 어디 제도권 인사가 재야 사람하고 자주 어울리면 되나. 크렘린이 전에 남대문 지점에 근무했는데, 그땐 더러 만나 세상 돌아가는 얘길 하곤 했지. 술도 많이 얻어먹었는걸. 혹시 그 양반, 지금도 매일 화난 사람처럼 상대방과 눈 안 마주치는 거 아냐? 나한텐 하도 욕을 먹어 안 그러지만."

큰물이 말하는 크렘린은 시우가 일하는 지점의 박진표 지점장이다. 박 지점장은 식사를 하든 회의를 하든 사람들의 시선을 결코 직접 보는 법이 없었다. 그 이유에 대해서는 의견이 분분했다. 어렸을 적에 눈빛이 맘에 들지 않는다는 구실로 동네 선배들한테 흠씬 얻어맞고 난 이후부터 그랬다느니, 윗눈썹이 눈동자를 찔러서 눈을 위로 뜰 수가 없어서 그렇다느니, 아무튼, 지점 안에서는 확인되지 않은 여러 의견이 나돌았다.

"호호홋, 맞아요. 항상 불만이 가득하신 표정이세요. 처음에는 저도 적응이 안 되었는데 이제는 차라리 편해요. 야단을 치셔도 내가 직접 야단맞는다는 생각이 안 들 때가 많거든요. 그런데 우리 지점장님 별명이 왜 크렘린이 되신 거예요?"

"아마도 속을 잘 드러내지 않아서겠지. 남대문 시절에 모두들 그렇게 부르더라고."

그러고 보니 그랬다. 지점장은 홍 대리가 입사한 이후 단 한 번도 크게 기뻐하거나 크게 침울했던 적이 없었다. 홍 대리가 본 지점장은 항상 같았다. 늘 일찍 출근하고 마지막까지 남아서 업무만 할 뿐이었다. 숨기고 싶은 사연이 많아서일까? 홍 대리는 크렘린이라는 별명이 지점장과 딱 어울린다는 생각이 들면서 한편으로는 평생을 할 말 않고 살아온 아버지랑 참 닮았다는 생각을 했다.

큰물이 다시 입을 열었다.

"자, 이젠 나를 만난 이유를 좀 들어보지. 설마 그냥 친하게 지내고 싶어서는 아닐 테고."

큰물의 말에 시우는 왠지 움츠러드는 마음을 다잡으며 마음에 담아둔 얘기를 시작했다.

"전 경영관리 쪽에서 일하다 영업부로 옮겼는데, 아직 실전 경험이 적어 직접 영업보다는 동료들에게 리서치 지원을 더 많이 하는 편이에요. 바쁠 땐 창구 업무도 돕고."

큰물은 갑자기 이게 뭔 소린가 하는 표정으로 시우가 건넨 명함을 다시 쳐다봤다. 시우는 말을 이어나갔다.

"그렇다고 고객 영업을 영 안 하는 건 아니고……. 어쨌든, 머리채를 잡힌 그 사건 이후로 기가 좀 눌렸죠, 뭐. 사실은 마음도 약해요. 그래서 선배들이 새가슴이라고 늘 놀려요."

시우는 큰물에게 하고 싶은 얘기를 아직 시작도 못하고 있었다. 막상 본론을 꺼내면 큰물이 어떻게 생각할지도 모르거니와 가슴에 담고 있는 아버지 얼굴도 자꾸 떠올랐다. 벌써 1년이 흘렀는데도 자신과 가족들이 겪은 끔찍한 악몽이 마치 어제 일처럼 또렷했다.

"시우니? 아빠다……. 네 엄마가 오늘 쓰러지셨다."
1년 전, 어느 날엔가 시우는 아버지 홍재만으로부터 다급한 전화를 받았다. 시우는 직장 때문에 안산의 집에서 나와 따로 살고 있었다.
그날 시우는 다섯 살 위의 연인인 강석기와 약혼반지를 구경하기로 한 날이어서 하루종일 들뜬 상태였다. 세상이 매일 오늘 같기만 하면 얼마나 좋을까! 시우는 석기와 만나기 위해 서둘러 퇴근을 하여 막 택시에 올라타 있었다. 아직 약속 시간이 남아 있어 단골 미용실에서 머리도 손보고 싶었다. 기왕이면 모양을 내고 반지를 끼면 더 기분이 나지 않을까 하는 게 시우의 마음이었다.
그때 받은 전화.
"아빠! 갑자기 무슨 말씀 하시는 거예요?"
가슴은 쿵쾅거리면서도 순간 오늘이 만우절인가 하는 생각이 들 정도로 시우는 전화 내용이 믿기지 않았다. 불과 한 달 전, 엄마 생일 때 찾아가 함께 장을 보며 즐거워했던 모녀였다. 그때 엄마 얼굴에 얼핏 알지 못할 수심이 보였지만 갑자기 쓰러질 만한 이유를 발견하지는 못했다.

"잘 듣거라. 너한테는 말하지 않았다만 엄마에게 한동안 가슴 답답증이 있었는데, 오늘 아침 갑자기 정신을 못 차리더니 낮에 아예 의식을 잃어버렸구나. 급히 구급차를 불러 지금 막 병원에 도착해 입원했단다. 의사 말로는 급성심근경색이라고 바로 수술을 해야 한다는구나. 그래서 지금 수술실에 들어갔다."

아빠의 침울한 목소리를 듣자 시우는 순간 눈물이 핑 돌았다.

"네? 급성심근경색요?"

"시우야! 네가 빨리 좀 내려와봐야겠다. 의사들 표정이 엄마가 많이 안 좋은 거 같다."

시우는 달리는 택시 바깥의 풍경이 눈에 들어오지 않을 만큼 아득해지는 중에도 아버지에게 질책의 말부터 쏟아냈다.

"계속 가슴이 아파왔다면서 진작 병원에 데려가지 않고, 어쩜 그럴 수 있어요! 아빠가 그러고도 남편이에요?"

"미안하다. 일단 와서 얘기하자."

"엄마…… 어떡해."

"내가 한동안 경황이 없었다. 시우야, 아빠는 지금 너무 무섭구나."

도대체 은퇴 시기를 보내는 아빠가 경황이 없을 일이 뭐란 말인가. 그리고 과묵하고 강인했던 아빠 입에서 '무섭다'라니. 도대체 무슨 일이 일어난 거야!

시우는 공포 속에 그대로 택시를 돌려 안산으로 가자고 했다.

시우가 부랴부랴 병원에 도착했을 때 엄마는 수술실에 있었다. 한참 후 수술실에서 나온 엄마는 중환자실로 옮겨졌다. 죽은 듯이 누워 있는 엄마의 얼굴이 종잇장처럼 하얬다. 시우는 그렁거리는 눈물을 애써 참으며 엄마를 보았다. 담당 의사가 아버지와 시우에게 엄마의 상태를 설명했다.

"조금만 늦었어도 큰일 날 뻔했습니다. 심근경색은 심장 근육에 산소와 영양을 공급하는 혈관이 동맥경화 등으로 막혀 생기는데, 발병 24시간 이내에 15%의 환자가 급사할 정도로 아주 위험합니다. 환자의 경우는 고혈압과 스트레스로 인한 급성심근경색으로 판명됩니다."

"건강하던 엄마한테 왜 이런 병이……."

"아마 전부터 간헐적인 가슴 통증이나 호흡곤란, 어지러움, 식은땀, 메스꺼움 등의 증상이 있었을 겁니다."

시우는 의사의 말을 들으며 아버지를 쳐다보았다.

"아버진 곁에 계시면서도 그런 거 전혀 모르셨어요?"

"내가 미처 신경을 못 썼구나. 네 엄마도 말을 잘 안 하고."

"아무리 그렇기로서니."

심근경색은 한마디로 심장 근육이 죽어가는 병이다. 의사는 손상된 심근이 펌프 기능을 잃게 되어 일부 기능 상실을 초래할 수 있다고 했다. 또, 엄마의 상태로 보아 심부전, 부정맥 같은 합병증이 우려된다고 했다.

엄마는 어쩌면 나머지 삶을 평생 병원의 관리를 받고, 수시로 입퇴원을 반복할 수도 있는 병을 얻은 것이었다. 그만큼 발병부터 예후가 나빴다.

시우는 아버지와 병원 복도 벤치에 나란히 앉았다.
"시우야, 면목이 없다."
"저도 잘한 거 없지만 아빠가 원망스러워요. 어떻게 엄마가 저 지경이 되도록 무심하셨어요. 아빠 그런 분 아니잖아요, 네? 왜요, 왜 그동안 모르셨어요?"
"그래, 미안하다. 다 내 잘못이다. 내가 한동안 좀 정신이 없었다."
"그건 무슨 말씀이세요? 학교에서 은퇴하시며 이젠 그냥 편히 쉬시겠다고 하셨잖아요."
아버지는 고개를 가로저으며 눈물을 훔쳤다. 시우가 평소 알고 있던 아버지의 모습과 많이 달라 순간 의아한 생각이 들었다.
"무슨 일 있었어요, 아빠?"
"……."
아버지는 뭔가 회한 가득한 모습으로 말문을 열지 못했다.
"답답해요. 아빠까지 왜 그러세요?"
"……내가 돈을 좀 잃었다."
"네? 아빠가 돈을 잃다니요?"

시우는 아버지가 도대체 무슨 말을 하는지 어안이 벙벙했다. 순간 며칠 전 엄마와의 통화 내용이 주마등처럼 스쳐갔다. 엄마는 무언가 말을 하려다 말고 "미안하다"라며 전화를 끊었다. 시우는 회사에서 한창 바쁠 때 받은 전화라 무심코 넘겼던 그 말이 다시 떠올랐다.

"얼마 전 엄마가 전화를 걸어와서는 밑도 끝도 없이 미안하다고 하신 일이 있는데, 그것도 관계되는 거예요?"

"아마 네 혼수 마련이 여의치 않아져서 그랬을 거다."

그 말을 하는 아버지의 얼굴에 눈물이 주르륵 흘러내렸다. 시우가 난생처음 보는 아버지의 굵은 눈물이었다. 아버지가 눈물과 함께 들려주는 얘기를 종합하면 이랬다.

시우의 아버지 홍재만은 평생을 초등학교 교사로 재직하다가 3년 전 정년퇴직했다. 출근을 하지 않게 된 아버지는 은퇴 생활이 생각보다 무료했다. 그러던 중 옛 친구의 소개로 한 투자 모임에 나간 게 화근이 되어 불과 몇 달 만에 퇴직금을 다 날리고 말았던 것이다.

시우는 어처구니가 없었다. 살아온 이력으로 보나 딸에게 대물림된 소심한 성품으로 보나 투자가 전혀 어울려 보이지 않는 아버지였다. 더구나 아버지는 딸이 증권회사에 다니고 있는데도 한마디 상의조차 없었다.

"내가 미쳤지."

아버지가 나갔던 자리는 투자를 목적으로 하는 한 퇴직자 모임이었다.

"은퇴 후 사업이란 게 해봤자 먹는장사더구면. 그런데 식당운영이 어디 쉬운가. 거의 중노동이지. 늙어서 하는 일이 좀 산뜻해야지, 거 앞치마 두르고 밤늦게까지 쟁반 드는 건 좀 그렇지 않소?"

"하긴 그래. 그렇다고 다들 젊게 사는 세상에 그냥 손 놓고 있기엔 아직 나이가 아깝고. 그럼 도대체 뭐가 산뜻한 일이라는 게요?"

"우리, 이참에 주식을 한번 해보면 어떻겠소?"

"주식? 에이, 주식은 아무나 하나."

주식 얘기를 한 건 주로 A씨였다.

"잘 모르는 치들은 투기니 뭐니 하는데, 주식은 그런 게 아니지요. 기업의 가치를 사는 거지."

"그런 말 정도야 우리도 압니다. 그렇지만, 경험도 없는 우리 같은 치가 어디……."

"어려울 거 없어요. 직접이 안 되면 간접도 있고. 또, 관심 가지고 공부하면서 하면 소일거리로도 좋고, 깔끔하고, 장사보다 거추장스럽지 않고, 치매 예방에도 좋고, 돈도 벌고. 뭐 잘하면 장점이 더 많지."

대화는 중구난방으로 흘렀다.

"요즘 주식시장이 너무 올라 위험하지 않을까? 당분간 조정을 받을 것이라는 뉴스도 있던데. 솔직히, 지금 시기는 전문가라도 수익 내기 어려운 시기일 거 같은데 우리 실력에 좀 어렵지 않겠소?"

"많이 아시네요."

"그럼 펀드를 해야 하나?"

"다 맞는 말이오. 하지만, 펀드 그거는 증권사 배만 불려주는 거지. 심지어 까먹어놓고도 수수료 떼지, 세금 빠져나가지. 활황장이라면 몰라도 지수가 너무 올라서 지금은 좀 그래요."

"그럼 도대체 뭐가 쓸 만하다는 거요?"

"잘 들어봐요. 내 대학 후배 중에 외국에서 주식 공부를 하고 온 전문가가 있어요. 미국 금융회사에서 10년 넘게 근무하면서 어마어마한 수익을 올리다 이번에 우리나라에 와서 투자팀을 만들어 자신이 배운 선진 기법을 전파하고 있는데, 아직은 국내 기반이 모자라 사설 펀드부터 시작하고 있죠."

"사모라고 하는, 그거 말이오?"

"일종의 그런 건데, 대신 선수수료 안 떼고, 이익이 날 때만 일부 사례를 받아요. 투자자로서는 굉장히 유리한 조건인데, 그보다 더 중요한 건 소위 급등주만 잡는다는 거지."

"사설이면 좀 위험하지 않을까?"

"글쎄요, 내 판단엔 일반 펀드보다는 나을 거 같아서 4개월 전에 한 3000만 원을 넣었는데, 벌써 수익이 거의 두 배가 났어요.

이건 그야말로 보물 같은 대박 종목들만 잡는 사람들인데, 운만 좋으면 한두 달 사이에도 몇 배를 버는 펀드예요."

"그래도 남한테 돈을 몽땅 맡긴다는 것이 영……."

"그런 걱정은 안 해도 됩니다. 이 펀드는 종목을 고르면 투자금의 일부는 본인이 직접 매입하게 해서 어떤 종목을 운용하는지 알게 해주니까요. 물론 매매 시기도 협의해주고. 내 돈이 어떻게 움직이는지 마냥 기다리게만 하는 치들하고는 운용 방식부터가 다른 거지."

이렇게 A씨의 말만 듣고 홍재만은 사설 투자자문사인 K투자사에 찾아가서 돈을 맡겼다. 일단 1000만 원만 넣어볼 요량으로 갔지만 주위의 분위기에 휩쓸려 재만은 초도 투자로 5000만 원을 맡겼다.

재만은 꿈에 부풀었다. 시우의 혼수를 누구보다 번듯하게 해주고, 아내의 건강을 위해 함께 골프도 치러 다닐 수 있으리라…….

그러나 재만의 투자는 결국 실패로 끝나고 말았다. 외국의 선진 기법으로 무장하고 국내 시장을 싹쓸이하겠다던 K투자사는 결국 주가조작 팀에 지나지 않았다.

이들이 차별화했다고 선전한 투자자와의 종목 공동 운용은 주가조작을 위한 신종 기법이었던 것이다. K투자사는 계절주, M&A 유망주, 중국 테마주 등 다양한 재료를 내세우며 종목을 선택해

모집한 자금을 넣었고, 같은 종목을 투자자들에게도 큰 단위로 매입하게 했다. 그렇게 해서 큰 세력과 자금이 뒷받침되는 개인들이 함께 견인하는 형태를 띠게 했다.

그들이 선택한 G사와 S사는 처음 불과 보름 동안에 40%의 급등을 보였다. 재만은 매일매일 주식 상황판을 보는 재미와 함께 급등하는 주가에 입이 벌어졌다. 그 이면의 주가조작은 상상도 하지 못한 채.

그러다 M&A 불발 등 악재가 나오면서 재만의 주식은 원금 대비해서 -20%로 주저앉았다. 그때 일말의 불안을 느꼈으나 그 시점에 K투자사는 재만을 비롯한 투자자들에게 조만간 크게 터진다는 믿음과 함께 협공 지원을 요청했다.

"더 큰 세력이 붙어 우리 주식을 뺏으려고 주가를 흔들고 있습니다. 흔히 있는 일인데, 이럴 때 팔면 절대 안 됩니다. 개별 계좌로도 더 매입해서 주가를 방어해야 합니다. 아무튼, 이번 고비를 잘 넘겨 모두 300% 이상 반드시 먹도록 합시다."

재만은 외곽 부대의 활동에 따라 주가가 하루에도 10% 안팎으로 춤추는 것을 보며 그 어디에서도 맛보지 못한 스릴을 느꼈다. 그 사이 K투자사에 넣은 펀드 자금은 1억을 넘어갔고, 개별 투자도 그 비슷한 액수에 달했다. 재만은 K투자사를 끝까지 믿었다.

그러나 K투자사의 주가 놀음은 그리 오래가지 못했다. K투자사가 산 종목들이 금감원의 불공정거래 혐의를 받았고, 조사에 착수하자 주가는 폭락했다. 외국 선진 기법으로 무장했다는 전문가들은 종적을 감추거나 구속되었다.

처음에 재만에게 투자를 권유했던 A씨도 큰 손해를 보았다. 그도 K투자사를 제대로 모르고 투자한 것이어서 재만이 책임을 물을 수도 없었다. 재만이 잃은 돈은 대략 2억 원에 달했다. 거의 전 재산이었다.

한여름 밤의 악몽을 꾼 것처럼 주식 놀음 이야기를 마친 아버지는 신음 같은 말을 쏟아냈다.

"네 엄마가 저리 된 것도 다 나 때문이다. 네 혼수 이야기를 하는데 고백하지 않을 수가 없었다. 퇴직금을 날렸다는 말에 네 엄마는 화도 못 내고 속으로 앓더니 저렇게 쓰러지고 마는구나."

복도 창 안으로 엄마가 몸을 뒤척였다. 마취에서 깨어나는 듯했다. 시우는 방균복을 여미고 병실 안으로 들어갔다. 시우는 엄마의 손을 잡았다. 고통 속에 가늘게 떨고 있는 손이 애처로울 정도로 찼다. 시우의 눈에 왈칵 눈물이 쏟아졌다.

엄마의 입원 생활은 오래갔다. 수술로 막힌 혈관을 뚫어냈지만 일부 기능이 상실된 심장은 돌이킬 수 없었다. 심장에 제대로 피가 돌지 못해 몸이 붓고 자주 호흡곤란이 찾아왔다. 때로는 가슴이 두근거리는 증세를 호소했고, 어지러움이 심해 누워 있는 시간이 길어졌다.

엄마는 한 달여의 입원 끝에 한 보따리의 약을 받아 들고 퇴원했다. 그러나 몸이 극도로 쇠약해져 집안일조차 하기 어려웠으며, 수시로 상태가 나빠져 툭하면 며칠씩 병원 신세를 졌다. 아버지는 죄인이 된 심정에 평생 안 하시던 가사를 책임졌고, 늘 엄마 곁을 지키느라 외출조차 자유롭게 하지 못했다. 시우는 자주 집에 들렀으나 직장 때문에 엄마를 돌보는 데 한계가 있었다.

문제는 엄마에서 그치지 않았다. 아버지는 흡사 폐인이 된 사람처럼 매사 의욕을 잃어갔다. 돌보아야 할 엄마만 아니었으면 곧 죽기라도 할 것처럼 하루하루를 간신히 버텼다.

살림살이도 말이 아니었다. 처음의 수술비와 입원비는 집을 담보로 은행 돈을 얻어 썼다. 그러나 이후 엄마의 약값과 반복되는 입원비에 돈이 적지 않게 들었다. 시우가 월급에서 더 많은 돈을 보내주고는 있었으나 겨우겨우 생활비를 맞춰가는 형국이었다.

아버지로 인해 생긴 불행은 시우를 분노하게 했다. 증권사에 있으면서도 아버지의 어이없는 투자에 아무런 역할을 하지 못했다는 자책도 컸다. 게다가 갑자기 어려워진 경제적 여건 또한 시우를 답답하게 했다. 도무지 해결책이 보이지 않았다.

chapter 2

부자를 만나라

Become a Genius in Stocks

　시우는 아버지의 잘못된 투자와 엄마의 와병으로 지칠 대로 지쳐갔다. 그 때문인지 아직 젊은 나이인데도 인생을 제법 산 사람처럼 지친 표정이 되어갔다.
　게다가 애인인 석기와의 관계도 예전만 못했다. 석기는 시우 집안에 닥친 불행을 이해하는 듯했지만 그 상황이 오래가자 은근히 짜증을 냈다. 겉으로는 요즘 들어 너무 먹어대는 시우를 타박하는 모양새였으나 사실은 흐트러진 결혼 계획에 불만이 있는 듯했다.
　약혼은 생략되는 쪽으로 넘어갔다. 그렇다고 약혼을 건너뛰어 결혼 날짜를 잡을 분위기도 아니었다. 거기에는 집안 문제 때문에 마음을 잡지 못하는 시우로 인한 이유가 컸다. 아버지는 계획한 대로 인륜대사는 치러야 한다고 말했지만 시우는 그럴 기분이 아니었다. 시우는 무언가 재정비가 필요하다고 생각했다.

　"선생님과 상관없는 이야기를 길게 해서 죄송해요. ……저, 그래서 주식투자로 물꼬를 터보려고 해요."

시우의 얘기를 듣고 있던 큰물이 입을 열었다.

"그래서 영업부로 부서를 옮겼다는 거지?"

"꼭 그런 건 아니지만…… 제 답답한 마음은 누구도 모를 거예요."

"불행이 겹친 자네 부모님의 이야기는 참 애석하네만, 그렇다고 주식투자를 복수하듯 덤벼서야 쓰나."

"아버지 돈을 만회해야겠다는 생각 때문만은 아니에요. 그렇게 하는 게 엄마의 치료에 분명 도움이 될 거라 생각해요. 게다가, 의기소침해지신 아버지께 예전의 모습을 돌려드릴 수 있는 방법이기도 하고요."

"자네 말을 이해하겠네."

"또, 더는 아버지와 같은 분이 없게 하고 싶어요. 그러자면 제가 주식을 더 알아야 할 것 같아요."

"좋아. 그럼 내가 어떻게 해주면 좋겠나?"

"외람된 말씀이지만 주식시장에서 이기는 투자법을 가르쳐주세요."

"허허허, 이기는 투자법이라."

큰물은 그 한마디를 던지고 잠시 침묵에 들었다. 시우는 조용히 큰물의 대답을 기다렸다.

"하긴, 그걸 몰라서 많은 사람들이 실패하지. 다행히 운 좋게 나는 그 돌파구를 찾아낸 사람이고."

"막상 영업부로 옮기긴 했어도 전 겁이 많아 승부를 피하기만 했어요. 그러다 보니, 솔직히 직접 자금 운용은 여전히 자신 없고요. 그리고 지금까지는 기업을 방문하거나 전화 탐문으로 동료들에게 리서치 자료를 지원하는 일을 주로 해왔습니다. 그래서인지 때론 괜찮은 종목을 발굴하고도 고객에게 추천을 못 해요. 믿음이 부족한 거죠. 그 원천은 물론 실력이 부족한 거고요."

"아냐, 아냐. 그것만으로도 큰 자산이지. 가치분석의 중요성과 그 방법에 대해선 아는 거 아닌가."

"혹시, 제가 너무 당돌한 부탁을 드린 건가요?"

큰물은 시우를 보며 빙긋이 웃다가 고개를 저었다.

"아니야. 주식에서 이겨보겠다는 명분도 부족하지 않고. 그럼, 어디 한번 해보자고."

"네? 정말요? 고맙습니다. 정말 감사드립니다."

"허, 난데없이 제자가 생겼는데 이제 처신을 어떻게 해야 하나."

"이제부터 뭐라고 부를까요? 선생님? 사부님?"

"그런 말은 거북하고. 그냥 일산 아저씨라고 해."

"일산 아저씨요? 영화에서 보면 사부님이라고 하던데……."

어렵기만 했던 큰물. 그의 존재가 아저씨라는 편한 호칭으로 바뀌자 시우의 마음도 금세 밝아졌다.

"그런데 아저씨! 이런 질문을 드리면 실례인 줄 알지만 궁금해서 여쭙는데요. 정말 부자 맞으세요?"

약간은 맹랑한 질문이었다. 그러나 시우의 맹랑함은 진중한 성향의 큰물한테는 오히려 마음을 여는 요소가 되었다.

"하하핫, 행색은 부자 문턱에도 못 간 사람처럼 남루한데, 부자라고 하니 도저히 믿기지 않는다 이거지?"

"그런 뜻이 아니라 실감이 나지 않아서요."

"응, 이해해. 자주 듣는 말이니까. 나도 때로는 실감이 나지 않을 때가 많아. 불과 10년 전만 해도 하루 벌어 하루 먹고 살았으니까."

큰물은 의외로 솔직했다. 최소한 시우가 생각하는 부자들, 예의 없고 잘난 척하는 그런 부자들과 큰물은 분명 달랐다.

"아저씨! 부자가 될 수 있었던 비결에 여러 가지가 있겠지만 제가 당장 실천할 수 있는 것으로 하나만 꼽아주세요. 네?"

시우의 말이 채 끝나기도 전에 큰물의 입이 움직였다.

"부자를 만나라!"

예기치 않은 큰물의 즉답에 시우는 화들짝 놀랐다. 좋은 분위기를 가져가고 싶은 시우의 애교스러운 질문이었을 뿐, 기대하고 던진 질문이 아니어서 시우는 더욱 놀랐다.

부. 자. 를. 만. 나. 라!

시우의 놀란 반응에 큰물은 한 자씩 또박또박 힘주어 말했다.

"부자를 만나라? 제가 어떻게 부자를 만나요? 부자 만나기가 그렇게 쉽나요, 뭐."

"그러면 시우 양의 생각은 부자들은 만나기 어렵다 이건가?"

"그럼요. 부자가 어디 있는지도 알 수 없고, 또 설령 알았다고 쳐도 부자가 어디 저 같은 사람을 만나는 주겠어요?"

"음, 생각이 그렇다면 몇 가지 간단한 질문을 해보도록 하지. 먼저, 철강왕 하면 누가 생각나나?"

"그거야 카네기죠."

"선박왕 하면?"

"음, 그리스의 오나시스?"

"그럼 현재 지구상 최고의 부자는?"

"빌 게이츠!"

"똑똑하네. 그렇다면 빌 게이츠가 만든 회사는?"

"아, 뭐예요, 저 놀리시는 거예요? 윈도우, 아 아니, 마이크로소프트!"

"그래, 모두 정답이야. 잘 알고 있구먼. 분명, 조금 전에 부자는 만나기 어렵다고 했던 것으로 기억하는데, 시우는 이런 엄청난 부자들을 어떻게 그리 잘 알고 있지?"

"이건 상식이잖아요. 아! 이제 알겠다. 아저씨 말씀은 부자들과 관련된 책을 통해 그들을 만나라는 말씀이시구나, 맞죠?"

큰물은 가볍게 고개를 끄덕였다.

"그렇지. 직접 만날 수 있으면 금상첨화겠지만 그건 현실적으로 쉽지 않고. 혹 기회가 되면 그들이 나오는 강연회나 방송 등을 통해 만날 수도 있겠지. 그러나 그런 정도로는 그들의 정신과 철학, 특히 시우가 가장 궁금해하는 부자가 될 수 있었던 결정적 계기에 대해서는 알기 어려울 거야."

"네, 책을 통하면 가장 쉽고 완벽하게 그들을 만날 수 있다는 것을 제가 잠시 놓쳤던 것 같네요. 기왕이면 제 목적에 맞는 책을 좀 추천해주세요."

"음, 뭐가 좋을까?"

큰물은 생각에 잠겨 손가락으로 테이블을 반복해서 또닥거렸다. 시우는 수첩과 볼펜을 꺼내 들었다.

"옛날 책들은 좀 그렇고. 그래, 그게 좋겠네."

생각이 났는지 큰물은 손가락 동작을 멈추었다.

"『주식 매매하는 법』."

자신의 추천이 괜찮다고 생각됐는지 큰물은 책 내용을 찬찬히 음미해보는 듯한 표정을 지었다.

"혹시 제시 리버모어가 쓴 책 아니에요?"

"어? 알고 있었네. 읽어봤나?"

"아니요. 읽어보진 않았지만 인터넷에서 이 사람 얘기를 몇 번 접한 적이 있어 언제 읽어봐야겠다 생각했죠. 그런데 제시 리버모어가 정말 그렇게 대단한가요?"

"그럼. 거래 규칙도, 마땅한 성공 모델도 없던 초기 월스트리트에서 가장 처절하게 승부했던 사람 중 단연 으뜸이 바로 제시 리버모어지. 게다가 지금의 수많은 트레이딩 이론 중에 쓸 만한 거래 법칙, 정말로 수익이 나는 모델들은 거의 대부분 제시 리버모어로부터 출발했다고 볼 수 있지."

"처절하게 승부했다! 진정한 승부사였다는 의미로 들리네요. 비장함도 느껴지고. 꼭 읽어볼게요."

시우는 '주식 매매하는 법', '처절한 승부', '거래 법칙' 등 중요한 단어들을 꼼꼼하게 메모했다.

"또 다른 책은요?"

"그 외 『머니 사이언스』, 그리고, 음, 『스위스 은행가가 가르쳐주는 돈의 원리』란 책도 읽을 만하지. 둘 다 정말 대단한 책이야. 먼저, 『머니 사이언스』는 베팅과 승부에 대한 역사와 함께 무수히 많은 부자의 생생한 얘기가 담겨 있어. 개인적으로 이 책을 세 번이나 읽었는데, 그 이유는 확률과 과학적으로 부자에 접근했던 사람들의 얘기가 공감을 주어서였지. 아마 시우 양도 읽고 나면 증권시장의 접근 방식이 주관적에서 객관적으로 크게 바뀌게 될 거야. 그 책에 등장하는 부자들의 베팅 요령은 철저하게 확률과 과학적 통계에 기반하고 있거든."

시우는 한마디도 놓치지 않겠다는 듯 큰물의 말을 빠르게 적어 나갔다.

"대단한 책일 것 같네요. 저한테는 좀 어려울 것 같기도 하고."

"아니, 전혀 어렵지 않아. 오히려 소설처럼 흥미롭게 읽힐 거야. 1900년대 초 카지노를 상대로 한 확률 게임, 그리고 경마와 마피아의 관계를 소상하게 푸는 대목에서는 손에 땀을 쥐게 하지. 게다가 최근의 롱텀 캐피탈 사건과 베어링스 은행 파산, 그리고 이들을 굴복시키고 금융계의 전설이 된 수많은 트레이더의 투자 철학까지, 이 모든 사건과 역사적 증거들이 흥미진진하게 쓰여 있거든."

"네, 잠깐 얘기만 들었는데도 굉장한 책일 거 같아요. 아, 그리고 좀 전에 말씀하신 그 책은요?"

시우는 얼른 자신의 수첩에서 책 이름을 찾았다.

"여기 있네. 『스위스 은행가가 가르쳐주는 돈의 원리』. 이 책은 어떤 거예요?"

"돈에 대한 인식을 180도 바꿔주는 책이지. 달리 표현하면 부자와 빈자를 결정짓는 핵심적인 계기를 들려주는 책이라고 할까."

이때 큰물의 휴대폰이 울렸다. 벌써 세 번째였다. 이제 더 이상은 곤란하겠다는 표정으로 큰물이 자세를 고쳐 앉았다.

"이 책에 대해서는 숙제로 남겨두지. 다음에 만날 때는 오늘 얘기한 책들을 모두 읽고 나서 보도록 하자고. 그래야 데이트가 이어지지 않겠어?"

큰물은 약간은 장난스럽게 씩 웃고는 시우의 어깨를 가볍게 쳤다.

"네, 아저씨. 오늘 시간 내주셔서 정말 감사하고 즐거웠습니다."

"아 참, 그리고 이 책들의 공통점이 뭔지도 한번 찾아보라고. 아마도 시우가 찾는 것의 해답이 될 거야."

큰물은 어디론가 전화를 건 후 황급히 자리를 떴다.

커피숍 밖은 이른 봄의 햇살로 눈이 부셨다. 아침나절보다 두세 배는 강해진 봄 햇살에 시우는 순간 현기증을 느꼈다. 잠시 정신을 가다듬고 본 거리가 오늘따라 전혀 새롭게 느껴졌다.

'이제 첫걸음을 뗀 거야.'

chapter 3

성공은,
잘할 수 있는 것을
더 잘하는 것이다

　시우는 헐렁헐렁 다니던 증권회사 직원에서 주식에 대한 적극적인 참여자로 변해갔다. 시우의 변화는 연인인 석기와의 사이에도 영향을 끼쳤다. 만나도 알콩달콩한 데이트보다는 딴생각에 빠지기 일쑤였고, 휴일엔 어머니를 돌보러 안산에 가 있거나 자취를 하는 오피스텔에서 큰물이 추천해준 책을 보곤 했다. 석기가 이런 시우를 마냥 두고 볼 리 만무했다.

　'좀 만나. 무조건. 너희 집 앞 카페에서 기다린다. 나올 때까지.'
　석기에게서 문자메시지가 도착했다. 밤 9시.
　그날도 시우는 일찌감치 집에 돌아와 책을 읽고 있었다. 석기에게 미안한 마음이 없는 건 아니었다. 시우는 카페로 나갔다. 아마추어 연주자들의 부드러운 재즈 연주와 그럴듯한 실내 분위기, 늘 앉던 자리를 차지하고 앉은 석기. 카페는 그대로였지만 시우는 낯설었다.

　그만큼 석기와의 사이에 거리가 생겼다. 그러고 보니 이틀이 멀다 하고 함께 있던 석기를 만난 게 열흘 전이었다. 시우의 마음에서 연애는 잠시 밀쳐져 있었다.

석기를 멀리한 데는 자신의 계획을 말하지 못하는 이유도 컸다. 대학에서 시간강사를 하며 교수와 동화작가의 꿈을 키워가는 석기는 평소에도 주식하는 사람들을 투기꾼으로 간주하고 멸시하곤 했다.

"무슨 기업의 가치가 하루 사이에 상한가 하한가가 무려 30%를 오르내리는 거야. 이게 있을 수 있는 거야? 하루라면 그저 해가 한 번 뜨고 지는 사이일 뿐인데, 그거 말이 안 돼도 한참 안 되는 거 아니냐고."

주식에 대한 석기의 인식은 늘 이렇듯 부정적이었다. 그런 사람에게 무슨 이야기를 하나. 얘기해봤자 가뜩이나 심드렁한 그와 싸움이나 할 게 뻔했다.

시우가 카페에 들어서자 석기가 손을 들어 보였다. 시우는 뚱한 표정으로 자리에 앉았다. 한동안 만나주지 못한 미안함을 생각해서라도 반갑게 대해야 할 터이지만, 시우는 그러지 못했다.

"오랜만이다. 이거 참…… 우리 사이에 이런 인사도 다 하게 되네."

"미안해."

석기가 농담을 했다.

"야, 너 그렇게 효녀인 줄 몰랐다? 네 엄마면 나한텐 장모님이신데, 걱정을 해도 같이 해야 되는 거 아냐?"

시우는 석기의 농담에는 별 관심이 없었다.

"나, 석기 씨한테 할 말 있어."

시우는 어차피 석기가 알 게 될 일이라고 생각되어 큰물을 만난 이야기며 요즘 무엇으로 시간을 보내고 있는지를 말했다. 예상대로 석기는 점점 어이없는 표정이 되어갔다.

"시우야, 그러지 말고 우리 그냥 결혼하자. 너희 아버지, 엄마, 내가 모시고 살아도 돼. 환경이 달라지면 부모님도 기분 전환이 되실 거고, 그렇게 되면 건강도 되찾지 않겠어?"

석기의 말은 고마웠다. 그러나 시우는 냉정하게 말했다.

"내가 남자 하난 잘 고른 모양이네. 그렇지만, 그런다고 달라질 건 없어. 엄마 치료비도 계속 들 거고, 아버지의 상실감은 현실이 극복되지 않는 한 그대로일 거야."

"그래도 지금과는 다른 방법을 생각해보자. 나도 돈이 싫은 건 아니지만 그것 때문에 우리가 멀어지는 건 싫다. 야! 이럴 땐 남자를 믿는 거야. 나 못 믿어?"

"믿으라고? 뭘로? 조교 월급 모아서 어느 세월에?"

"시우야…… 말이 좀 심하다. 내가 그렇게 무책임해 보였니? 돈이 필요하면 학원에 논술 강사라도 나가 더 벌면 돼."

"기가 막혀. 그만둬. 석기 씨 꿈까지 저당 잡아가며 내게 지워진 짐을 안기고 싶은 생각은 없어."

"오죽하면 내가 이러겠니. 다른 거라면 몰라도 주식이라면 네 성향과 전혀 맞지 않아. 네가 그랬잖아. 마음이 콩알이라서 고객에게 종목 추천도 못하겠다면서."

"그러니까 공부하겠단 거잖아."

시우는 약간은 짜증 섞인 투로 석기의 말을 받았다. 석기는 시우의 결심이 굳은 걸 확인하고 더 이상의 논쟁을 피했다.

"이러다 싸우겠다. 그만하자. 나도 더 생각해볼게."

"미안해. 이해해줘."

시우가 근무하는 세계증권 청량리 지점은 청량리역에서 채 3분도 안 되는 거리에 있었다. 비록 허름한 빌딩 2층에 있었지만 객장 내부는 고급스럽고 손님은 꽤 많은 편에 속했다. 아직 증권시장 개장까지는 시간이 좀 남았지만 객장과 트레이딩룸은 서서히 고객들이 자리를 차지하며 활기를 띠어가고 있었다.

"어이, 새가슴! 요즘 진짜 부러워. 최근에 그 유명한 일산의 큰물하고 논다며?"

상큼한 봄 기운에 전혀 어울리지 않게 칙칙한 회색 콤비를 차려입은 최준기 차장이 회의실에 앉아 있다가 막 들어서는 시우를 보며 아침 인사를 했다.

'으휴…… 그럼 그렇지 촉새가 왜 촉새겠어?'

평소 입이 가벼워 촉새로 통하는 입사 동기 은영에게 며칠 전

말한 게 실수였다. 시우는 별일 아니라는 듯 손사래를 쳤다.

"최 차장님! 잘못 짚었어요. 그냥 재야쪽 사람들은 현재 장세를 어떻게 보나 궁금해서 한 번 만난 게 전부예요."

"진짜 그것뿐이야? 큰물 정도면 이 바닥 거물이고, 혹시 조만간에 후계자로 나서는 거 아냐? 그 양반, 나는 한번 만나자 해도 안 만나주더니만."

최 차장이 농담처럼 던진 말이었으나 시우는 가슴이 뜨끔했다.

최준기 차장. 시우한테는 좀 의문스러운 사람이었다. 본사 온라인사업부 부장이라는 든든한 직함을 내던지고 느닷없이 영업 업무를 지원한 것이 그렇고, 40대 초반의 적지 않은 나이인데도 결혼 생각이 전혀 없는 것도 묘했다. 시우를 더욱 어리둥절하게 하는 것은 금융자산이 20억대를 넘는다는 소문이 파다한데도 여태껏 원룸에 살고, 그 흔한 자동차도 몰지 않는다는 점이다. 어떻게 보면 온통 관심이 재테크뿐인 사람이었다. 오죽하면 별명이 복리 마법사일까.

'돈밖에 모르는 인간 독종!'

회의실 안으로 몇 사람이 더 들어섰다. 갑자기 실내가 시끌시끌해졌다.

"김 대리님, 어제 집에 잘 들어가셨어요? 전 오늘부터 김 대리님 왕팬이에요."

S라인으로 통하는 오진채가 유쾌하게 말을 던졌다. 꽉 끼는 유

니폼 밖으로 그녀의 몸매는 예쁘게 드러났고, 얼굴은 신부 화장처럼 화려했다. 그러나 어제의 피곤이 남아 있었는지 붙인 속눈썹이 다소 엉겨 있었다.

"그래? 이제야 내 진가를 알아보는구먼. 역시 이놈의 인기는."

S라인의 칭찬에 김 대리는 입을 다물지 못하며 자랑을 늘어놓았다. 상한가 종목을 먹기 위해서는 평소에도 빨간색을 좋아해야 한다는 철학을 가진 김진수 대리였다. 그는 일회용 라이터도 항상 빨간색만 썼다. 오늘은 또 무엇을 빨간색으로 치장했을지 시우는 자못 궁금해졌다.

아침 8시 20분.

회의 시간은 벌써 넘겼지만, 막간을 이용해 전날의 노래방 이야기가 나왔고 단연 화제는 김 대리였다. 귀를 쫑긋하고 듣고 있던 촉새가 S라인의 칭찬에 반박했다.

"근데 솔직히 노래방에서는 다들 웬만큼 수준급으로 들리지 않아요? 뭐라더라…… 음, 에코? 그게 받쳐주니까."

"정은영 씨! 너무한다. 내 노래는 전자 음향 덕 보는 거하고는 완전 다르다니까. 홍 대리님! 말 좀 해줘요. 제 노래에는 내공이, 그러니까 다른 뭔가가 있다는 사실을요."

매일 아침 보는 일상. 시우는 요즘 들어 그런 일상이 지겹다는 생각이 들었다. 머릿속은 온통 어떤 식으로든 돌파구를 마련해야 한다는 생각뿐이었다.

아침에 펼쳐진 잠시의 설왕설래는 지점장인 크렘린이 들어서며 수그러들었다. 시우는 크렘린의 표정이 평소보다 어둡다는 생각이 들었다. 크렘린이 업무 노트를 활짝 펼쳤다. 회의를 시작하자는 신호였다.

"모두들 바쁠 테니까 짧게 핵심만 전달하겠습니다. 최근 3, 4년 동안 대부분의 중대형 증권사들이 리테일 영업에서 자산관리 영업으로 전환하고 있는 실정입니다. 본사의 운영 방침 또한 소매영업, 즉 브로커리지(주식중개위탁영업)에서 자산관리 쪽으로 업무를 집중하겠다고 합니다. 해서 브로커리지 중심의 지점이나 실적 미달 지점은 순차적으로 구조조정 대상으로 삼을 방침이라고 합니다."

구조조정이란 말을 하며 크렘린이 잠시 숨을 돌렸다. 회의실은 크게 술렁거렸다. 다들 짐작은 하고 있었지만 막상 지점장으로부터 구조조정이란 표현을 듣고 보니 모두들 참담한 표정이었다.

"그럼 몇 개 지점이 대상입니까?"

박치곤 차장이 볼멘소리로 말했다.

"글쎄요, 대략 10%쯤? 정확하지는 않습니다."

"10%라면 전체 지점이 일흔 개 정도니까 한 일고여덟 개는 날아가겠네. 쩝."

뒤늦게 출근한 김연동 과장이 신경질적으로 가방을 의자에 던지며 한마디를 뱉었다.

지점장의 말이 사실이라면 세계증권사에서 청량리 지점은 구조조정 1순위였다. 청량리 지점은 그동안 트레이딩룸의 매출 비중이 큰, 브로커리지 위주의 영업점이었다. 모두들 놀랄 만도 했다.

시우는 태연한 척했지만 얼굴은 화끈거렸다. 이때 유니폼 상의를 손으로 계속 끌어내리고 있던 S라인이 갑자기 자리에서 벌떡 일어서며 목소리를 높였다.

"지점장님! 본사에서 뭔가 잘못 알고 있는 거 아닌가요?"

"네? 오진채 씨, 어떤 점이 그렇다는 거죠?"

S라인의 시선을 피하면서 크렘린이 되물었다.

"물론 자산관리 위주의 영업으로 가야 한다는 데는 공감합니다. 그러나 그건 어디까지나 중장기적인 시각에서 체계적으로 접근해야 하는 거 아닌가요? 당장은 아니라는 얘깁니다. 자산관리 영업을 표방하는 대부분의 증권사도 실제로는 브로커리지 영업 행태를 벗어나지 못하고 있고요."

발언 내내 유니폼 상의 끝단을 잡고 있던 S라인의 손이 파르르 떨렸다. 미간을 잔뜩 찌푸리고 있던 박치곤 차장도 마침내 도저히 못 참겠다는 듯 거들었다.

"맞습니다. 진정한 자산관리란 고객의 자산을 조목조목 분석해서 문제점을 찾아내고, 그에 따라 최상의 처방을 내려주는 것인데, 실제로 아직 그렇게 하는 데는 별로 없습니다."

이번에는 인공지능으로 불리는 김연동 과장이 나섰다.

"저도 공감합니다."

김 과장은 얼마 전 자신이 개발한 자칭 인공지능 시스템 '아이로봇'으로 크게 먹었다며 한동안 기분이 좋았다. 그러나 오늘은 회의 내내 표정이 영 어둡다. 평소에도 인상이 험악해 고객들에게 오해를 받던 그의 표정은 회의가 진행될수록 더욱 무섭게 일그러졌다. 흥분했는지 이제는 아예 손을 써가면서 말을 쏟아냈다.

"아니, 채권이나 팔고 고객이 알아서 가입하는 그런 적립식펀드를 단순히 판매하는 것이 무슨 자산관리 영업입니까? 모두들 자산관리라고 외치는 것들을 가만 들여다보면 브로커리지 업무와 다를 것이 거의 없잖아요? 포장만 달리했을 뿐이지."

각종 펀드상품이나 장외파생상품 등 일반 금융상품을 파는 것이나 주식거래를 통한 약정 영업이 전혀 다를 바 없다는 인공지능의 불평이었다.

"네, 저도 김 과장님 말씀이 전적으로 옳다고 생각합니다. 맞춤식 자산관리를 표방하는 몇몇 대형사들도 실상을 들여다보면, 그저 본사가 만들어놓은 금융상품을 팔아서 수수료나 챙기고 있는 실정이라고 봅니다. 제 개인적인 생각입니다만, 아직은 브로커리지에 충실해야 한다고 봅니다."

복리마법사가 거칠게 말을 뱉었다. 모두가 원하는 결론이었다. 이들에게 살길은 트레이딩 센터를 끝까지 고수하면서 브로커리지에 목매는 길 외에는 대안이 없었다.

평소 빨간색이라 불리는 김진수 대리는 연신 고개를 끄덕이더니 목소리를 한층 높혀서 복리마법사를 거들었다.

"2년 전, 대형사인 D증권사가 당분간 브로커리지 업무에 무게 중심을 둔다고 했을 때 모두들 얼마나 말이 많았던가요? 후진적 발상이니 복고주의로의 회귀니, 그런데 2년이 흐른 지금 결과가 어떻죠? 모두들 아시다시피 D증권사, 지금 가장 잘나가고 있죠. 시장점유율 상승폭도 업계 톱으로 뛰었고요."

이때 동료들의 말을 듣고 있던 시우가 입을 뗐다. 낮고 강한 어조였다.

"그렇다면, 결론은 역공법밖에 없겠네요!"

"역공법? 무슨 뜻이죠?"

촉새 정은영 대리가 시우 쪽으로 얼굴을 빼면서 말했다.

"브로커리지 업무를 더욱 확대하자는 거죠."

"네? 아니 본사에서는 브로커리지 업무를 자제하고, 자산관리 쪽으로 가자는데?"

빨간색이 뜨악한 표정으로 되물었다.

"네, 알아요. 그런데 문제의 본질은 다른 데 있다고 봅니다. 자산관리에 비중을 둘 것이냐, 브로커리지 업무에 비중을 둘 것이냐의 문제는 어쩌면 각론일 수 있다는 겁니다. 원론, 즉, 큰 줄기는 단 하나! 바로 마켓 셰어의 확대에 있는데 말입니다. 아무튼, 해답은 마켓 셰어 확대와 수익성 증대 쪽에서 풀어야 할 것 같습니다. 문제의 포커스를 '브로커리지는 안 된다.' 이런 평면적 사고로 풀어서는 결코 답이 없을 것 같습니다."

모두들 발언하는 시우를 쳐다보았다. 조금은 의외라는 표정으로.

"아하, 그러니까 요지는 이익이 나는 지점은 결코 본사도 못 버린다…… 이거죠?"

S라인이 뭔가 깨달은 듯 고개를 끄덕이며 끼어들었다.

"그래요. 문제의 본질은 '이익'이라는 겁니다. 어쩌면 회사가 원하는 것은 리테일 업무의 축소가 아니라 마켓 셰어의 증대일 겁니다. 그래요, 분명합니다. 기업의 궁극적인 목적은 이익 아닌가요? 본사 윗선의 생각은, 자산관리 분야가 브로커리지 업무보다 수익성이 좋을 것이라고 결론을 내렸기 때문이지, 소매 영업을 무조건 거부하는 것은 아니라는 얘깁니다."

시우는 자신에게 쏠리는 눈을 의식하며 조심스럽게 말을 마쳤다. 복리마법사가 상체를 당기며 눈을 크게 떴다.

"이야, 홍 대리 다시 봐야겠는걸. 저는 이 의견에 전적으로 찬성입니다. 다른 분들은 어떻게 생각합니까?"

직원들 대부분이 공감한다는 듯 고개를 끄덕였다. 회의실의 모든 시선은 크렘린 쪽으로 모였다.

"다른 분들도 브로커리지 업무를 줄이기보다는 오히려 확대하는 쪽으로 가자, 뭐 이런 얘긴가요?"

"네, 사실 우리 청량리 지점의 고객 성향은 장기 투자나 기타 상품 가입보다는 중단기 투자자의 비율이 높습니다. 강남이나 목동, 마포처럼 고액 자산가도 많지 않은 실정이고. 게다가 우리 지점은 전업 투자자를 위해 트레이딩룸도 설치해두고 있습니다. 최대한 활용해야죠."

시우가 한 번 더 자신의 생각을 강조했다. 꼼꼼하게 직원들의 의견을 메모하던 크렘린이 시계를 슬쩍 보더니 수첩을 덮었다.

"잘 알겠습니다. 제 개인적 생각도 여러분과 같습니다. 자산관리 영업도 분명 한계가 있을 것입니다. 브로커리지 영업은 결코 포기할 수 없는 중요한 시장이며, 여기에는 여러분과 본사의 인식이 훗날 분명 일치할 것이라 굳게 믿습니다. 이제부터 우리가 고민해야 할 일은 우리 지점 마켓 셰어를 단기간에 얼마나 끌어올리느냐는 겁니다. 최소한 하위 10%에 포함되지는 않도록 말입니다."

잠시 말을 끊었던 크렘린이 수첩을 열어 달력을 체크한 후 마지막 말을 뱉었다.

"그럼 이번 달 말일까지, 마켓 셰어 확대 방안에 대해서 논의하도록 하겠습니다. 좋은 아이디어 많이 내주시기 바랍니다. 회의를 마치도록 하겠습니다."

거의 30분 동안 진행된 회의가 끝났다. 모두들 미래에 대한 두려움으로 마음이 편치 않았지만, 회의가 끝나자 금세 왁자하게 일상으로 되돌아갔다.

"이야! 큰물하고 만나고 하더니 사람이 달라졌네. 나 감동 먹었어."

회의 직전 시우에게 큰물과의 만남에 가시 돋친 말을 했던 복리 마법사가 그녀 곁으로 오며 찬사를 던졌다.

시우도 이번만큼은 시원하게 대답했다.

"부끄러운 말씀. 그냥 요즘엔 가끔 발상을 좀 달리해서 보려 해요. 다행히 동조해주니 기분은 좋네요."

"그런 것도 큰물한테 배운 건가? 아아, 큰물. 역시 꿩 잡는 매야. 아무렴, 꿩을 잘 잡아야 진짜 매지."

시우는 그럴지도 모른다는 생각이 들었다.

'부자를 만나라.'

큰물은 그런 말을 했다. 그 얘기는 회사에도 통할 법했다. 모든 길은 실적으로! 꿩을 잘 잡는 매. 시우는 최 차장의 비유가 적절하다는 생각이 들었다.

chapter **4**

나는
나를 베팅한다

Become a Genius in Stocks

　석기는 시우와의 사이가 자칫 잘못하면 진짜 금이 갈지도 모른다는 불안을 느꼈다. 그렇다고 자신이 시우에게 직접적인 조언을 할 수 있는 방안도 떠오르지 않았다.

　석기는 사실 주식은 고사하고 경제 돌아가는 것에도 어두운 편이었다. "그래 가지고 결혼해서 나 어떻게 먹여살릴래? 걱정된다 걱정돼."라며 시우는 석기의 닫힌 사고에 가끔 핀잔 아닌 핀잔을 주곤 했다.

　석기는 오랫동안 잊고 있던 고교 동창인 양대식을 찾았다. 최근에 만난 적은 없었지만 주식 전문가로 왕성하게 활동하고 있다는 소문은 듣고 있던 차였다.

　'도대체 주식 전문가가 있기는 한 건가? 그냥, 운칠기삼이겠지.'

　석기는 그런 생각을 하며 대식과의 약속 장소에 나갔다.

　"네가 웬일이냐? 선비께서 나 같은 놈을 다 찾고."

　대식은 석기를 만나자마자 대뜸 비아냥조의 인사를 건넸다.

"선비는 무슨. 아직 학교에서 자리를 잡지 못해 친구들 볼 면목 없어 동창회에 잘 안 나간 거지."

"아냐. 넌 나 같은 치들을 돈 놓고 돈 먹는 일한다고 싫어하잖아. 안 그래?"

"참내, 그렇게 보였냐? 그래 미안하다, 이 속물아."

"흐흐, 농담이야. 나도 친구 중에 교수님에다 작가 될 놈 있는 게 나쁘지 않지."

"밉지만 막상 그렇게 말해주니 고맙네."

"그나저나 진짜 어쩐 일이냐? 얘기해봐. 내가 도움 될 일이 있다면 말해봐."

"그게 말야, 내 여자친구 좀 말려줘."

"엥? 뭘 말려줘?"

석기는 대식에게 시우에 대한 얘기를 털어놓았다. 묵묵히 듣고 있던 대식이 킬킬 웃으며 말했다.

"알겠다. 네 사고방식으로는 고민도 되겠다."

"좀 진지하게 들어줘."

"지금 진지하게 듣고 있어. 음…… 그러면, 마침 증권사에 근무한다니 내가 자연스럽게 한번 만나볼까?"

"직접 만난다고?"

석기가 좀 뚱한 표정을 짓자 대식이 다시 한 번 킬킬거렸다.

"어휴, 이 샌님. 걱정하지 마, 인마. 목적은 주식에 국한할 테니."

"내가 뭘?"

"알았다니까. 내가 간만에 없는 우정, 한번 발휘하지."

대식은 그날로 세계증권 청량리 지점을 찾아갔다. 시우를 찾아 그녀 앞에 앉은 대식은 명함을 건네며 상담을 청했다.

'파이프라인 증권아카데미 수석연구원, 양대식'

명함을 보며 시우가 의아한 표정으로 인사를 했다.

"이 회사는 간혹 기사로 들어봤는데. 그런데, 저를 왜?"

"전 상담하면 안 됩니까?"

"그런 건 아니지만."

"사실은 저 강석기하고 친구 되는 사람입니다."

시우는 놀란 얼굴로 대식을 봤다.

"놀랍네요. 석기 씨한테 주식 전문가 친구가 다 있다니."

"예, 어쩌다 보니 그렇게 되었네요."

"그런데 어쩐 일로?"

"석기가 홍시우 씨를 좀 말려달라더군요."

시우가 풋 하고 웃음을 터뜨렸다.

"어쩜. 그런 목적으로 오셨으면 먼저 외곽부터 치고 들어와야 되는 거 아니에요? 미리 이실직고를 하면 어떡해요?"

"제 성격상 빙빙 돌려 말하는 거 잘 못합니다. 그냥 오픈하고 죄다 말하고 시작하는 게 편하죠."

"솔직하셔서 저도 편하네요. 그렇지만, 그런 목적이라면 잘못 오셨네요. 전 이미 결심했으니까."

대식은 시우의 얼굴을 빤히 보았다. 시우는 눈길을 피하지 않았다.

"음…… 꼭 잘못 온 것만은 아닌 것 같네요."

"네?"

"표정을 보니 주저앉히기보단 오히려 시우 씨를 돕는 게 더 빠르겠네요."

"네? 호호, 되게 재밌는 분이시네."

"어떤 식으로 투자를 해보려는 거죠?"

"좋아요. 여기는 일터니까 좀 그렇고, 저를 위해 제가 차를 한잔 사죠."

시우는 사무실을 나와 옆 건물의 커피숍으로 자리를 옮겼다.

"데이트레이딩은 체질에 안 맞을 것 같아요. 리서치 일을 하는 장점을 살려 최소한 스윙 이상, 길게는 몇 달은 들고 가는 그런 중기 투자를 생각하고 있어요. 제가 처한 입장에서는 전형적인 장기 투자 스타일은 좀 그렇고요."

"좋은 자세네요. 자격 있어 보여요."

"정말이세요? 좋아요, 그럼 어떻게 도와주실 거죠?"

"제가 근무하는 파이프라인 증권아카데미, 실전도 세지만 특히

교육 쪽에선 알아주는 집단입니다."

"저도 듣고는 있어요."

"시간 내서 저희 증권아카데미에 한번 찾아오세요. 오시면 분명 답을 찾을 수 있을 겁니다."

"그런데 저를 도와주고 석기 씨하고 우정에 문제 생기는 거 아니에요?"

"그러니 반드시 성공해야죠."

"풋, 믿음직스럽네요."

"하나 더. 석기하고는 다행히 우정이 깨질 만큼 자주 만나는 사이는 아닙니다."

대식의 말에 시우는 입을 막고 웃었다.

며칠이 지났다.

시우는 큰물을 다시 만났다.

"책은 거의 다 읽었어요."

"읽기만 하면 되나. 자기 것으로 해야지."

"네, 알아요."

"안다니 하나 물어봐야겠군. 그래, 뭘 느꼈지?"

"음, 제가 그동안 너무 세상 물정 모르는 어린애 같았다는 생각이 들었어요. 제시 리버모어가 쓴 『주식 매매하는 법』을 읽으면서도 느꼈지만, 당시 1900년대 초에 월스트리트에서 활동했다면 통계 자료나 매매 이론이 거의 전무한 시절인데, 스스로 하나씩 원칙을 만들고 수익 모델을 정립하면서 사상 유례 없는 수익을 올렸다는 거 아녜요? 정말 존경심이 들 정도였어요. 그가 제시하는 철학이나 이론도 그렇지만 그 이전에 그 열정이 말예요. 아무튼, 진정한 프로의 자세를 본 거 같아서 너무 감동받았어요. 그리고, 음…… 강한 추세에서 큰 수익이 난다는 원칙도 새삼 가슴에 와 닿았고요. 특히 이 말이 기억에 남네요. '떨어질 때 산 적 없고, 올라갈 때 판 적 없다.' 이 말이요."

"제대로 읽었구먼. 그리고 윌리엄 파운드스톤의 『머니 사이언스』는?"

"스릴러 소설을 읽는 것처럼 흥미로웠어요. 그리고 감동! 시장 트렌드를 읽어라. 추세 추종이야말로 돈이다! 저는 솔직히 지금껏 시장 추세를 분석하거나 추종하진 않았어요. 그런데 이 책을 읽고 앞으론 습관을 바꾸기로 했어요. 1%라도 시장 에너지가 강한 쪽으로 베팅하기로 말이에요."

"옳거니. 뭔가 깨달은 것이 있나보네. 그러나 아는 것만으로는 의미가 없어. 그걸 몸에 체화시켜야 진검승부에서 이길 수 있지."

시우는 최근에 알게 된 양대식과 파이프라인 증권아카데미에 관한 이야기도 했다. 큰물이 약간 놀란 표정을 했다.

"양대식? 파이프라인?"

"아세요?"

"주식을 말리는 남자친구 때문에 알게 된 사람이라? 우연치고는 운이 좋네."

"어떤 사람이에요?"

"그 사람은 잘 모르지만 파이프라인은 가볼 만할 것 같군. 어떤 분야든 멘토를 잘 만나는 게 중요하지."

"그렇게 말씀하시니 거기 진짜로 가봐야겠네요."

"파이프라인 증권아카데미에 가면 현승철 원장한테 배우게 될 거야. 이 세계에서 그는 흔히 '주식사부'라 불리는데, 실전 트레이더 양성하는 데 그를 따를 사람이 없지. 또, 좋은 종목이라고 판단되면 끝까지 물고 늘어지는 최고의 승부사이기도 하고. 그만큼 스스로의 판단에 대한 신념이 확고하다는 건데, 시우 양이 딱 모델로 삼을 만한 인물이네."

"에이, 아저씨 나 가르쳐주기 싫은가보다. 죄다 잘한다 하시는 걸 보니."

시우가 짐짓 볼멘소리를 했다. 그 말에 큰물이 손을 저었다.

"난 나이는 먹었지만 늦게 배운 도둑이라 아직 전업 투자자 신분이고, 그 친구들은 제자를 양성하는 데 더 재능을 보이는 사람들이야. 그러니 가르치는 데는 나보다 나아. 또, 스스로 실전을 통해 입증한 걸 가르치고. 그런데 그걸 인정 않는다면 내가 질투하는 것밖에 더 되나."

시우는 큰물의 말에 새삼 감탄을 쏟아냈다.

"와…… 아저씨를 큰물이라 부르는 이유를 알겠네요. 사실, 파이프라인에 가볼까 말까 많이 망설였거든요. 아무튼, 확신을 갖게 해주셔서 정말 고맙습니다."

chapter 5

파이프라인 증권아카데미에 가다

Become a Genius in Stocks

월요일 오후 7시. 시우는 파이프라인 증권아카데미를 찾았다. 첫 수업이 있는 날이었다. '파이프라인 증권아카데미'라는 간판이 걸린 교육장은 여의도 한복판에 있었다. 큰물은 시우에게 이곳을 전문 트레이더를 양성하는 국내 최고의 증권아카데미라고 말했다.

'리스크 없이 기회도 없다!'

입구에 들어서자 큰 액자가 눈에 들어왔다. 예상은 했지만 첫 느낌부터 심상치 않았다.

건물 10층에 있는 교육장은 크지 않았지만 시설은 꽤 고급스러웠다. 미리 자리한 사람들은 대략 예닐곱 명. 연령대는 다양했다. 50대 중반쯤의 중년 여성 교육생도 한 명 보였다. 시우가 뒷자리에 앉자 곧바로 강의가 시작됐다. 양대식이 강단의 옆문을 열고 들어섰다. 그는 시우를 보고 가볍게 눈인사를 했다. 시우도 살짝 목례로 답했다.

"반갑습니다. 이번에 현승철 원장님을 도와 여러분의 교육을 담당할 연구원 양대식입니다. 앞으로 양 조교, 이렇게 불러주시면 되겠습니다."

꾸벅 인사를 하는데 표정이 독특했다. 시우는 그가 웃는지 우는지 분간이 쉽지 않았다.

"이번 교육생은 총 일곱 명입니다. 지금까지 배출된 기수로 치면 이번이 17기째가 되고요. 그러니까 파이프라인 17기가 막 결성되었다 생각하시면 되겠습니다. 교육 일정은 월요일부터 금요일까지 일주일간 스트레이트로 진행됩니다. 시간은 오후 7시부터 10시까지 도합, 15시간의 강의 일정이 다소 빡빡하게 진행될 겁니다."

웃는지 우는지 모호한 양 조교의 표정에 채 적응이 안 된 시우는 픽 하며 웃었다. 양 조교의 표정이 볼수록 우스꽝스러웠다. 강의할 때의 독특한 버릇인 듯했다.

"혹시 현승철 원장님보다 양 조교님 강의가 더 많은 건 아닌가요?"

건장한 체격의 남자가 말했다.

"흐흐, 저는 그러고 싶습니다. 여러분이 원하신다면야……."

양팔을 크게 벌리며 양 조교가 또 실실 웃었다. 모두들 그 모습에 가볍게 웃었다. 순식간에 긴장이 풀렸다.

"질문입니다. 우리 기수가 파이프라인 17기라고 하셨는데, 회사 이름을 파이프라인이라고 하신 특별한 이유가 있나요?"

시우 바로 앞에 앉은 다른 남자가 물었다.

"좋은 지적입니다. 파이프라인, 이게 뭔지는 아시죠? 네, 송유관이나 수도관 등을 말합니다. 비가 오나 눈이 오나 마르지 않는 원천이라는 의미로 곧잘 쓰이기도 하고요."

주위를 둘러보던 양 조교는 모두가 귀를 쫑긋 세우고 듣고 있자 말을 계속했다.

"혹시 파이프라인에 관한 우화를 들어보신 적 있나요?"

양 조교의 질문에 시우를 포함해 세 사람이 손을 들었다.

"네, 다행히 세 분이 알고 계시네요. 그럼 나머지 모르는 분들을 위해서 간략하게 말씀을 드리겠습니다. 이 우화는 이탈리아에서 오래전부터 내려오는 전설 같은 이야깁니다. 내용은, 강에서 마을까지 물 양동이로 물을 길어 나르는 직업을 가진 두 친구의 성공담과 실패담이죠."

"브루노와 파블로!"

시우가 나지막하게 말했다. 시우의 목소리를 들었는지 양 조교가 시우 쪽으로 머리를 돌리며 말했다.

"네, 맞습니다. 브루노라는 친구는 미래에 대한 계획 없이 단순히 양동이를 지는 반면에, 영리한 다른 친구인 파블로는 미래를 보장받고 싶어합니다. 병들지 않거나 늙지 않고 평생 물을 나를 수 없다는 것을 미리 간파한 것입니다. 이후 그는, 큰 희망을 품고 물을 나르는 시간을 쪼개 파이프라인을 구축하기 시작합니다. 비가 오나 눈이 오나 끊임없이 물을 나를 수 있는 그런 마르지 않는 파이프라인을 말입니다. 결국, 오랜 시간이 지난 후 파이프라인은 완성되고 물이 샘솟는 그 마을은 크게 번성하게 됩니다. 당연한 얘기겠지만, 파이프라인을 설치한 파블로라는 젊은이는 큰 부자가 됩니다. 가만 앉아서 물값만 받으면 되었으니까요. 그것도 평생 말입니다. 정말 기적 같은 얘기 아닌가요?"

파이프라인 얘기를 하는 내내 양 조교의 작은 눈이 반짝반짝 빛났다.

"짧지만 참 의미 있는 이야기네요."

처음 질문을 던졌던 건장한 체격의 남자가 말했다.

"네, 그렇습니다. 평생 돈을 벌 수 있는 그런 파이프라인을 구축하자! 뭐, 그런 취지에서 저희 원장님께서 이름을 그렇게 지었다고 합니다. 다들 아셨죠? 모쪼록, 이번 일주일간의 교육을 무사히 소화하셔서 꼭 자기만의 파이프라인을 구축하시기 바랍니다."

"네, 힘이 납니다."

"네, 많이 도와주세요."

여기저기서 가볍게 대답이 이어졌다.

"오늘은 첫날이고 하니 간단하게 자신을 소개하는 시간을 좀 갖도록 하겠습니다. 성함과 나이, 그리고 매매 경력은 몇 년이나 되는지, 그동안 주로 어떤 매매를 해왔는지 등을 간략하게 말씀하시면 되겠습니다. 먼저 앞에 계신 여성분부터 시작하시죠. 제가 보기에 가장 나이가 어려 보이는데……."

양 조교는 짐짓 초면인 척하며 시우를 먼저 지명했다.

"반갑습니다. 제가 막내인 거 같네요. 홍시우라고 합니다. 세계증권사 청량리 지점에서 근무하고 있습니다. 증권사에서 일하지만 리서치를 주로 담당해 매매 경험은 별로 없습니다. 더러 종목 상담을 맡기도 하지만 망설임이 많아 회사에서 새가슴으로 통합니다. 이번 교육을 통해 제 이런 단점을 꼭 극복하고 싶습니다. 잘 부탁드립니다."

자리에 앉는 시우의 얼굴이 상기되어 빨개졌다.

"이번에는 제 차례인가요?"

강인한 인상의 남자가 의자를 뒤로 밀며 일어섰다.

"제 이름은 고광식입니다. 서른일곱 살이고요, 태권도 도장을 운영하다가 경영이 좋지 않아 접고 주식투자를 배워볼까 신청했습니다. 많은 지도 편달 부탁합니다."

말을 마치고는 크게 고개를 숙여 인사했다. 무섭게 생긴 인상과 달리 인사성이 밝았다.

"서른일곱이면 저보다 많이 형님이시네요. 죄송합니다. 제가 동작이 굼떠서. 저는 서른셋입니다. 이름은 최필이라 하고요. K그룹에서 마케팅 업무를 맡고 있습니다. 웃으실지 모르겠습니다만, 노후대비를 위해 직접투자를 좀 배워둘까 해서 왔습니다. 많이 도와주세요."

윤기 나는 머리에 깔끔한 정장 차림의 젊은 사람 입에서 노후대비란 말이 튀어나오자 벽 쪽에 앉아 있던 건장한 남자가 쿡 하고 웃었다.

"하여튼 요즘 젊은 분들 참 무섭다니까. 하하."

"저는 안치안이라고 합니다. 나이는 서른아홉 살이고, 주식투자는 7년 정도 했습니다. 지금 인천에서 사설펀드를 운영하고 있습니다. 흔히들 부티크라고 하죠. 운영한 지 한 2년 됐고, 철저하게 가치주 위주로 투자하고 있습니다. 그런데 솔직히 최근 들어 수익률이 신통치 않습니다. 그래서 교육을 신청하게 되었습니다. 아무튼, 모두들 반갑습니다. 비록 짧은 기간이지만 서로 사이좋게 지냈으면 합니다. 이상입니다. 아, 이 업계에 필명도 갖고 있습니다. 인천가치주!"

거침없이 말을 뱉는 그의 목소리는 크고 맑았다.

이제 세 사람이 남았다. 나머지 세 사람이 서로 눈치를 보며 쭈뼛쭈뼛 망설이자 양 조교가 한 남자를 손짓으로 가리켰다.

"반갑습니다. 나이는 마흔여섯, 이름은 장무석이라고 합니다. 오랫동안 원양어선을 몰았습니다. 마도로스 생활만 거의 20년 했죠. 주식한 지는 이제 2년쯤입니다. 앞으로 여러분들 많이 귀찮게 할 거 같습니다. 많이 도와주세요. 그리고, 음…… 얼마 전 일본에 갔을 때 식당에서 '이치고 이치에(一期一會)'라는 글귀를 본 적이 있습니다. 해석을 들으니, '일생에 한 번 만나는 소중한 기회로 생각하고 지금의 인연을 소중히 여겨라.' 뭐 그런 뜻이라고 합니다. 앞으로 저도 '이치고 이치에'의 깊은 의미를 살려 여러분들과의 인연을 소중하게 여기도록 하겠습니다. 감사합니다."

짝짝짝. 여기저기서 박수소리가 터졌다.

"저도 해야 되나요? 음, 저는 지현숙이에요. 나이는 쉰이 조금 넘었고, 주식한 지는 10년이 됐지만 별로 아는 것은 없어요. 마음만 급해서, 그냥 급등 종목만 이리저리 쫓아다니고 있습니다. 그런데 계속 돈만 까먹고 있네요. 아무튼, 제가 여기에 온 이유는 이번에 제대로 배워서 잃어버린 저희 아저씨 돈을 꼭 되찾기 위해섭니다."

입술을 꼭 깨물며 말하는 그녀의 눈에 눈물이 그렁그렁했다.

"쯧쯧, 아저씨가 많이 잃었나보네요."

마도로스가 안타깝다는 듯 조심스럽게 말을 건넸다.

"그게 아니고요, 제가 저희 아저씨 돈을 왕창 날렸어요."

감정이 복받치는지 그녀는 한참 동안 말을 잇지 못했다. 그러다 간신히 진정하여 고개를 들고 말을 이었다.

"6개월 전쯤이었어요. 저희 아저씨가 퇴직금 받은 돈을 저한테

주더라고요. 제 통장에 넣어두라면서……. 1억이 넘는 큰돈이었죠. 제가 그걸 몽땅 주식투자에 쏟아부었어요. 물린 종목이 있어서 소위 물타기를 한다고 한 것이……. 미쳤죠. 그 돈이 어떤 돈인데……. 흑흑, 아무튼 지금 반토막이 난 상태예요."

그녀는 기어이 흐느끼기까지 했다. 갑자기 화기애애하던 분위기가 달아나버렸다.

"힘내세요, 아주머니."

옆에 앉은 남자가 그녀를 위로했다.

"네, 고맙습니다. 그런데 정말 가슴이 아픈 것은…… 우리 바깥양반이 이 사실을 아직도 모른다는 겁니다. 그게 더 미칠 거 같아요. 언제 갑자기 통장 가져와봐라 할지 몰라 집에서 숨도 제대로 못 쉴 지경이에요. 요즘은 밥도 못 먹고 잠도 거의 못 자고, 내가 이렇게 살아서 뭐하나 싶은 생각뿐입니다."

겨우 말을 마친 그녀는 애써 눈물을 참는 표정이었다. 모두들 남의 일이 아니라는 듯 안타까워했다. 시우는 남편의 퇴직금을 날렸다는 그녀가 어디서 많이 본 듯하다는 생각이 들었다. 어디서 봤더라?

'아! 그때 그 여자.'

청량리 지점에서의 어느 날, 시우의 머리채를 잡고 늘어졌던 여자. 그러고 보니 지씨라는 성도 같았다. 시우는 지점 객장에서의 드센 인상이 깊게 남아 눈앞에서 훌쩍이고 있는 그녀를 자칫 못 알아볼 뻔했다.

그때는 다시 마주칠까 겁나던 여자였는데, 잔뜩 풀이 죽어 있는 모습을 보자 시우는 왠지 측은하다는 생각이 들었다. 그런 중에도 시우는 습관처럼 문득 스쳐가는 생각이 하나 있었다. '퇴직금여사', 시우는 마음속으로 그녀를 그렇게 부르기로 했다.

'나도 참 웃겨. 이 마당에 별명이 떠오르다니.'

그때 시우의 잡념을 깨는 굵은 목소리가 실내를 울렸다.

"이거, 분위기가 좀 그런데…… 제 소개를 해야 하나."

파이프라인 17기 중 가장 연장자로 보이는 50대 후반의 남자가 멋쩍게 말했다.

"네, 괜찮습니다. 이제 진정됐습니다. 모든 분들에게 정말 죄송합니다."

퇴직금여사가 머리를 깊이 숙였다. 눈은 빨갛게 충혈된 상태였다.

"알겠습니다. 모쪼록, 아주머니 잘되시기를 저도 빌겠습니다. 이제 제 소개를 해보도록 하겠습니다. 음…… 저는 박승리라는 사람입니다. 주식투자는 마흔두엇부터 했으니 한 15년쯤 됩니다. 부끄럽지만 그동안 깡통만 세 번을 찼습니다. 세 번을요."

그는 손가락 세 개를 들어 보이며 악센트를 줘서 강하게 발음했다. 여기저기서 쿡쿡거리는 웃음소리가 들렸다.

"실컷 웃으셔도 좋습니다. 제 마누라는 저를 아예 깡통맨, 깡통맨 하고 놀리는데요, 뭐. 마트에 가면, 거 왜 깡통으로 된 통조림 많잖아요? 그것만 보면 슬쩍 한 개 들어서 저한테 던져요. '옛다, 깡통맨. 동생 받아라!' 이러면서 말예요."

"깔깔깔."

"하하하."

교육장은 아예 웃음바다가 되었다. 퇴직금여사 때문에 우울했던 기분이 깡통맨의 등장으로 말끔히 걷혔다.

"아무튼, 그동안 구겨진 체면, 다시 좀 살리고 싶어요. 그리고 잃었던 투자금도 되찾고 싶고요. 운이 풀리려는지 주위에 물어봤더니 증권 교육은 여기가 젤 낫다고 하더라고요. 이번에는 왠지 느낌이 좋습니다. 많이들 도와주세요."

깡통맨을 끝으로 자기소개가 모두 끝나자 일제히 박수가 터졌다.

마도로스 출신, 그리고 깡통맨에 퇴직금여사까지……. 참 다양한 이력의 소유자들이 많네. 시우는 갑자기 기분이 유쾌해졌다. 게다가 웃는지 우는지 잘 모를 표정의 양 조교까지.

잠깐 동안의 휴식 시간.

시우는 교육장 한쪽에 마련된 휴게실로 들어갔다. 그때 퇴직금여사가 시우 곁으로 왔다. 시우는 먼저 인사를 할까 하다가 옛일이 생각나 머뭇거렸다. 퇴직금여사가 말을 붙여왔다.

"나 젊은 언니 알 것 같은데."

시우는 머뭇거리며 작게 대답했다.

"네, 오랜만이네요. 그때는 본의 아니게……."

"아유, 그런 얘기 하려는 게 아니에요. 아까 소개 인사할 때는 깜짝 놀라 증권사 직원이 이런 델 왜 왔지 했는데, 뭐 생각해보니 배우러 온 거 아니겠어요?"

"네, 맞아요. 기왕이면 더 많이 알려고."

"그래요. 그땐 나도 흥분해서 그랬어요. 미안해요."

"사과할 거까지는."

"아니야. 내가 잘못했지, 뭐. 여기서는 이제 동기생이니 같이 열심히 해봐요."

"네, 그렇게 말씀해주시니 저도 편하네요. 고맙습니다."

"그런 의미에서 내가 커피 한잔 타줄까?"

"아니, 제가 할게요."

시우는 휴게실의 탁자에 놓인 커피와 프림통을 열었다.

"그럼 맛있게 얻어 마실게요."

커피는 일반 상점에서 흔히 볼 수 없는 외제 커피였다. 시우는 커피를 타면서 습관적으로 맛을 보았다. 그때 어깨 뒤에서 귀에 익은 목소리가 들렸다.

"오잉? 커피 타는데도 간을 다 봐요? 소심하게."

양 조교가 다가오며 별일 다 있다는 표정으로 말했다. 커피 맛을 확인하던 시우는 황급히 손을 내렸다.

"아니……. 그럼, 안 봐요?"

자신도 잔 하나에 커피와 설탕, 프림을 푹푹 떠 넣고 물을 따르던 양 조교가 시우를 흘깃 보더니 느물느물 말을 이었다.

"맛을 왜 봐요? 인스턴트 커피 맛이 거기서 거기지."

"어쩜 사람이 그렇게 능글거려요?"

시우가 까칠하게 말을 받자 퇴직금여사가 끼어들며 한마디 거들었다.

"두 분 꼭 아는 사이 같네. 그래요?"

시우가 당황해서 냉큼 부정했다.

"알기는요? 괜히 저하고 친하고 싶어 그러는 거 같은데요, 뭘."

"그런가? 아유, 양 조교님은 성격이 시원시원해서 좋네. 낯가림도 없고."

"아, 예. 모처럼 젊은 숙녀께서 제자로 들어와 반가워서. 하하하."

양 조교가 다시 시우를 보며 장난스럽게 말했다.

"시우 씨는 생활에서도 매사 조심스러운가봐요? 주식할 때는 너무 그러면 안 좋은데."

"아니, 정말 계속 이러실 거예요?"

시우가 약간 앙칼지게 받아쳤다. 그 말에 양 조교는 갑자기 다소곳하게 "후훗, 미안합니다." 하고는 커피를 후루룩 마셨다.

"저 다음 강의 준비하러 갑니다."

양 조교는 시우의 흥분된 표정에도 아랑곳하지 않고 콧노래까지 흥얼거리며 문 쪽으로 걸어갔다. 그 모습에 시우는 더 약이 올랐다.

'뭐 이런 무례한 사람이 다 있어, 뭐? 나보고 소심하다고?'

시우는 불쾌했지만 화를 꾹 참고 커피를 탔다.

chapter **6**

첫째 날,
'주식투자의 핵심은
보유 기간의 조절'

Become a Genius in Stocks

'저분이 바로 현승철 원장이구나!'

증권계 사부 중의 사부라는 현승철 원장, 그는 사람 좋은 웃음을 지으며 교육장으로 성큼 들어왔다. 작지만 다부진 체격에 짙은 눈썹, 당당한 말투며 거침없는 행동이 그의 존재감을 확실히 느끼게 했다. 시우를 포함한 모든 교육생은 그의 등장에 바짝 긴장했다.

주식사부는 인사를 대충 마치고는 칠판에 큼지막하게 글씨를 썼다.

주식사부를 평생 생각하라!

"지금 이 순간부터 여러분들이 반드시 기억해야 할 것이 있습니다. 그것은, 여러분들이 저를 배우러 왔다는 사실입니다."

"······."

"다시 말씀드려서, 여러분은 자신들의 궁금증을 해결하러 여기에 모인 것이 결코 아니란 것입니다. 제 철학과 경험, 그것을 오롯이 여러분의 것으로 만들기 위해서 왔다, 이 얘깁니다."

자신의 문제점을 보완하려 하지 마라, 종목에 얽힌 사연들을 몽땅 버려라, 새로운 거래법을 익히고 거래 철학을 쌓아라…… 등등 주식사부는 자신의 교육철학을 들려주는 데서부터 강의를 시작했다.

"잘 알겠습니다, 사부님! 새 술은 새 부대에 담아라, 뭐, 그런 뜻 아닌가요?"

깡통맨이 수긍한다는 듯 머리를 끄덕이며 말했다.

"그렇습니다. 여러분들은 새로운 수익 모델을 찾기 위해서 모였다는 사실을 결코 잊으시면 안 됩니다. 그러기 위해서 이제부터는 마누라 빼고는 다 바꾸셔야 합니다. 기존 사고를 버리지 않는 이상 새로운 거래 이론이나 거래 철학은 결코 만들지 못합니다."

시우는 작게 고개를 끄덕였다. '어설픈 지식 갖고 있어봐야 써먹지도 못하지 않았는가. 그거 손 좀 봐서 바로 수익을 낼 거 같았으면 여기 올 필요도 없었지.'

깡통맨이 큰 목소리로 화답했다.

"사부님 말씀에 공감합니다. 이제부터 하라는 대로 무작정 따라 할 겁니다. 더 이상 갈 곳도 없으니까요."

모두들 공감하는 표정을 보이자 주식사부는 칠판에 쓴 글씨 아래에 밑줄을 그으며 말을 이어갔다.

"주식사부를 평생 생각하라! 이 말은 제 얼굴을 오랫동안 기억하라는, 그런 뜻이 아닙니다. 앞으로 제 거래 철학을 기억하라는 말입니다. 거래는 본인이 합니다. 그러나 거래에 앞서 항상 옆에서 주식사부인 제가 지켜보고 있다는 것을 평생 잊지 마시라는 얘깁니다."

"꼭 그렇게 하겠습니다."

태권도가 맞장구를 쳤다.

"감사합니다. 고광식 씨던가요? 음, 강의를 계속하겠습니다. 저, 주식사부를 생각해야 하는 이유에 대해서 잠시 설명을 드리겠습니다. 만약 떨어지는 종목을 안고 고민할 때, '사부라면 어떻게 할까? 고민하지 않고 던지겠지?' 이렇게 생각하면서 판단을 신속하게 내리고 행동으로 옮기라는 의미에서 사부인 저를 생각하라는 겁니다. 반대로, 좋은 종목을 발굴하고도 가격 부담으로 매수를 주저할 때, '사부라면 과연 나처럼 고민할까? 아마도 과감하게 매수에 들어가겠지?' 등등, 이런 식의 사고는 올바른 판단과 거침없는 행동에 결정적인 역할을 할 겁니다. 제가 왜 첫 강의에 저를 기억하라고 말씀드리는지 이제 모두들 이해하셨죠?"

"저는 사부님 얼굴까지 평생 기억할 생각입니다. 아예 사진을 제 모니터에 붙여두고 거래할 때마다 자문을 구할 계획입니다. 괜찮죠?"

깡통맨이 즐겁게 말을 받았다.

모두들 처음의 긴장이 풀렸는지 웃음소리가 왁자하게 났다. 시작부터 예사롭지 않은 강의였다. 시우는 임팩트가 강한 이런 식의 강의가 좋았다. 그리고 자신이 이 자리에 함께하고 있다는 사실에 깊이 안도했다.

재테크의 최대 적, 인플레이션

"사부님! 일전에 모 증권 전문가가 방송에 나와서 이런 얘기를 한 적이 있습니다. '지금까지 우리나라 주식 역사를 봤을 때, 수익률을 지속적으로 안겨준 거래법은 가치주 투자법밖에 없었다.'라고요. 그런데 이 얘기가 정말 맞는 얘깁니까?"

노후대비가 물었다.

"글쎄요, 투자자들마다 투자 성향이 모두 다르니 정답이라고 단정 지을 순 없겠죠. 그러나 과거 역사적 사실로 봤을 때 일정 부분 맞는 얘기이긴 합니다. 과거 최고의 수익률을 안겨줬던 농심이나 태평양, 그리고 롯데칠성, SK텔레콤 등과 같은 소위 황제주들을 기준으로 했을 때 말입니다."

"사부님, 그러면 잠시 가치주에 얽힌 전설이나 역사에 대해서 강의 좀 해주시면 안 될까요?"

태권도가 손을 번쩍 들고 물었다.

"알겠습니다. 그러면 가치주 투자자들에게 황금기였던 90년대

말, 정확히 1998년도 IMF 끝물 시기에 출발해서 지금껏 전설로 남아 있는 몇몇 종목에 대한 얘기를 잠시 해보겠습니다."

"야, 흥미진진하겠네."

깡통맨이 눈빛을 반짝이며 말했다.

"하하, 그 정도는 아니고요. 자, 먼저 질문 하나 드립니다. 혹시 IMF 당시 최고의 가치주로 꼽히던 종목 중에서 지금껏 최고가로 남아 있는 종목이 무엇인지 아세요?"

"글쎄요, 삼성전자? 포스코인가?"

깡통맨이 자신 없게 답했다.

"아닙니다. 삼성전자로 오인하는 분들이 많은데, 실제로 당시 최고의 가치주이자 현재까지 최고가 주식으로 남아 있는 종목은 롯데칠성과 롯데제과입니다. 이들 롯데 주들은 삼성전자나 포스코 주가에 비해 지금도 훨씬 비싸니까요. 지금 주가 수준만 봐도 롯데제과의 경우 1주에 160만 원에 육박합니다. 엄청 비싸죠. 과거에도 그랬지만 지금도 최고의 가치주이자 최고가 주입니다."

"어휴, 지금 100주만 갖고 있었어도 얼마야? 음…… 1억이 넘는 단 말이네요?"

깡통맨이 놀란 표정을 지었다.

"맞습니다. 어떤 주식은 10주 해봐야 5000원도 안 되죠. 그런데 이들 롯데 주들이 IMF 당시 얼마쯤 했을 거라 생각하세요?"

"IMF 때라면……. 채 15년밖에 안 지났잖아. 1년에 50% 이상 상승했다고 생각하면, 음…… 지금의 5분의 1 정도인 30만 원?"

깡통맨이 자신 없는 표정으로 대꾸했다.

"하하, 아닙니다. 놀라지 마세요. 1998년 여름 당시, 롯데제과는 5만 원, 롯데칠성은 4만 원 정도에 불과했습니다. 대충 잡아도 1년에 거의 200% 이상 상승한 셈입니다. 만약 여기에다 배당받은 것까지 합산한다면, 정말 믿기지 않는 엄청난 상승률입니다."

"어휴, 배 아파, 그때 아파트에서 한 1억 빼서 그냥 이 종목에 푹 묻어뒀어야 했는데. 그럼 도대체 지금 얼마야?"

태권도가 아깝다는 듯 말했다.

"가만, 배당은 제외하고 단순 계산만 해도…… 와…… 최소한 20~30억은 되었겠네."

깡통맨이 믿을 수 없다는 듯이 말했다.

"그러니까 돈은 그저 이렇게 씩씩하게 벌어야 하는데. 쩝. 매일 잘 먹어봐야 한 자릿수이고 깨지면 30~40% 왕창 날아가니."

태권도가 말했다.

"사부님! 혹시 그 당시 SK텔레콤 주가는 얼마였나요?"

깡통맨이 물었다.

"당시는 이름이 한국이동통신이었죠. 대략 15만 원대였을 겁니다."

"어? 얼마 전에 보니까 한 15만 원 정도밖에 안 하던데, 그럼 이 종목은 전혀 안 올랐네요? 이상한데?"

깡통맨이 의아하다는 듯 되물었다.

"하하하, 아닙니다. 지금 SK텔레콤 액면가는 5000원이 아니라 액면 분할해서 500원입니다. 액면 분할 전으로 계산하면 지금 가격의 열 배인 150만 원이죠. 한 주에 말입니다."

"네? 150만 원요? 그럼 열 배?"

"네, 그건 오히려 약과입니다. 놀라지 마세요. SK텔레콤 주가가 최고 많이 올랐을 때인 2000년 초에는 무려 500만 원을 넘었으니까요. 당시 불과 2, 3년 만에 거의 서른 배 이상 폭등했죠. 정말 핵심 블루칩 중에서도 단연 최고의 황제주로 지금껏 전설이 된 종목입니다. 물론, 지금도 그렇지만 말입니다. 아무튼, 당시에 모두들 1주당 1000만 원 돌파는 시간문제라고 난리도 아니었던, 정말 꿈같은 종목이었죠."

"허유……. 먼 과거도 아니고 딱 IMF 때로만 되돌아갈 수 있음 좋겠다. 그럼 빚내서라도 롯데 주들이니 SK텔레콤이니 이런 종목에 정말 인생을 걸고 왕창 묻어버릴 건데. 그러고는 폼나게 사라지는 거지. 산으로 들어가든지 원양어선을 타든지 해서 한 10년 푹 썩고 나오는 거야. 으휴, 생각만 해도."

태권도가 아깝다는 듯 가슴을 치며 말했다. 그러자 마도로스가 가볍게 웃으며 면박을 줬다.

"광식 씨! 과거 생각하면 뭐해요? 죽은 자식 고추 만지는 격으로 속만 쓰리지. 아무튼, 오늘 새삼 깨우칩니다만 돈 벌려면 돈

될 종목에 제대로 묻고, 그리고 오랫동안 잊어버려야 한다는 데 100% 공감합니다. 은행? 적립식펀드? 이런 상품으로는 결코 부자가 될 수는 없는 것 같습니다. 돈을 잃지 않고 지킬 순 있겠지만 원금을 크게 불리지 않는 이상 미래에는 언제든 손해로 작용할 가능성이 크다고 봅니다."

"맞습니다. 안정적인 투자처, 예를 들어, 은행의 적금 상품 등에 의지했다가 어쩌면 손해를 볼 수도 있다는 데 저도 동의합니다. 사부님께서 일전에 방송에 나오셔서 재테크 관점에서 미래의 최대 적은 전쟁도, 에너지 고갈도 아닌 인플레이션이라고 하셨던 말씀이 생각납니다. 정말 연 5~6%의 초라한 수익률로는 더 이상 인플레이션을 못 쫓아갈 겁니다. 어쩌면 피 같은 돈 묻어놓고도 오히려 미래엔 더욱 가난해지는, 그런 어처구니없는 사태가 발생할 수도 있습니다. 돈을 맡아 관리하는 은행이나 증권사는 수수료나 그 이자수익을 통해 이익을 많이 보겠지만 말입니다."

노후대비가 오랜만에 의견을 피력했다.

"인플레이션이 그렇게 무서운가요?"

퇴직금여사가 조심스럽게 물었다.

"무서운 정도가 아닙니다. 제가 인플레이션 중에서도 최고라는 '하이퍼 인플레이션'을 직접 경험한 사람 아닙니까."

마도로스가 잠시 호흡을 고른 뒤 자신의 경험을 이야기했다.

"제가 1988년도에 남미 아르헨티나에 간 적이 있었습니다. 그

전에도 오랫동안 남미 국가들 전체가 세 자릿수 인플레이션으로 시달리고 있던 터라 예상은 했지만 막상 현지에 도착하니 정말 장난이 아니었습니다. 글쎄, 오전에 배에서 신을 슬리퍼를 봐두고 오후에 그 가게에 다시 갔죠. 그랬더니 세상에, 가격이 두 배로 껑충 뛰어 있는 겁니다. 이거 너무한 거 아니냐고 항의하다가 점원들에게 미친놈 소리까지 들었죠. 자기 나라에선 당연한 건데 그걸 갖고 왜 따지냐는 겁니다. 정말 살인적인 물가였습니다. 마치 로켓이 가격표를 달고 날아가는 것 같았으니까요."

"정말 무섭네요. 끔찍했겠습니다."

퇴직금여사가 미간을 찌푸리며 말했다.

"그럼요. 어디서 살인이 나든지, 어떤 나라에 전쟁이 일어나든지, 이런 거 신경 쓰는 사람 아무도 없습니다. 당장 다음 끼니가 걱정이었으니까요. 하루에 똑같은 물건에다가 가격표를 세 번, 네 번 정도 바꾸어 단다고 한번 생각해보세요. 경험해보지 않은 여러분들, 과연 믿으시겠어요?"

"하기야, 수십 년 동안 아주 천천히 경험해야 할 인플레이션을 단 한 달 만에 몽땅 겪는다면 그건 정말 악몽일 거 같습니다. 우리가 인플레이션에 무감각한 것도 물가 상승이 아주 서서히 진행되어서 그렇지 사실 10년 전과 비교한다면 지금 물가는 살인적이라고 봐야 할 겁니다."

노후대비가 말했다.

"맞아요, 그땐 자장면 한 그릇에 1000원밖에 안 했지. 지금 10만 원씩 하는 나이키 운동화도 그땐 2만 원쯤이었고."

깡통맨이 거들었다.

마도로스가 헛기침을 몇 번 한 후 말을 계속했다.

"네, 정말 심했던 것은 음식 값이었습니다. 한번은 레스토랑에 갔다가 선원들 외출 수당으로 가져간 돈 가방을 통째로 음식 값으로 주고 온 적도 있었습니다. 007가방에 가득 채운 돈을 오로지 한 끼 밥값으로 내고 나오는데, 기분 정말 더럽더라고요. '이건 돈이 아니다, 그냥 휴지다' 이런 생각이 들더군요. 또 한번은 동네 꼬마들이 돈을 태우면서 무슨 놀이를 하는 것도 봤습니다. 인플레이션, 이거 정말 무섭습니다. 저는, 미래의 최대 적은 전쟁도, 에너지 고갈도 아닌 오로지 인플레이션뿐이라는 사부님 말씀에 100% 공감합니다."

마도로스의 말에 노후대비가 맞장구를 쳤다.

"맞습니다. 10년 전엔 억대 부자란 말이 있었죠. 요즘 억대 부자? 우스운 얘깁니다. 아파트 전세도 2, 3억 하는 시대니까요. 지금은 살고 있는 집 빼고 최소한 현금 10억은 갖고 있어야 부자 소리 듣습니다. 그런데 문제는, 현재의 10억이 20년 후 30년 후에도 그 가치가 그대로 유지되느냐 하는 겁니다. 어쩌면 지금의 1억 가치에도 미치지 못할까 두렵습니다. 불과 10년 전 남미 국가들이 그랬던 것처럼 말입니다. 아무튼, 연 수익률 10% 미만의 낮은 수익률로는 결코 마음 놓아서는 안 된다고 봅니다. 인플레이션을 분명히 못 쫓아갈 테니까요."

열정적으로 말을 쏟아내던 마도로스와 노후대비가 자리에 앉자 모두들 연신 머리를 끄덕였다.

"그렇겠네. 어설픈 수익률로는 시간이 흐를수록 오히려 자산 가치가 감소하겠어."

깡통맨이 걱정스러운 표정으로 말했다.

"휴, 힘이 쫙 빠지는 얘기네. 그러면 돈 벌어봐야 아무 소용 없다는 거 아냐?"

태권도가 흥분된 목소리로 말을 뱉었다. 그러자 주식사부가 손을 저으며 나섰다.

"하하, 제가 여러분들에게 걱정만 잔뜩 드렸나 봅니다. 그러나 꼭 그렇게 부정적으로 볼 것만은 아닙니다. 작지만 안정적인 수익률이 보장된다면 복리 효과를 통해 인플레이션을 극복할 수 있는 길은 아직 많이 있으니까요. 복리 수익은 큰 폭의 이익, 즉 고수익 투자가 불가능할 때 그 대안으로 인플레이션을 이길 수 있는 유일한 방법입니다. 복리의 마법에 대해서는 나중에 따로 교육을 진행할 겁니다."

"그러게, 우리에겐 복리의 마법이 있지."

깡통맨이 간신히 미소를 띠며 말했다.

저PER주 혁명

"사부님! 처음 얘기로 되돌아가서 질문 하나 드릴게요. 과거엔 IMF라는 특수한 상황 덕분에 롯데칠성이니 SK텔레콤이니 하는 저평가 종목들을 싸게 살 수 있는 기회가 있었습니다. 덕분에 큰 폭의 이익 추구도 가능했고요. 그러나 앞으로는 그런 폭락 사태는 오지 않을 테니까 주식투자를 통해 큰 폭의 이익을 얻을 수 있는 기회도 이제 사라진 거 아닌가요?"

시우가 눈빛을 반짝이며 물었다.

"꼭 그렇지만은 않습니다. 시장은 글로벌 증시의 팽창과 풍부한 유동성으로 인해 지속적으로 확대될 것입니다. 단기적인 조정은 올 수 있을지 몰라도 계단식 상승을 지속할 것입니다. 거기에 맞춰 새로운 황제주들 또한 끊임없이 명멸할 것입니다. 신약 개발이니 자원 개발이니 하는 소위 대박 재료도 끊임없이 양산될 것이고요. 사견입니다만, 앞으로도 수천 배의 이익을 가져다줄 그런 대박 종목은 해마다 서너 개씩 탄생할 것입니다."

"우와, 그래요? 다행이다. 앞으로도 부자 될 기회는 많겠네. 그런데 혹시 최근에도 그런 사례가 있었나요?"

퇴직금여사가 환하게 웃으며 물었다.

"그럼요, 많이 있습니다. 해마다 1년에 500% 이상 급등하는 종목이 열 개가 넘는다고 보시면 됩니다. 최근의 코스맥스만 봐도 그렇습니다. 불과 3년 전에 2천원 밖에 하지 않던 종목이었으니까요."

"지금은 얼만데요?"

퇴직금여사가 물었다.

"거의 4만 원에 육박하고 있습니다."

"휴, 지금도 대박이 가능하단 얘기죠? 그런데 코스맥스는 과거 리타워텍이나 루보 같은 그런 작전주도 아닌데 왜 그렇게 오른 거죠?"

깡통맨이 물었다.

"여러 가지 이유가 있겠지만 성장 가치 하나만 평가해보겠습니다. 최근 5년간, 단 한해도 거르지 않고 영업이익이 매년 증가했습니다. 무려 5년 동안이나 말입니다. 이 종목이 상승하지 않으면 오히려 이상했을 정도로 당시 성장 가치는 정말 엄청났죠."

"이제부터라도 열심히 하면 그런 종목을 살 수 있다고 생각하니 힘이 납니다. 사부님! 질문 하나 더 드리겠습니다. 가치지표는 어떤 것이 있으며 그 지표들은 계속 바뀌는 건가요?"

시우가 가볍게 손을 들며 질문했다.

"좋은 질문입니다. 먼저 과거 IMF 당시 얘기를 계속 이어가면서 가치지표를 찾아보도록 하겠습니다. 서두에서 잠시 말씀드렸지만, SK텔레콤이나 롯데 주들, 그리고 남양유업이나 태평양 같은 종목들은 모두 저PER주 혁명을 불러오면서 엄청난 수익을 안겨준 대표적인 가치주들이라고 했습니다."

"네? 저PER주 혁명이라면 뭘 의미하는가요?"

태권도가 되물었다.

"PER 개념은, 과거 1992년에 증시가 외국인 투자자들에게 개방되면서 그들에 의해서 처음 도입된 거래 기법 중 하납니다. 종목에 대한 가치 기준이 막연하던 시절에 최고의 가치주를 찾아냈던 기준이 바로 저PER주 개념이었으니까요."

"제가 잘 몰라서 그러는데 PER는 뭘 말하죠?"

퇴직금여사가 물었다.

"PER는 저도 좀 압니다. 우리말로 표현하면 주가수익비율이라고도 하죠. 주식의 가치를 수익성에 맞춘 최초의 지표여서 매우 의미가 있는 지표입니다. 그런데 이 지표의 계산 방식은 매우 단순한 편입니다. 주가를 주당순이익으로 나누면 되니까요."

인천가치주가 대신 답했다.

"주가를 주당순이익으로 나눈다고요?"

깡통맨이 되물었다.

"네, 그렇습니다. 여기에서 말하는 주당순이익은 1년 동안 그 기업이 벌어들인 돈을 1주당으로 환산했을 때 얼마냐 하는 것이고요. 그러면 간단한 문제를 한번 드려보겠습니다. 만약 삼성전자의 현재 주가가 100만 원이라고 전제하고, 올해 1년간 삼성전자가 1주당 10만 원의 이익을 냈다면 PER는 얼마가 될까요?"

주식사부가 칠판에 글씨를 쓰며 말했다.

"100만 원 나누기 10만 원이니까, 계산할 것도 없이 10이네요."

마도로스가 자신 있게 말했다.

"네, 맞습니다. 간단하죠? 그러면 저PER주가 되기 위해서는 어떤 조건이 필요할까요?"

"……."

모두들 대답이 없자 시우가 나섰다.

"분모의 숫자가 높으면 전체 값이 낮아지니까, 분모에 해당하는 주당순이익이 현재 가격에 비해 높으면 됩니다."

"정답입니다. 하하하, 전부들 어렵게 생각하셨네요. 설명드리겠습니다. 주당순이익이 많고 현재 주가가 낮으면 PER 수치는 낮아집니다. 바로 저PER주가 되는 것이죠. 만약 삼성전자가 영업을 잘해서 주당순이익이 10만 원이 아니라 20만 원으로 불어났다면 PER는 100만 원에서 20만 원을 나누게 되므로 5가 됩니다. 이제 PER가 10에서 5로 뚝 떨어지게 되는 것이죠. 이렇듯 현재 주가는 그대로이면서 수익성이 높아지게 되면 해당 기업의 PER는 낮아지게 되는 것입니다. 바로 저평가 종목으로 탈바꿈하는 것이죠. 이렇듯 단순한 지표를 들고 외국인 투자자들은 1990년대 국내 증권시장을 완전히 평정했습니다. 그들은 돈 될 만한 종목, 예를 들어, 롯데칠성이나 태평양 혹은 남양유업 같은 숨은 진주들을 저PER 개념으로 발굴, 이후 주가를 수직으로 끌어올리고 막대한 부를 챙겼습니다."

"지금도 이 지표는 유용합니까?"

퇴직금여사가 물었다.

"네, 주가수익비율은 가치지표가 전무하던 과거에 비해 효용가치가 다소 떨어진 것은 사실이지만 여전히 중요한 가치지표임은 분명합니다. 약간의 주의만 하면 말입니다."

"약간의 주의라면……?"

깡통맨이 고개를 갸웃하며 물었다.

"주당순이익을 산정하는 데 약간의 함정이 있습니다. 사실 주당순이익은 본업을 통한 이익에서 나와야 합니다. 장사를 잘해서 1년 동안 번 돈에 전체 주식 수를 나눠서 주당순이익을 뽑아야 하는데 그렇지 않은 경우가 많다는 겁니다."

"구체적으로 어떤 경우죠?"

시우가 물었다.

"예를 들면, 보유 토지나 건물 등의 매각으로 이익을 내거나 채무 면제를 통해 이익이 발생하는 경우도 당기순이익에 산정된다는 사실입니다. 이런 엉터리 당기순이익에 다시 주식 수를 나눠서 주당순이익을 뽑아내니 당연히 오류가 발생하는 것이죠."

"부채를 탕감해줘도 그것이 이익으로 잡힌다면? 그건 정말 조심해야겠네요. 대부분의 부채는 규모가 커서 탕감해준 해당 연도의 PER는 엄청 떨어질 테니까요."

노후대비가 나섰다.

"맞습니다. 심한 경우 PER가 100, 200 하던 고PER주들이 갑자기 2~3 미만으로 왕창 떨어지면서 저PER주로 돌변하는 경우도 곧잘 발생합니다. 실제로 2~3 미만의 초저PER주들은 거의 부채탕감이나 대규모 자산 매각 등으로 인한 일시적 현상이라고 보시면 맞을 겁니다."

"휴우, 저PER주라고 다 좋은 것은 아니구나. 참 그것도 쉽지 않네. 일일이 주당순이익의 뒷배경까지 조사해야 한다니."

깡통맨이 근심스럽다는 표정으로 말했다.

"맞습니다. PER를 계산할 때는 반드시 영업이익과 경상이익을 중심으로 살펴볼 필요가 있습니다. 당기순이익이 정상적인 영업행위로 발생한 것인지 인위적으로 만들어진 것인지 말입니다."

"솔직히, 사부님께서는 그래도 PER가 중요하다고 보시나요?"

마도로스가 오랜만에 물었다.

"솔직한 대답을 원하시겠죠? 제 개인적으로는, 음…… 잘 안 보는 편입니다."

"네? 의외네요. 굉장히 유용한 지표 같은데, 그런 지표를 보지 않으시는 특별한 이유라도 있나요?"

시우가 의아하다는 듯 물었다.

"앞서 말씀드렸던 대로 PER라는 지표가 불완전하다는 이유가 크고, 그 외에도 몇 가지 이유가 더 있습니다. 먼저, 주가는 미래의 꿈을 먹고 자랍니다. 쉽게 얘기해서 주식투자는 현재의 주가를 사는 것이 아니라 미래의 주가를 사는 것이란 얘깁니다. 특히, 최근에 가치주 투자 트렌드는 1, 2년 후를 보고 주식을 사서 묻는 시대에서 5년 혹은 10년까지 고려하고 투자하는 시대로 바뀌고 있습니다. 아무튼, 현재의 주가수익비율 지표로 결코 미래의 PER를 계산할 수 없다는 개인적 생각 때문입니다."

"동감입니다."

인천가치주가 거들었다.

"그다음 이유로는 이 지표가 너무 일반화되어 있다는 것이 문젭니다. 그렇다 보니 진정한 저PER주는 이제 눈 씻고 찾아도 없을 지경입니다. 과거 2, 3년 전만 해도 저PER주 범주에 들어갈 5 미만의 저PER 종목은 널렸었습니다. 그러나 최근에 이런 저PER 종목은 보유 자산을 처분하거나 채무를 면제받은 종목 아니고는 거의 없는 실정이라 보시면 됩니다."

"맞아요. 펀드나 큰손들이 그런 종목만 쏙쏙 골라서 사 모으다 보니 괜찮은 종목치고 최근 1년간 두세 배 이상 안 오른 종목이 없더라고요. 이제 새로운 가치지표를 찾아야 할 시점인 거 같습니다."

마도로스가 말했다.

종목 발굴보다 중요한 보유 기간 조절

"그러면 사부님께서 중요하다고 생각하시는 가치지표에는 어떤 것이 있나요?"

시우가 물었다.

"음, 글쎄요. 답을 드리기 전에, 제가 종목의 개별 가치보다는 수급 구조나 거래 타이밍을 더 중요하게 여긴다는 사실은 모두들 알고 계시죠?"

"아, 그럼요. 사부님이 가치투자자가 아니라는 거 세상이 다 아는데."

마도로스가 시원스럽게 대답했다.

"하하하, 세상이 다 안다……. 감사합니다. 이런 극찬을 해주시다니. 아무튼, 주식투자를 통해 큰돈을 벌기 위해서 가장 요구되는 것은 여러분들이 생각하는 것처럼 종목 발굴이 아닙니다."

"네? 그렇다면 뭐죠?"

마도로스가 물었다.

"보유 기간의 조절입니다."

"……."

"손실 포지션은 짧게, 이익 포지션은 길게! 주식 보유 기간의 적절한 조절! 이것이 바로 큰돈을 버는 데 최고의 해답입니다. 한번 생각해보세요. 과거 삼성전자나 포스코 같은 핵심 블루칩을 한두 번씩 거래해본 투자자는 주위에 아주 많습니다. 여러분들도 어쩌면 매수했던 적이 있을 거고요. 굳이 과거가 아니더라도 최근에 기아자동차나 호텔신라 수준의 옐로칩 정도는 대부분 거래를 해봤을 겁니다. 그런데 결과는 어떻습니까? 지금까지 갖고 있나요? 어떤 투자자는 호텔신라를 1만원에 사서 한 일주일 갖고 있다가 1000원 남기고 판 사람도 있을 것이고, 또 어떤 사람은 이익을 최대한 굴려 5만 원이 넘어선 지금까지 계좌에 보유하고 있으면서 막대한 부를 축적한 경우도 있을 겁니다."

"그런 거 같네요."

마도로스가 말했다.

"이제 종목에 대해 나만 아는 그런 비밀은 더 이상 없습니다. 앞으로는 더욱 그럴 것이고요. 이제 시대는 과거의 아날로그 시대가 아니라 디지털 시대입니다. 더 이상 특정인만 아는 그런 우량주나 저평가 종목은 없을 겁니다. 다시 강조드리면, 수익률에 결정적인 영향을 미치는 것은 거래 타이밍입니다. 언제 들어가고 언제 나올 것인가, 보유 기간을 어디까지 잡을 것인가, 바로 여기에서 승패가 결정됩니다."

"그럼 사부님께서는 종목 발굴과 거래 타이밍의 중요도를 구분한다면 각기 몇 % 정도로 나누시나요?"

시우가 물었다.

"하하하, 어렵네요. 음, 굳이 나눈다면 거래 타이밍의 비중이 한 70%? 그러면 종목 발굴의 비중은 대략 30% 정도가 되겠네요."

"사부님, 그렇다면 종목 발굴 관점에서 중요하게 여기는 지표가 있으면 말씀해주세요. 가치주 측면에서 말입니다."

시우가 집요하게 물었다.

"음, 저는 미래의 경쟁력을 가치주 최고의 척도로 꼽습니다."

"미래의 경쟁력이라면, 쉽게 얘기해서 지금부터 5년 후, 혹은 10년 후에 살아남을 기업을 말하나요?"

노후대비가 필기를 하면서 물었다.

"맞습니다. 가치주 투자의 핵심은, 미래를 보고 현시점의 기업을 찾아서 베팅하는 겁니다. 그러면 수십 년이 흘러도 무조건 살아남는 것 이상의 가치 기준은 없습니다. 한발 더 나아가 살아남는 것에 만족하지 않고 미래에 시장 대표주가 될 종목을 찾아야 합니다. 비록 지금은 2등, 3등 기업이지만 미래에 대장주가 될 그런 기업을 발굴해야 한다는 겁니다."

"그렇다면, 확실히 PER 개념으로는 한계가 있겠네요."

노후대비가 대답했다.

"맞습니다. PER는 현재 가치 지표이지 미래 가치 지표는 아닙니다. 가치주 투자는 장기 투자를 의미합니다. 결국, 미래 개념이죠. 그런데 현재 가치 지표인 PER 값에 전적으로 의지해서 거래한다는 것은 시대에 맞지 않는 투자법일 수 있습니다. 다시 말씀드리면, 미래가 아닌 현시점에 기준해서 단순 저PER주에 돈을 묻는 결과가 될 것이란 얘깁니다. 그것도 장기로 말입니다."

"공감이 갑니다. 그러면 미래의 경쟁력 있는 기업을 현시점에 어떻게 찾을 수 있죠?"

시우가 물었다.

"미래의 경쟁력 있는 기업의 조건은 대략 네 가지를 충족하는 것입니다."

"네 가지 조건이라. 무척 궁금하네요. 그중에서 가장 중요한 것은 뭡니까?"

깡통맨이 적을 준비를 하고 물었다.

"박승리 씨가 제일 급하신가봐요. 그런데 이거 어쩌죠? 오늘 벌써 마칠 시간이 지났네요. 아쉽지만, 미래의 가치주를 찾는 교육은 내일로 미뤄야 할 거 같습니다. 자, 오늘 수고 많으셨고, 모두들 내일 뵙도록 하겠습니다."

강의가 끝나고 밖으로 나오던 시우는 휴대폰에 석기의 문자가 새겨져 있는 걸 보았다.

'왜 전화 안 받아? 보는 대로 연락 줘. 사랑해.'

시우는 석기에게 전화를 할까 하다가 그만두었다. 아직은 증권 아카데미 수강을 숨기고 있는 터여서 만나도 별로 변명할 말이 생각나지 않았다. 시우는 대신 곧바로 집으로 돌아가 큰물에게 전화를 걸었다.

"지금 통화해도 돼요?"

"어이구. 이거 밤늦게 숙녀한테 전화를 받아본 게 몇 년 만이야.

가슴이 다 설레네."

큰물은 별로 싫은 기색 없이 농담을 했다.

"호호호. 그럼 주식 얘기 말고 데이트하는 것처럼 얘기해야겠네요."

"허허, 나야 좋지. 다음에 언제 한가할 때 한번 그러자고. 그나저나 어쩐 일이신고?"

"네, 저 오늘 파이프라인 첫날 교육받았어요."

"그래? 뭐 좀 얻은 게 있나?"

"아직은 잘 모르겠어요. 서로 인사 나누고, 종목 발굴이 중요하냐, 거래 타이밍이 중요하냐, 주로 그런 토론이 있었습니다."

"그래? 뭐가 중요하다고 하던가?"

"보유 기간의 조절요. 그리고 거래 타이밍이라고 했어요. 70% 이상 비중을 두어야 할 부분이라고."

"하하하."

"뭐가 우스우세요?"

"아니, 웃긴 게 아니고. 역시 주식사부다운 말인 듯해서."

"하지만 전 조금은 실망이에요."

"어째서 그렇게 생각하지?"

"전 종일 주식판 보며 조바심치는 데이트레이딩은 싫다고 했는데, 거래 타이밍이 중요하다면 그런 걸 가르치겠단 거 아니에요?"

"꼭 그렇지만은 않지. 그 사람 매매 스타일이 그렇지는 않은데."

"그럼 왜 첫날에 하필 그걸 강조할까요?"

"거래 타이밍이 왜 데이트레이더의 전유물이라고 생각하나?"

"그건 아니지만…… 그럼 아저씬 제가 파이프라인에 가서 배워볼까 했을 때 왜 추천했죠?"

"크게 승부하라!"

"네?"

"말 그대로 크게 승부하는 법을 배울 수 있기를 바라서지."

"크게 승부하자면 종목을 잘 골라야 할 것 같은데……."

"물론 그렇지만, 주식사부는 진입 타이밍과 보유 기간의 조절을 통해 언제 진입하고 어느 구간까지 묻어둘 것인가를 더 강조하고 있다고나 할까? 어쨌든 조금 더 다녀보면 느끼는 게 있을 거야."

"크게 승부한다? 그러자면 리스크도 상대적으로 커지겠네요?"

"그래, 맞는 얘기야. 그래서 대부분의 투자자들은 큰 승부를 피하지. 그러나 그렇게 하면 돈을 잃을 염려도 없지만 큰 부자가 될 기회도 못 잡아. 부자와 빈자의 결정적인 차이는 리스크를 걸고 안 걸고의 차이에서 비롯된다고 할 수 있는데, 잃어도 무방한 돈, 즉 100만 원, 500만 원으로 투자해서 과연 부자가 될 수 있을까? 연 수익률 100%를 기록했다 해도 말이지. 그래서는 결코 부자가 될 수 없을 거야."

"맥 빠지네요."

"투자금 문제는 차차 얘기하지. 중요한 건 리스크를 건다는 것이고, 더 중요한 건 크게 승부하자면 리스크를 조절할 수 있어야 한다는 거니까."

"어떻게요?"

"그건 리스크를 합리적으로 제어할 수 있는 구간에서만 승부해야 한다는 얘기지. 쉽게 얘기하면, 리스크를 끊어주기 좋은 가격대에서 진입을 한다는 거지."

"그렇다면 거래 타이밍과 같은 얘기가 되네요."

"그렇다고 그것만이 전부는 아니지."

"어휴, 뭐가 그렇게 어려워요?"

"그럼 하루 다녀와서 도사가 되기를 바랐나? 주식이 그렇게 쉽다면 누가 잃겠나?"

"그건 그래요."

"명심하라고. 지금껏 성공한 트레이더들 대부분은 모두 리스크를 걸고 큰 승부를 즐긴 사람들이라는 걸. 만약 안전한 수익만 찾는다면 월급과 은행 상품밖에 없겠지."

"리스크와의 싸움이 곧 주식투자겠네요."

"비단 주식투자만 그렇겠어? 세상의 모든 돈들은 리스크와 다 한 몸이라 생각하면 맞을 거야. 리스크를 떼어내고 큰돈을 가져올 방법은 전혀 없으니까. 모쪼록 그 리스크를 이기는 방법을 배우라고."

"그다음에는요?"

"이익이 나는 거래를 발견했다면 그다음엔 반복적으로 돈을 굴려야겠지. 돈은 짧은 기간에 불어나지 않아. 충분한 숙성 기간이 반드시 필요해. 명심하라고. 굴리고 또 굴려라! 유리한 게임을 발견하면 결코 포기하지 말고 반복해서 굴려라! 시우가 아직 그 단계는 아니지만 최소한 유리한 게임이 뭔가는 조만간 체득하게 될 거야. 거기서 배운 대로 한다면 말이지."

첫날의 강의와 큰물과의 전화는 시우에게 어느 면에서는 혼란만 가중시켰다. 매매 타이밍, 리스크를 건 큰 승부. 둘은 연관되는 것 같으면서 모순도 느껴졌다. 시우는 '강의를 더 들어보면 잡히는 게 있겠지' 하는 마음으로 그만 고민을 접었다.

chapter 7

둘째 날, '미래 가치주에 베팅하라'

Become a Genius in Stocks

시우는 다시 파이프라인 강의실에 앉았다. 주변을 둘러보니 다들 시우처럼 전날의 강의에 대해 생각을 많이 한 표정이었다.

강사는 어제에 이어 주식사부였다.

"오늘은 미래 가치주를 본격적으로 찾아보도록 하겠습니다. 먼저, 기업이 오랫동안 장수하기 위해서 가장 필요한 것이 무엇일까요?"

"장사도 잘해야겠지만 무엇보다도 돈이 많아야 하지 않을까요?"

태권도가 자신 있게 말했다.

"네, 맞습니다. 고광식 씨, 이번에 공부 많이 하셨나봐요. 그렇습니다. 기업이 망하지 않기 위해서는 무엇보다도 사내에 적립된 돈이 많아야 합니다. 현금성 자산이 풍부한 기업은 결코 망하지 않는 법이니까요."

"현금성 자산이라면?"

태권도가 되물었다.

"그건 사내 유보금, 즉 현금과 유가증권 등을 말하죠."

인천가치주가 거들었다.

"맞습니다. 자, 이제 미래 가치주 기준을 정할 때가 된 거 같네요. 먼저 첫 번째 미래 가치주 기준은……."

말을 끊은 주식사부는 잠시 뜸을 들이다가 칠판에 크게 글씨를 썼다.

미래 가치주 기준 1,
부채가 낮고 유보율이 높은 기업에 베팅하라!

주식사부가 칠판에 글씨를 쓰자 모두들 따라서 메모를 했다. 시우도 메모하며 조용히 읊조렸다.

'부채가 낮고 유보율이 높은 기업에 베팅하라!'

"사부님, 부채는 알겠는데 유보율은 뭐죠?"

퇴직금여사가 물었다.

"네, 유보율은 영업 활동이나 자본 거래를 통해 얻은 이익을 얼마나 회사 내에 많이 보관하고 있는지를 나타내는 중요한 지표입니다. 쉽게 얘기하면 회사에 자본금 대비 현금을 얼마나 보유하고 있느냐 하는 겁니다."

"이해가 잘 안 되네요."

"제가 간단히 설명드릴게요. 만약 자본금이 100억인 회사가 현금을 100억 갖고 있으면 유보율은 100%가 된다 이겁니다. 현금이 많으면 자연히 유보율이 올라가는 것이죠. 괜찮은 회사들은 이런 비율이 거의 1000%를 넘는다고 보시면 됩니다."

인천가치주가 손을 써가며 설명했다.

"안치안 씨, 감사합니다. 쉽게 설명해주셨네요. 네, 맞습니다. 유보율은 현금입니다. 회사에 돈이 많으면 자금시장이 경색된 침체장이 와도 재무안정성을 그대로 유지할 수 있습니다. IMF 같은 최악의 상황에서도 살아남게 되는 것이죠. 이것이 바로 풍부한 현금의 힘인 것입니다. 앞서 얘기했던 롯데 주들이나 남양유업 모두 IMF 당시 유보율이 수천 퍼센트를 상회했다는 사실을 기억하면 쉬울 겁니다."

"지금도 그 기업들은 유보율이 높나요?"

시우가 머리를 들며 물었다.

"하하하. 높습니다. 그것도 꽤 높습니다. 롯데제과와 롯데칠성이 전체 상장 기업 1500여 개 중 유보율 랭킹 단연 1, 2위입니다. 여기서 문제 하나 드릴까요? 지금 롯데 주들 유보율이 대략 몇 퍼센트나 될지 한번 맞춰보세요."

"……."

"한 5000%?"

태권도가 자신 없이 말했다.

"놀라지 마세요. 현재 둘 다 3만%가 넘습니다."

"네? 3만%요? 그 얘기는 자본금에 비해서 현금을 거의 300배 정도 갖고 있다는 얘기가 아닌가요? 과연, 그게 가능한가요?"

시우는 크게 놀라며 물었다.

"네, 이들 두 기업의 현재 자본금은 대략 60억에서 70억 원 정도 됩니다. 그런데 이들 두 기업의 현금성 자산은 놀랍게도 각각 2조 원가량 됩니다. 지구가 멸망하지 않는 이상 결코 망할 수 없을 정도의 현금을 쌓아놓고 있는 셈이죠. 정말 최고의 가치주들입니다. 이제 이들 기업 주가가 왜 100만 원이 넘는지 이해되시죠?"

"어휴, 그런 기업이 IMF 때 4만 원, 5만 원 했다니, 정말 생각할수록 억울하네."

태권도는 못내 서운하다는 표정을 지었다.

"코스닥 기업들은 유보율이 무척 낮다고 들었는데, 유보율이 1000% 이상인 기업이 있나요?"

노후대비가 물었다.

"네, 코스닥 기업에도 많습니다. 지금 대략 100여 개가 되니까요. 인탑스나 메가스터디, 매일유업 등과 같이 4000% 이상 가는 기업만 열 개쯤 됩니다."

"유보율이 높으면 재무안정성 확보 외에 또 어떤 장점들이 있나요?"

시우가 물었다.

"홍시우 씨, 가치투자자들이 주가 상승을 제외하고 가장 좋아하는 것이 있다면, 그게 뭘까요?"

"……글쎄요, 금방 떠오르지는 않는데, 아마도 무상증자가 아닐까요?"

"네, 무상증자도 좋아할 순 있을 겁니다. 그러나 그보다 더…….”

"배당일 겁니다."

인천가치주가 나섰다.

"네, 맞습니다. 배당이죠. 그것도 고배당! 그런데 이런 고배당을 실시할 수 있는 근간은 뭘까요? 그렇죠. 바로 풍부한 현금입니다. 무상증자 또한 같은 맥락이고요. 이것이 바로 유보율이 높은 기업을 주목해야 할 두 번째 이유입니다."

"그렇구나. 그래서 배당 개념으로, 외국인들이 유보율 높은 종목들을 선호하는구나."

깡통맨이 알겠다는 듯 고개를 끄덕였다.

"맞습니다. 배당에 대해서는 잠시 후 다시 말씀드리도록 하겠습니다. 그다음, 유보율이 높은 기업의 또 하나 장점은 바로 신사업으로의 진출이 용이하다는 점입니다. 미래의 경쟁력은 지금의 업종이나 업태를 유지하는 것으로 보장받지 못할 수도 있습니다. 어쩌면 미래 경쟁력 확보를 위해 대대적이고 혁신적으로 업종 전환을 시도해야 할 경우도 있을 수 있습니다. 결국, 필요에 의해 시대에 맞는 기업으로 과감히 탈바꿈할 수 있는 힘 또한 풍부한 현금에서 비롯될 것입니다."

"잘 알겠습니다. 유보율이 새삼 중요하다는 사실, 오늘에서야 깨우칩니다. 그런데 사부님, 부채비율은 얼마를 넘지 않는 것이 좋은가요?"

시우가 물었다.

"물론 적을수록 좋겠죠? 업종에 따라서 다르겠습니다만 부채비율은 어떤 경우에도 100%는 넘지 않는 것이 좋습니다. 부채비율 100%라는 얘기는 빚 갚고 나면 회사 자산이 제로가 된다는 얘기니까 실제로 자산은 전혀 없는 기업이라고 봐야 합니다. 개인적인 생각입니다만, 부채비율만 기준했을 땐 20%를 넘지 않는 기업이 미래 가치주가 될 공산이 높다고 봅니다."

"부채비율 20% 미만인 기업이 많나요?"

퇴직금여사가 물었다.

"대략 200여 개 됩니다. 전체 상장 종목 중에서 약 10%를 상회하는 수칩니다."

"사부님! 다른 지표는 또 어떤 것이 있나요?"

시우가 말이 끝나기 무섭게 물었다.

"하하하, 홍시우 씨 때문에 진도를 천천히 나갈 수가 없네요. 알겠습니다. 다음으로 넘어가겠습니다."

주식사부는 칠판에 크게 글씨를 써 내려갔다.

미래 가치주 기준 2,
자기자본이익률과 영업이익률이 매년 증가하는 기업

주식사부가 칠판에 글을 쓰자 모두들 필기에 열을 올렸다.

"미래의 가치주가 되기 위해서는 앞서 유보금이 많아야 된다고 강조했습니다. 그런데 유보금을 풍부하게 쌓기 위해서 가장 요구되는 것이 무엇이겠습니까? 아마도 현금 창출 능력일 것입니다. 현금 창출 능력이 해마다 증가하는 기업, 그런 기업이 미래의 최대 가치주가 될 것이라는 데 개인적으로 큰 확신을 갖고 있습니다. 우리는 이런 기업을 찾아야 합니다. 그런데 중요한 건 이들 두 지표가 바로 현금 창출 능력을 판단하는 데 가장 핵심적인 지표라는 사실입니다."

"사부님! 자기자본이익률과 영업이익률은 서로 어떻게 다른가요?"

이번에도 시우가 물었다.

"네, 자기자본이익률은 1년 동안 벌어들인 당기순이익을 자기자본으로 나눈 것입니다. 쉽게 얘기해서 1년간 자산을 얼마나 효율적으로 운용해서 수익으로 연결시켰는가, 즉, 주주가 투자한 자금을 얼마나 잘 운용했는가를 전반적으로 보여주는 중요한 지표입니다."

"그렇다면, 기업이 채무자에게 지불하는 이자가 금리라면, 주주에게 지불하는 이자가 바로 자기자본이익률이라 봐도 되겠네요."

인천가치주가 말했다.

"네, 적절한 비유인 거 같습니다. 예를 들어서 쉽게 설명을 드리겠습니다. 자기자본이 100억 원인 기업 두 개가 있을 때, 각각 1년간 사업을 통해 A라는 기업은 20억의 당기순이익을 올리고 B라는 기업은 2억의 당기순이익을 올렸다면, A기업의 자기자본이익률은 20%, B기업은 2%가 되는 겁니다. 이때 주주 입장에서 은행 금리와 비교해본다면 A기업에 투자한 주주는 시장 평균 금리를 월등히 초과한 이익을 얻었으니 효율적인 투자를 한 것이 됩니다. 그러나 B기업에 투자한 주주는 은행 금리에도 못 미치는 매우 비효율적인 투자를 한 것입니다. 결국 자본의 감소가 온 것과 다를 바 없는 것이죠."

"그렇게 되면 주주들은 자기자본이익률이 높은 기업을 찾아 B기업에서 A기업으로 옮겨 가거나 은행이나 펀드상품 쪽으로 투자처를 바꾸게 되겠네요."

시우가 자신의 의견을 피력했다.

"네, 정확합니다. 그 점이 주식투자에서 매우 중요한 기준이 됩니다. 현명한 투자자라면 자기자본이익률의 증감에 따라 해당 기업의 주가 등락도 함께 연동된다는 사실을 결코 놓치지 말아야겠죠?"

"좋은 기업이라면 자기자본이익률의 기준을 얼마로 잡는 것이 좋나요?"

시우가 물었다.

"최근의 시장 평균은 10%를 약간 상회하는 수치입니다. 이 수치는 회사채 수익률을 앞지르는 것이어서 채권투자보다 주식투자가, 은행 상품보다 주식투자의 수익성이 훨씬 낫다는 것을 의미합니다. 좋은 기업의 기준은, 음…… 정확하게 규정짓기는 어렵겠지만 대략 20% 이상 정도로 잡을 수 있겠습니다."

"자기자본이익률이 20% 이상 되는 기업이 많나요?"

퇴직금여사가 물었다.

"전체 기업 수의 10% 수준이라 보시면 됩니다. 그런데 정말 중요한 것은 자기자본이익률이 해마다 불어나는 기업을 찾아야 한다는 겁니다. 진짜 보물은 바로 이런 기업이죠."

"사부님, 그럼 자기자본이익률이 증가하는 기업을 찾아내면 되는데 굳이 영업이익률까지 챙길 필요가 있나요?"

시우가 물었다.

"네, 좋은 지적입니다. 자기자본이익률의 단점은 당기순이익을 자기자본으로 나눈 것이어서 장사를 통해서 벌어들이지 않은 자산 매각, 유가증권 평가익 등도 포함된다는 사실입니다. 반면에 영업이익률은 매출액에 대해 순수 영업이익의 비율을 나타낸 것이어서 기업의 존재 가치를 평가하는 데 매우 중요한 지표입니다."

"그러면 영업이익률이 오히려 더 중요한 거 아냐? 그저 기업은 장사를 통해 돈을 잘 버는 것이 최고거든. 삼성전자나 농심처럼 말이지."

깡통맨이 말했다.

"맞습니다. 그러나 영업이익률이 좋은 기준이기는 합니다만, 자본 투자를 통해 벌어들이는 수익이 전혀 잡히지 않는다는 단점도 있습니다. 과거 일성신약의 경우가 그렇습니다. 2010년 기준, 삼성물산 평가차익이 무려 1000억에 육박하는데 이런 것이 전혀 잡히지 않는 것이죠. 이런 측면들 때문에 두 지표는 상호 보완적으로 동시에 챙기는 것이 필요합니다."

"동감입니다. 과거에 국내 가치투자자들은 외형 성장을 중시하는 경향이 강했어요. 그러다 보니 자기자본이익률이나 영업이익률보다는 매출액 규모, 매출액 증가율 등에 큰 비중을 두었지만, 성장률에 한계를 느낀 선진국들은 이미 오래전부터 수익성과 효율성에 초점을 두었다고 합니다. 바로 이런 지표들이 등장한 배경인 것이죠."

인천가치주는 부티크 운영자답게 해박했다.

"하하하. 역시 안치안 씨 내공이 만만치 않습니다. 자, 안치안 씨 덕분에 두 번째 조건은 충분히 전달된 것 같습니다. 이제 세 번째 미래 가치주 조건으로 넘어가도록 하겠습니다."

미래 가치주 기준 3,
배당수익률이 높은 기업에 베팅하라!

"배당수익률이 높은 종목이라……."

배당에 대해서는 모두들 관심이 많은지 약간 소란스러워졌다.

"국내에 배당 개념이 도입된 것은 2000년입니다. 저금리 기조가 이어지고 배당 개념에 밝은 외국인들의 시장 참여 비중이 40%를 넘으면서 급속도로 확산된 것이죠. 그때부터 시세차익에 대한 욕구에 비해 상대적으로 소외받았던 배당 관련 정책에 대한 인식이 크게 바뀌기 시작한 겁니다. 우리가 반드시 기억해야 할 것은, 배당은 저금리 기조에서 가장 각광받는 정책이라는 사실입니다. 실제로 금리 3% 시대에 해마다 6~7% 이상 고배당을 실시하는 S-OIL과 KT&G 등에 대한 투자는 상당한 재테크 성공 사례라고 볼 수 있습니다."

"배당 6~7%면 정말 대단하네요. 그런데 이들 종목의 주가 변동은 어땠나요?"

"KT&G의 경우, 본격적으로 배당주로 인식된 시점은 2002년 초였습니다. 그때 주가 수준은 1만 원에 불과했죠. 그러나 지금은 8만 원을 넘은 상태입니다. S-OIL의 경우 같은 시기 2만 원 정도에 머물러 있다가 지금은 10만 원대에 있고요. 고배당주의 경우 지수 상승폭에 비해 거의 두 배 정도 상승폭이 높다고 보시면 됩니다."

"해마다 배당도 받고 주가도 오른다면, 배당은 거의 덤이라고 생각해도 되겠네요. 그런데 배당수익률과 배당률은 다른 의미인가요?"

시우가 질문 내용을 미리 적어왔는지 공책을 뒤적이며 물었다.

"네, 약간 다릅니다. 배당률은 배당금을 주식 액면가로 나눈 비율입니다. 예를 들어, 액면가 5000원인 기업이 해당 연도 배당을 500원 지급했다면 배당률은 10%가 됩니다. 그런데 만약 액면가 500원인 코스닥 종목에서 배당률 10%라면, 그땐 어떻습니까? 1주당 50원에 불과하겠죠? 이땐 돈도 아니죠. 1만 주 갖고 있어봐야 불과 50만 원밖에 되지 않을 거니까요. 그런데 정말 웃긴 것은 만약 해당 주식의 주가가 비싼 고가주라면 문제는 정말 심각해진다는 것입니다. 한번 생각해보세요. 만약 1주당 5만 원짜리 주식을 1만주 가진 사람이 1주에 50원의 배당을 받았다면 어떨까요?"

"음…… 5만 원에 1만 주라, 그러면 투자금은 5억인데, 5억 투자해서 1년에 배당 50만 원 받는다면 이건 정말 껌 값도 안 되겠네요."

마도로스가 말했다.

"네, 맞습니다. 배당률은 이렇게 함정이 많습니다. 단순히 배당률 20%라면 크게 느끼시겠지만 실제로는 푼돈에 불과합니다. 문제는 바로 배당률을 액면가 기준으로 한다는 점인데, 이제 배당 정책은 시가 배당으로 바뀌어야 합니다."

"그러면 배당수익률의 기준은 뭐죠?"

시우가 물었다.

"배당수익률은, 배당금 총액을 시가 총액으로 나눈 비율입니다. 이 지표가 진정한 배당 지표라고 보시면 됩니다. 주식투자자 입장에서 예금 이자율과 상대적인 비교의 척도로 삼을 수 있는 지표죠. 예를 들어, 올해 삼성전자의 배당 총액이 5조, 시가 총액이 200조라면 배당수익률은 5조를 200조로 나누면 되니까, 음…… 2.5%가 됩니다."

"사부님께서는, 배당 투자는 앞으로도 유효하다는 말씀이세요?"

퇴직금여사가 물었다.

"당연한 말씀입니다. 제가 미래 가치주 조건에 괜히 포함시켰겠습니까. 배당은 수익가치를 중시하는 투자자에게 지속적인 수익을 보장하는 최고의 안정판입니다. 그리고 무엇보다도 중요한 것은 투기로 인식되어온 주식투자를 공정하고 합리적인 투자처로 인식하게 만드는 데 결정적인 역할을 합니다. 향후에도 주주들의 배당 압력이 거세지면서 배당 투자 환경은 한층 개선되리라 예상됩니다."

"고배당주들은 대부분 사내 유보금이 많고 주주를 중시하는 기업 마인드가 있는 거 같더라고요. 아무튼, 이번 배당 시즌부터 저도 고배당주에 한번 관심을 기울여볼 예정입니다. 사부님, 마지막 조건은 무언가요?"

시우가 재촉하자 주식사부는 웃으며 칠판에 마지막 조건을 썼다.

미래 가치주 기준 4,
자사주 매입 후 소각하는 기업에 베팅하라!

"아하, 자사주 매입! 2003년경인가? 자사주 매입하는 종목을 따라붙어 재미를 톡톡히 봤던 기억이 나네요. 그땐 자사주 매입이 최고의 재료였던 시절이 있었는데."

깡통맨이 눈을 지그시 감으며 말했다.

"맞습니다. 2003년 주가 상승기에 최고의 테마는 자사주 매입이었습니다. 당시 자사주 매입하는 종목은 지수 상승폭 대비해서도 거의 20~30% 가량 더 올랐으니까요."

"제가 주식투자하면서 거의 유일하게 재미 본 시절이 바로 그때입니다. 아, 그땐 초보들이 참 돈 벌기 쉬웠는데."

깡통맨이 회상하듯 말했다.

"자사주를 사면 어떤 효과가 발생하나요? 제가 잘 몰라서……."

퇴직금여사가 물었다.

"네, 자사주 매입은 크게 주가 관리와 경영권 방어를 목적으로 합니다."

"주가 관리라면 주가 상승을 의미하나요?"

퇴직금여사가 재차 물었다.

"네, 맞습니다. 회사 유보금으로 자기 회사 주식을 매입해서 보관하게 되는 것이어서 유통 주식 수가 감소하게 됩니다. 이는 수급이 급속도로 개선되는 효과가 나타나면서 당장에 주가 상승으로 이어지는 경우가 많습니다. 배당 정책과 거의 같은 맥락으로 보시면 됩니다. 결국 자사주 매입은, 주주를 중시하는 정책의 일환으로 인식되기 때문에 기업 이미지에도 지대한 영향을 미치게 되면서 주가는 지속적으로 상승하게 됩니다."

"사부님, 저도 자사주 매입이 호재라고 알고 있습니다. 그런데 언젠가 기사를 읽었는데 자사주 매입은 악재일 수 있다며 투자에 주의해야 한다고 하던데, 이건 무슨 말인가요?"

시우가 물었다.

"네, 간혹 그런 경우가 있습니다. 그러나 대부분은 자사주 매입이 주가에 긍정적입니다. 악재보다는 호재인 경우가 80~90%죠. 만약 악재로 작용하는 경우라면 이런 경우일 겁니다. 약세 구간에서 일시적으로 주가 부양을 위해 샀다가 상승 구간이 오면 차익을 남기고 시장에 내다 파는 그런 경우 말입니다. 이건 주가 안정과 주주 가치를 중시하는 정책을 기준으로 했을 땐 결코 바람직한 현상이 아닙니다. 일종의 내부자 거래라고 볼 수 있죠."

"그렇다면 자사주 매입에 있어 어떤 주의가 필요한가요?"

시우가 물었다.

"네, 그래서 자사주는 매입 후 반드시 소각으로 이어져야 합니다. 이것이 마지막 조건의 핵심입니다. 그런 기업이 미래에 주도주가 될 가능성이 큽니다. 왜냐하면, 자사주를 소각하게 되면 발행, 유통 주식 수가 감소하게 되면서 주당순이익이 올라가게 됩니다. 이미 오래전부터 미국 등 선진국에서는 자사주 소각이 현금 배당과 함께 주가 관리의 대표적인 기법으로 정착되고 있는 실정입니다. 공룡 기업인 GM이 지난 십수 년간 자본금의 40%를 동원해 자사주를 태웠고, 마이크로소프트사가 10여 차례 자사주 소각을 단행했다는 얘기는 이미 널리 알려진 사실입니다."

"결론적으로, 자사주 소각과 고배당 정책은 기업의 투명성을 알리는 최고의 잣대라고 볼 수 있겠네요."

시우가 메모를 마치며 말했다.

"네, 그렇습니다. 게다가 자사주 소각은 현금 배당에 비해 세금 측면에서도 기업과 주주 모두에게 유리합니다. 이 점은 자사주 소각의 또 다른 장점이죠."

가치주 투자의 맹점을 극복하라

"사부님! 가치주 투자에 대해서 며칠간 곰곰 생각해봤는데, 재료 매매나 모멘텀 매매보다는 안전하고 수익도 클 거라는 생각이

듭니다. 그런데 사부님께서는 가치주 투자에 대해서 탐탁지 않게 생각하시는 것 같고…… 고민이 많네요."

시우가 말했다.

"고민할 거 없습니다. 홍시우 씨 생각대로 하시면 됩니다. 투자자 성향에 따라 자신한테 가장 잘 맞는 거래법을 찾는 것은 당연한 것이니까요. 그래서 이번 교육 커리큘럼도 다양한 매매법으로 꾸며져 있습니다. 이것저것 다 배워보고 자신한테 가장 잘 맞는 매매법을 찾으라는 취지에서 말입니다. 그리고 제가 탐탁지 않게 생각한다…… 글쎄요, 그보다는 가치주 매매에 맹점이 많기 때문에 경계를 한다는 표현이 더 맞을 겁니다."

"어떤 점을 경계하신단 말씀이죠?"

시우가 물었다.

"크게 두 가지 관점입니다. 먼저, 가치주 투자의 핵심은 장기투잡니다. 이 점은 모두들 알고 계실 줄로 압니다. 저평가된 종목을 매수해서 적정 주가에 이를 때까지 끝까지 가져가는, 소위 '고래 심줄 전략'이 바로 가치주 투자의 핵심입니다. 다시 말해, 주식 보유 기간을 최소한 2~3년 이상 장기로 끌고 갈 수 있어야 진정한 가치투자라는 얘깁니다. 그런데 개인들의 투자 기간은 어떻습니까? 거의 단기 아니면 중기일 정도로 매우 짧습니다. 혹시 코스피 시장의 2011년 거래 회전율이 얼만지 아세요? 무려 250%가 넘습니다. 다시 말해, 1년에 손바꿈이 세 번 가까이 일어났다는 뜻입니다. 모르긴 몰라도 코스닥은 이보다 배 이상 심했을 것입니다. 이렇게 거래가 잦은 매매를 하면서 가치주 투자라니요? 저는 이 점이 가장 큰 모순이라는 얘깁니다. 말로는 가치투자 운운하면서 실제로는 모멘텀 투자를 하고 있다는 것을 지적하고 싶은 겁니다."

"듣고 보니 사부님 논리가 맞네요. 저도 그동안 저평가 종목이라고 추천받은 종목을 사기는 곧잘 샀던 거 같습니다. 그러나 조금 오르면 금방 팔아버렸던 것도 사실이고요. 단 한 번도 1년 이상 길게 가져가면서 이익을 키웠던 적은 없었던 거 같네요."

퇴직금여사가 말을 마치자 기다렸다는 듯 깡통맨이 말을 받았다.

"허허, 1년 이상 보유한 거 왜 없었겠어? 물렸던 종목은 몇 년씩 가져갔겠죠."

"호호호, 맞습니다. 민망하네요. 하여튼, 물린 종목은 자연 홀딩이 되더라고요. 솔직히 말씀드리면, 지금도 물린 종목을 두 개 들고 있어요."

"하하하, 그럴 겁니다. 두 분 말씀 감사합니다. 지금 두 분께서 말씀하신 내용이 바로 가치주 매매의 두 번째 맹점입니다. 지현숙 여사님! 혹시 지금 들고 있는 종목, 살 때 기준은 어떤 것이었는지 기억나세요?"

"글쎄요. 저는 금호전기를 갖고 있는데, 아마도 실적이 대폭 호전되었다고 해서 샀던 거 같네요. 그리고 업종 평균보다 싸다는 얘기도 들은 거 같고요. 근데 2011년 초, 4만 원대에 샀는데 지금 2만 원도 안되는 가격으로 떨어져 있어요. 요즘 같은 상승기에도 이 종목만 빠지는 거 같아 정말 억울하다니까요."

"안타깝네요. 그러면 제가 한 가지 질문을 드리겠습니다. 솔직하게 답해주세요. 지금 금호전기 팔고 싶나요? 아니면 더 사고 싶나요?"

"솔직히 팔고 싶은 마음은 없어요. 1년 이상 손해보면서도 들고 있었는데, 이제는 아까워서라도 못 팝니다. 돈이 없어서 그렇지 만약 돈만 있다면 더 사고 싶죠."

"왜 더 사고 싶다는 생각이 드는 거죠? 오기가 발동해서 그런가요? 아니면 좋은 종목이라는 인식이 남아 있어서 그런가요? 곰곰이 생각해보세요."

"……음, 악이 올라서는 아닌 거 같고, 그보다는 이 종목에 대한 믿음 때문일 거 같네요. 좋은 종목이니까 언젠가는 오른다, 처음 살 때보다 지금 더 싸진 거 아니냐, 지금 사면 평균 매입 가격을 3만 원대로 낮출 수 있을 거다…… 뭐, 이런 이유들 때문일 거 같습니다."

"그렇습니다. 지금 지현숙 여사님처럼 막상 좋다고 샀던 종목이 떨어지면 더욱 사고 싶어지는 것이 보편적인 사람 심리입니다. 주식을 살 때 비싸다고 생각하면서 사는 사람은 아마도 없을 겁니다. 모두들 싸다고 생각했기 때문에 주식을 산 것이겠죠. 바로 이것이 문젭니다. 싸다고 생각하고, 더 오를 것으로 판단하고 샀는데 주가가 예상과 달리 떨어져보세요. 팔고 싶겠습니까?"

"그렇네요, 떨어지면 떨어질수록 그 주식은 더욱더 싸고 좋은 종목으로 인식되겠네요. 예를 들어, 1만 원 갈 것으로 예상하고 5000원짜리 주식을 샀는데, 만약 이 주식이 3000원으로 떨어졌다면 팔기보다는 더 살 것 같습니다. 떨어지면 떨어질수록 더욱더 저평가 종목이 될 것이니까요."

시우가 뭔가 깨달았다는 듯 고개를 끄덕이며 말했다.

"잘 보셨습니다. 바로 그겁니다. 그러나 제가 장기 투자를 하지 않는다고 해서 혹은 적정 주가를 계산하고 거래하지 않는다고 해서 이 거래법이 나쁘다는 뜻은 결코 아닙니다. 장기 투자자가 아니면서 장기 투자 종목을 선택하지 말라는 그런 충곱니다. 그리고 시장에서 소외받고 있는 종목을 적정 주가 논리로 오랫동안 잡아서 보초 서지 말라는 따끔한 충고이기도 하고요. 만약 투자 성향이 단기 투자나 중기 투자를 선호하는 투자자라면 가장 우선적으로 챙겨야 할 것은 시세의 탄력입니다. 3년 후 혹은 5년 후, 그런 먼 미래에 오를 종목을 지금 찾아서 묻는 예측 게임이 아니기 때문입니다. 당장에 오를 종목, 지금 오르고 있는 종목, 그런 탄력 있는 종목을 우선적으로 거래해야 한다는 겁니다."

"사부님, 잘 알겠습니다. 듣고 보니 저도 지금까지 어설픈 가치 투자자였던 거 같습니다. 오르는 종목보다는 떨어지고 있는 종목을 저평가 종목이라고 생각하고 관심을 뒀던 거 같습니다. 반성하고 이제부터라도 어설픈 가치투자자가 되지는 않을 작정입니다."

시우가 결심한 듯 목소리를 높였다.

"잘 생각하셨습니다. 개인 투자자들의 경쟁력은 강한 종목으로의 적극적인 교체 매매입니다. 나중에 오를 것이라 믿고, 미리 사서 들고 있는 거래법으로는 개인들은 결코 돈을 벌 수 없을 겁니다. 앞서 예에서 보듯 떨어지는 구간에서 매도를 망설이거나 추가 물타기로 인해 한 번씩 손실을 크게 입을 것이니까요. 그럴 바에는 차라리, 탄력이 좋을 때 들어갔다가 탄력이 떨어질 때 빠져나오는 식의 다소 적극적인 투자가 훨씬 유리합니다."

"그 얘기는 모멘텀 투자를 말씀하시는 겁니까?"

마도로스가 물었다.

"그렇습니다. 시장 추세대로, 철저하게 수급을 기준해서 거래했던 투자자가 가장 큰 수익을 거두었다는 사실은 역사적으로도 이미 밝혀진 사실입니다. 이 부분에 대한 조사는 이번 주 과제로 드리겠습니다. 모멘텀 투자를 통해 큰돈을 번 '존 W. 헨리'나 '제시 리버모어', '에드 세이코타' 같은 전설적인 트레이더들에 대한 조사 말입니다."

주식사부가 시계를 보며 인사말을 던졌다.

"오늘 강의는 여기까집니다. 장시간 수고 많으셨습니다."

"수고하셨습니다."

짝짝짝.

다음 날, 세계증권사 영등포 지점.

시우는 증권아카데미에 나가기 시작한 이후 사무실에서도 틈만 나면 컴퓨터에 주식 매매창을 띄워놓고 차트를 검색했다. 자신이 리서치 자료를 만들었거나 매매했거나 고객에게 추천했던 종목들을 다시 보며 차트가 어떻게 변해왔는가를 살폈다.

"아유, 언니, 요즘 뭐 한탕 노리는 거야 뭐야? 갑자기 차트는 왜 그렇게 열심히 보슈?"

S라인 오진채가 어깨를 살랑이며 다가와 말을 붙였다.

"그냥 보는 거야."

"그냥은 무슨. 큰물하고 데이트를 하지 않나, 또 저녁마다 어딜 가는 거 같은데? 어디 가는 거야, 언니?"

"가긴 어딜 가. 집에 가지."

그때 촉새 은영이 끼어들며 말을 더했다.

"아닌 거 같은데? 컴퓨터 옆에 저 책은 뭐야?"

은영이 가리키는 건 증권아카데미에서 받은 교재였다.

"언제는 막 결혼할 듯하더니 갑자기 관심이 달라졌나?"

촉새는 손가락으로 동전 모양을 그리며 장난을 쳤다. 시우는 굳이 변명하고 싶지도 않았다.

"글쎄, 모르지."

"작가가 꿈인 순수남이냐 돈이냐, 그것이 문제로다."

S라인이 유쾌하게 거들었다.

"……."

시우는 S라인의 농담에 아무 대답도 않고 모니터에만 집중했다. 그 모습에 촉새가 고개를 갸웃하며 토를 달았다.

"진짜 진지한가보네? 너 정말 요새 문제 있는 거야? 아휴! 현실 앞에선 다 그렇지, 뭐."

"언니들, 그게 그렇게 어려워요? 돈도 있고 착하고 똑똑한 남자 만나는 게?"

"그런 남자 없다. 차라리 돈은 네가 왕창 벌고, 남자는 돈하고 상관없이 제대로 된 사람 만나는 게 더 빠를지도."

"시우 언니가 지금 그러려고 하는 거예요? 와, 대단하다."

"그만 좀 떠들고 가서 일들 보시지, 응?"

시우는 주식 매매창을 탁 끄고는 자리에서 일어났다.

"나 점심 약속 있으니 오늘은 둘이서 먹어."

시우는 점심시간을 이용해 석기와 만났다. 자신의 일로 인해 서먹한 경우가 잦기는 해도 시우는 석기를 사랑했다. 적당히 잊고 지내도 될 그런 사이는 아니었다. 당분간 저녁마다 증권아카데미 수강 때문에 석기를 만날 수 없게 된 것도 부담이었다. 그래서 오늘은 아예 사실을 말하고 조금만 이해해달라고 사정해볼 참이었다.

시우는 석기에게 양 조교를 만난 얘기 등 그간의 일을 사실 그대로 말했다. 석기는 어이없는 표정이 되어갔다.

"대식이 이 자식, 말려달랬더니 더 깊은 수렁으로 밀어넣어? 고양이한테 생선을 지켜달란 격이네."

"그 사람 잘못 없어. 판단은 내가 한 거야."

"내 이 자식 가만 안 둔다."

"나 좀 이해 못 해줘?"

"실망이다. 네가 반드시 뭘 하겠다는 것보다 내 말을 무시하는 게 더 실망스럽다."

"왜 꼭 그렇게만 생각해?"

"너 내가 요즘 『징검다리 이야기』라는 동화책 쓰고 있는 거 알지?"

시우는 머리를 끄덕였다.

"내가 동화를 쓰면서 얼마나 행복해하는지 너도 잘 알 거야. 난 좀 가난해도 그렇게 살고 싶어. 내 아내 될 여자도 그랬으면 해. 매일매일 내 돈이 어떻게 돌아가는지 그런 데 일희일비하며 사는 거 좀 그렇지 않아? 우리나라가 지지리 못사는 소말리아도 아니고, 매일 폭탄이 터지는 이라크도 아니잖아. 평범하게 살아도 얼마든지 잘살 수 있어."

시우는 막힌 벽 같은 기분을 느꼈다. 석기는 자신이 처한 상황을 전혀 이해해주지 않고 있었다. 생각이 여기에 미치자 한편 답답하면서 또 한편 섭섭했다. 시우는 자신도 모르게 갑자기 목소리가 격앙됐다.

"석기 씨, 너무해. 내가 이런 말까진 안 하려 했지만 석기 씨 말대로 해서 어떤 해결책이 있는데? 석기 씨 하는 일 열심히 하는 건 다 알지만 그건 또 어떤 보장이 있는데? 동화? 그런 영양가 없는 책 써서 뭐가 되는 건데? 그거 찍어봐야 몇 권이나 팔리겠냐고! 기왕 쓰려면 『가시고기』 같은 대박 소설을 쓰든지, 『마시멜로 이야기』 같은 자기계발서를 쓰든지, 하여튼 많이 팔릴 수 있는 책을 써야 하는 거 아냐? 그래서 마누라 될 여자 안심시켜줘야 하는 거 아니냐고!"

시우는 머릿속에 떠오르는 대로 지껄였다. 그건 자신도 무슨 말인지 모를 악다구니였다. 식탁 위에서는 점심으로 시킨 음식이 식어갔고, 주위 사람들은 시우의 큰 목소리에 못마땅한 표정을 지었다.

석기는 시우의 갑작스러운 도발에 멍한 표정이 되어갔다. 그로서는 전혀 예상치 못한 공격이었다. 석기의 얼굴이 굳었다.

"너 말 다 했어? 정말 그렇게 생각해? 몰랐구나, 그게 네 마음인 줄."

"내가 뭘!"

"그만두자. 아무래도 우리 이쯤에서 우리 관계…… 다시 생각해 보는 게 서로에게 좋겠다."

"뭐? 끝내자는 얘기로 들리네. 그래, 누가 겁낼 줄 알고! 이말 저말 하느니 차라리 싫증났으면 그렇다고 해!"

석기는 시우를 노려보다가 그대로 자리에서 일어났다. 그러고는 바람처럼 횅하니 식당을 나갔다.

그제야 시우는 '내가 무슨 얘기를 한 거야?' 하는 생각이 들었다. 하지만 이미 엎질러진 물이었다. 시우는 이러다가 석기와 진짜 헤어지면 어쩌나 걱정하며 고개를 떨궜다.

chapter **8**

세째 날, '강한 종목에 베팅하라'

최고의 재료, 최고의 테마를 찾아라

오후 6시.

시우는 간신히 퇴근 준비를 마쳤다. 낮에 석기와의 일로 맥이 풀렸는지 시우의 얼굴엔 피곤함이 가득했다. '아버지의 파산', '석기와의 냉전', '지점의 매출 압박' 등 시우는 최근 들어 극심한 스트레스에 시달렸다.

'이러다 쓰러지지.'

시우는 애써 마음을 추스르고 사무실을 나섰다.

그나마 시우에게 위안인 것은 큰물과 주식사부한테서 배운 증권 지식을 사내 미팅 때나 지점을 찾아오는 고객에게 몇 번 써먹어봤는데 의외로 반응이 괜찮았다는 사실이다. 특히 그동안 기업 뉴스, 상품 판매 등 일상적 업무만 물어보던 고객이 어제는 따로 시우를 찾아 투자와 관련해 조언을 구하는 게 아닌가! 그것을 계기로 오늘은 그 고객이 시우에게 1억 원이 넘는 큰돈을 예치하기까지 했다. 덕분에 칭찬에 인색한 지점장이 시우를 불러 격려하는 믿기지 않는 일이 벌어지기도 했다.

교육 3일째.

몸은 무거웠지만 여의도행 버스에 올랐다. 얼마를 지났을까. 여의도공원에 이르자 버스 창밖으로 데이트를 즐기는 커플들이 여럿 보였다. 산뜻한 날씨만큼이나 밝은 표정의 연인들을 보자 갑자기 석기 생각이 났다. 콧날이 금세 시큰해졌다.

"바보같이. 조금만 이해해주지 않고……."

그런 사이 버스는 여의도 전철역에 도착했다. 교육 시작 시간이 10여 분밖에 남지 않자 시우는 걸음을 재촉했다.

"어이, 시우 씨, 같이 가요. 무슨 여자 걸음이 그렇게 빨라요. 헉, 숨차 죽겠네."

뒤에서 양 조교가 씩씩거리며 시우를 불렀다.

"네……."

인사를 하는 둥 마는 둥 시우는 교육장으로 올라갔다. 옆에서 양 조교가 무어라 주절거렸지만 시우는 무시했다. 교육장 문을 열자 낯익은 얼굴들이 눈에 들어왔다.

"어서 와, 다행히 늦지 않았네. 여기 자리 비었으니 앉아요."

퇴직금여사가 시우를 반갑게 맞았다. 나이 차를 넘어 그녀는 정말 동기생을 대하듯 시우에게 살가운 모습을 보였다.

"모두들 안녕하셨죠? 얼굴들 밝으신 거 보니 오늘 거래는 괜찮았던 모양입니다."

교육장을 쭉 훑어보던 양 조교는 계속해서 말을 이었다.

"원장님께서 현재 방송 출연 중인 관계로 오늘은 제가 먼저 교육을 합니다. 밤 9시쯤 돼야 원장님이 오실 텐데 그때까지 대략 2시간을 제가 진행하겠습니다. 불만 없으시죠?"

"네!"

마치 저학년 초등학생들처럼 밝고 씩씩한 대답이 강의실을 가득 채웠다. 다들 교육에 임하는 열의가 매우 뜨거웠다. 양 조교는 고개를 끄덕이며 말을 계속했다.

"요즘 날씨가 매우 덥습니다. 그렇다고 꾸벅꾸벅 졸고 계신 분은 발견 즉시……."

양 조교가 힘주어 말하자 모두들 전면을 주시했다.

"시원하게 어깨를 두들겨드리겠습니다. 토닥토닥."

양 조교가 두 손으로 마치 안마하듯 귀여운 시늉을 하자 여기저기서 킥킥대는 웃음소리가 들렸다. 강의실 분위기는 그로 인해 한층 밝아졌다.

"이번 시간에는 재료주 매매에 대해서 강의를 하도록 하겠습니다."

강의가 시작되자 양 조교는 칠판에 큼지막하게 글씨를 썼다.

급등하는 주식의 날개, 그것은 재료다

"재료주 매매란, 쉽게 얘기해서 뉴스나 정보를 통해서 종목을 발굴하고 거래하는 매매법이라고 할 수 있습니다. 간혹 언론에서 보면, 과거에 겪지 못했던 새로운 사건이 발생할 경우 1면을 장식하거나 9시 뉴스의 톱을 타는 등 엄청난 이슈가 되는 경우가 있습니다. 주식시장도 마찬가지입니다. 시장에 큰 충격과 영향을 미칠 정보가 나오게 되면 그 정보와 관련된 종목들이 일제히 상승세를 타게 됩니다. 이때 해당 정보에 의해 움직이는 종목을 재료주, 그 종목군을 우리는 흔히 테마주라고 합니다."

"가만, 그러고 보니 2006년 말 '윈도 비스타' 출시로 시장이 들썩였던 때가 생각나네요. 당시 중국 증시가 하락하고 시장 상황이 많이 좋지 않았는데, 윈도 비스타 관련 주식들만 고공 행진했던 적이 있었죠. 매입하려다 말았는데, 지금 생각해보니 그게 테마주였네요."

깡통맨이 아깝다는 듯 목소리를 높였다.

"흐흐흐, 맞습니다. 당시 마이크로소프트가 윈도우 OS의 신버전인 윈도 비스타를 2007년 1월에 출시한다고 발표하자 수혜 기대감이 확산되며 컴퓨터 주변기기 업체와 소프트웨어 유통업체들의 주가가 급등했죠. 불과 한 달여 만에 관련 회사들의 주가가 100%가량 올랐으니까요."

"어휴…… 아까워. 그때 적금을 깨서라도 샀어야 했는데. 그놈의 마누라가 말리지만 않았으면 한 달 만에 은행 금리의 따따블은 먹었겠다."

깡통맨이 한숨을 쉬며 말했다.

"하하, 이건 약과입니다. 혹시 헬리아텍이라고 들어보셨나요?"

"자원 개발 재료로 급등한 종목 말이죠?"

깡통맨이 잘 안다는 듯 자신 있게 말했다.

"네, 2006년 여름에 5000원에 불과했던 주식이었죠. 그런데 불과 반년 만인 2007년 1월, 무려 10만 원까지 수직 상승했습니다. 개인 투자자들한테 자원 개발 테마가 뭔지 확실하게 알려준 보물 같은 종목이죠. 물론 지금은 상장폐지가 되고 말았지만 말입니다."

"휴, 5000원에서 10만 원이라……. 그럼 도대체 몇 배야? 스무 배? 이건 말도 안 돼."

태권도가 흥분해서 말했다.

"말도 안 되죠? 하하, 그게 주식입니다. 그리고 이런 대박이야말로 재료주 매매의 가장 큰 특징이기도 하고요. 불가능한 상승, 흔히 말하는 엄청난 초대박, 이런 일을 실제로 가능하게 하는 거의 유일한 모멘텀이 있다면 그건 바로 재료가 됩니다."

"앞으로 재료주 매매만 해야겠네요."

태권도가 성급히 결단을 내렸다.

"호호호, 그렇게 서두를 일이 아닙니다. 재료주를 산다고 해서 무조건 돈을 버는 것은 아니에요. 재료가 시장에 태어나고 또 확산되는 기간이 그리 길지 않아 자칫하면 끝물에 뛰어들어 큰 손해를 입을 수도 있으니까요. 자, 그러면 어디, 재료주 그리고 테마주의 세계로 한번 빠져볼까요?"

"네, 좋아요. 기대되네요."

퇴직금여사가 맞장구를 쳤다.

"주식시장의 변천사는 테마의 역사라고 해도 과언이 아닐 정도로 무수히 많은 테마주들이 명멸해왔습니다. 6자회담이 성사되면 남북 경협 테마, 부동산 개발 소식이 있으면 땅을 가진 기업들의 자산주 테마, 나노 같은 신기술이 탄생하면 나노 테마 등 수많은 재료가 태어나고 또 소멸되었습니다."

"테마도 살아 있는 생명체네요."

노후대비가 말했다.

"그러게요. 테마나 재료라는 것이 유행을 타는 패션과 일견 닮은 데가 있어 보이기도 하고요."

시우가 말을 보탰다.

"그럼, 당연하지. 재료도 마치 사람처럼 시대 흐름에 맞게 변하는 게지."

깡통맨이 당연하다는 듯이 고개를 끄덕이며 아는 체를 했다.

"맞습니다! 재료도 태어나고 자라고 늙고 죽는 사람과 비슷합니다. 아기가 태어나면 온 집안의 시선을 한 몸에 받듯이 시장에 처음 나타나는 재료는 시장의 모든 관심이 집중됩니다. 아직 시장에 공개되지 않고 베일에 가려질수록 최고의 가치를 인정받게 되는 것이죠."

양 조교가 팔을 활짝 벌리며 설명을 이어갔다.

"그런데 양 조교님, 그동안 시장에 없었던 그런 초대박 재료주를 잡으려면 최소한 몇 년 혹은 몇 십 년씩 기다려야 할 텐데, 그럴 수도 없는 노릇이고……. 그렇다면, 재료주를 통해 대박을 잡는 것은 개인 투자자들한테는 그림의 떡이 아닌가요?"

태권도가 아리송하다는 듯 머리를 가로저으며 말했다.

"호호, 꼭 그렇지만은 않습니다. 물론 초특급 재료주를 잡으면 더할 나위 없이 좋겠지만, 단기간에 100% 정도 수익을 낼 수 있는 그런 아담한 재료주들은 항상 만날 수 있습니다. 이른바 수명이 긴 장수 재료주들 말입니다."

"다행이네요. 그러면 장수하는 재료들에는 어떤 것들이 있나요?"

시우가 마지못해 물었다.

"자! 한번 살펴볼까요? 매년 반복되는 대표적인 호재성 재료는 바로 실적입니다. 기업들의 실적이 집중되는 어닝 시즌에 접어들면 실적에 따라 주가 등락이 평소보다 심해지지요. 이때가 투자자들에게 매우 중요한 시기입니다. 그런데 다행스럽게도 국내의 어닝 시즌은 주로 3월에 집중되어 있습니다. 이 시기만 놓치지 않으면 되는 것이죠. 이 구간에서 기막힌 재료가 탄생하니까요."

"아, 한 해 농사가 잘되었는지 망쳤는지 그걸 공식적으로 알려주는 시기군요. 그렇다면 반드시 챙겨야 할 시기겠네요."

마도로스가 맞장구를 쳤다. 그러자 양 조교는 칠판에 다시금 큼직하게 글씨를 썼다.

어닝 서프라이즈 종목을 노려라!

"어닝 시즌에 가장 많이 등장하는 용어가 어닝 서프라이즈(Earning Surprise)입니다. 이 말은 기대했던 것 이상으로 실적이 크게 개선되었다는 의미로 쓰이죠. 흔히들 '깜짝 실적'이라고 표현하기도 합니다. 어닝 서프라이즈는 국내는 물론 미국 등 선진국에서도 과거부터 주가 상승의 최고 재료로 꼽고 있습니다."

"하기야, 좋은 실적이야말로 주가를 끌어올리는 보증수표와 마찬가지지. 실적만한 재료가 어디 있나?"

깡통맨이 거들고 나섰다.

"맞습니다. 2004년 1월, 삼성전자가 50만 원대를 돌파하면서 연속적으로 신고가를 갱신한 것을 비롯해서, 2003년, 해상운임 폭등세를 타고 한 해 평균 300% 이상의 주가상승률을 기록한 현대상선, 대한해운 등도 어닝 서프라이즈에 대한 기대감이 반영된 대표적인 사례라고 할 수 있습니다."

"그런데 어닝 시즌이 1년 내내 계속되는 것도 아니고 실적과 관련된 또 다른 재료들은 없나요?"

퇴직금여사가 궁금한 듯 물었다.

"환골탈태하는 턴어라운드 재료도 주목해야 합니다. 턴어라운드란 일반적으로 적자인 기업이 흑자로 전환되는 경우를 의미하는 용어죠. 그러나 최근에는 전문가들 사이에 '흑자 전환'보다 더 쳐주는 재료가 있습니다."

"네? 흑자 전환보다 더 쳐주는 재료라고요?"

퇴직금여사가 되물었다.

"네, 있습니다. 근데 이건 맨입으로 안 되는데……."

양 조교가 몸을 뒤로 빼며 어리광 부리듯 말했다. 그러곤 칠판에 글씨를 거칠게 썼다.

적자 감소는 실적 재료 중 단연 최고다

"엥, 적자 감소요?"

태권도가 이상하다는 듯 물었다.

"저도 이상하네요. 적자폭이 줄었다고는 하지만 여전히 적자 기업인데, 아니, 그런데도 재료가 되나요? 그것도 실적 재료 중 최고라니 정말 이해하기 힘드네요."

시우도 의심스러운 눈빛으로 물었다.

"흐흐흐, 여러분들의 의심 충분히 이해합니다. 특히 시우 씨는 노골적으로 저를 의심하고 막 그러시네요. 어쨌든 좋습니다. 그러면 시우 씨한테 한 가지 질문을 드릴게요. 음…… 적자 감소 기업이 다음에 만약 다른 재료가 뜬다면, 과연 어떤 재료가 뜰 거 같은가요?"

"글쎄요, 음…… 아하, 혹시, 흑자 전환?"

"빙고! 정확히 맞췄습니다. 바로 그겁니다. 흑자 전환이 최고의 재료라는 것은 모두들 의심의 여지가 없을 겁니다. 그런데 흑자 전환 기업에 투자해서 수익 내신 분 혹시 여기 계신가요? 아마도, 없을 겁니다. 경험적으로, 흑자 전환 재료는 실전에서 크게 메리트가 없는 재료에 속합니다. 그렇다면 과연 그 이유가 어디에 있을까요?"

"그야…… 아, 알겠다. 흑자 전환 발표가 날 정도면 이미 오를 만큼 올랐으니 재미가 없다, 뭐, 그런 말씀이시네요. 가만 생각하니 그렇네요. 흑자 전환을 예상하고 미리 선취매 들어가는 전략, 바로 길목 지키기 전략의 백미라고 할 수 있겠네요. 기가 막힙니다. 양 조교님, 아주 마음에 드는 전략입니다."

마도로스가 흥분해서 말했다. 모두들 연신 고개를 끄덕였다.

"양 조교님, 정말 좋은 전략입니다. 앞으로 저도 다음 재료를 노리는 전략, 즉, 길목 지키기 전략을 한번 구사해봐야겠어요. 오늘 많이 깨우치네요."

시우가 인정한다는 듯 고개를 끄덕이며 말했다.

"흐흐흐, 다행입니다. 이런 전략은 재료주 매매이면서 가치주 투자의 한 유형이기도 합니다. 아무튼, 도움이 되었다고 하니 저도 기분이 좋습니다."

"양 조교님! 장기적으로 접근해야 하는 이런 실적 재료 말고요, 좀 더 빠르면서 화끈한 재료는 없나요? 한 방에 크게 먹고 머리 아픈 주식투자 그만 좀 하게. 하하."

태권도의 화통한 목소리가 강의실 안에 쩌렁쩌렁하게 울려 퍼졌다.

"하하하. 좋습니다. 하나만 알려드리죠."

피인수 재료는 최고의 대박 재료

"적대적 M&A! 이게 최고의 재료입니다. 이 재료는 통상 더블 정도는 너끈히 먹을 수 있는 '특급' 재료로 시장에서 통하고 있죠."

"적대적 M&A라…… 많이 듣던 말이긴 한데."

태권도가 말을 받았다.

"많이 들어보셨을 겁니다. 신문이나 방송 등에서 곧잘 등장하는 경제 용어니까요. 쉽게 얘기하면, 주식인수를 통하여 특정 기업을 인수·합병하려는 시도를 말합니다. 인수당하는 상대편 기업의 의사와 관계없이 말이죠. 절대 놓쳐선 안 될 대단한 재료 중에서도 단연 으뜸입니다. 기업을 통째로 사고파는 행위인 만큼 메가톤급 호재가 될 것이니까요."

"어휴, 좋은 건 알겠지만 회사 정보에 문외한인 개미들이 M&A 여부를 어떻게 알 수 있겠어요? 기업은 좀 많아? 아무래도, 이 재료는 좋기는 한데 그림의 떡이라고 봐야겠네요. 그림의 떡!"

태권도가 툴툴거리며 말했다.

"흐흐흐, 고광식 씨는 미리 단정을 짓는 습관이 있네요. 주식투자에 성공하려면 그런 선입견이나 고정관념은 반드시 고치셔야 합니다. 유연하셔야 성공하죠. 유연해야만 시장을 이해하고 흐름을 읽을 수 있게 되니까요."

"이런, 제가 실수했나요? 제가 장단을 좀 맞춰줘야 할 거 같아서, 허허."

"흐흐흐, 저도 웃자고 한 말입니다. 자, 본론으로 들어가서, 이 재료는 의외로 포착이 쉽습니다. M&A 절차만 알면 누구나 쉽사리 포착할 수 있으니까요."

"어떻게요?"

시우가 뜸들이지 말라는 듯 단호하게 물었다.

"네, 통상 M&A는 초기에 대상 기업의 주식을 약 5% 장내 매집 후 대상 기업에 프리미엄을 요구하고 넘기거나, 이것이 받아들여

지지 않을 때 공개 매수를 통해 해당 기업에 압력을 가합니다. 특히, 적대적 M&A는 대개 장내, 장외에서 이미 일정 지분을 확보한 뒤 공개적으로 추가 매수를 감행하면서 본격적으로 지분 경쟁에 돌입하고는 합니다."

"그래서요?"

시우가 재촉했다.

그러자 양 조교는 칠판에 큼지막하게 글씨를 썼다.

5% 룰을 노려라!

"엉, '5% 룰'이 뭐야?"

태권도가 도저히 모르겠다는 표정으로 말했다.

"하하하, 초등학생도 이해할 만큼 쉬워요. 간단히 말해 전체 주식 가운데 5% 이상 보유하면 5일 이내에 보고를 의무화한 규정입니다. 무조건 금감원에 신고해야 하는 거죠. 5% 룰에 따라 지분 변동 신고가 공개된 뒤 실질적인 공방은 그때부터 시작되므로 일반 투자자들은 누구나 '5% 룰' 공시 시점을 통해 적대적 인수·합병 기업을 포착할 수 있습니다."

"세상에 비밀이 없다더니…… 세력이 아무리 숨겨도 5% 이상 매집 들어가면 더 이상 감출 수가 없겠네요."

퇴직금여사가 흥미로운 듯 맞장구를 쳤다.

"맞습니다. 이 규정 때문에 세력들의 '비밀 정보'가 일반인들에게 공개될 수밖에 없는 겁니다. 우린 그 정보를 이용하는 거고요. 물론 의도적으로 공개를 원해서 정확히 5%만 사는 그런 세력도 더러 있기는 합니다. 자, 그런데 여기에서 진짜 재료주는 무엇인지 아세요? M&A를 시도하는 기업? 아닙니다. 진정한 재료주는 바로, 피인수되는 기업입니다. 이게 핵심입니다."

"피인수되는 기업이라? 쉽게 얘기해서 먹히는 기업 말이죠?"

태권도가 물었다.

"그렇습니다. 기업을 인수하는 기업은 오히려 주가가 내려가는 경우가 많습니다. 기업 인수를 위해 회사 유보금이 빠져나가니까요. 반면에 인수당하는 기업은 현찰이 들어옵니다. 다 쓰러지는 기업에 돈이 들어온다고 생각해보세요. 주가는 바닥에서 한참 기고 있고 더 이상 떨어질 데가 없는 상황에서 돈이, 그것도 뭉칫돈이 들어온다면? 기업이 죽다가 살아났는데 이게 안 올라가면 비정상이죠."

"햐…… 듣고 보니 그렇네. 생각보다 많이 오르겠어요."

깡통맨이 말했다.

"그렇습니다. 엄청난 폭등으로 이어지는 경우가 대부분입니다. 혹시 2007년 초, 삼원정밀에 대해서 아시는 분 계세요?"

"네, 잘 알죠. 화이델인베스트라는 장외 기업에 피인수되면서 어마어마한 급등으로 이어졌던 종목이니까요. 그런 후 사명을 화이델SNT로 바꿔 달았고요."

인천가치주가 말했다.

"맞습니다. 불과 피인수 3개월 만에 500원에서 1만 5000원으로, 무려 서른 배나 폭등했죠. 훗날 작전설로 말이 참 많았던 종목이지만, 어쨌든 피인수 재료로 엄청난 시세차익을 준 것은 사실입니다. 피인수는 이렇듯 죽은 동맥이 살아나는 것처럼 해당 기업한테는 폭탄 같은 재료로 작용하게 됩니다. 이것이 우리가 피인수라는 재료를 항상 챙겨야 하는 이유이고요. 아셨죠?"

"햐, 피인수라…… 이 재료 맘에 드네. 그러게, 모름지기 남자라면 크게 먹어야지. 암, 그게 사나이지. 안 그렇습니까? 양 조교님?"

태권도가 어깨를 으쓱하며 호탕한 웃음을 지었다.

"호호호, 고광식 씨는 저랑 비슷한 면이 많은 것 같네요. 근데 제가 여러분들을 가르치는 강사 신분이다 보니 쉽게 맞장구를 쳐 드릴 순 없고, 오히려 이런 얘기를 해드려야겠네요. '좋은 재료라도 묻지마 투자는 금물이다.' 제 말뜻 아시죠?"

양 조교가 칠판을 탁탁 두드리며 말을 계속했다.

"투자 경력이 짧은 초보 투자자들이 곧잘 저지르는 실수가 있습니다. 그것은 신문에 난 기사나 방송에서 들은 정보를 자신만이 얻은 재료로 착각하거나 처음 공개되는 소위 따끈따끈한 재료로 오인하고 해당 종목을 쉽게 매수한다는 점입니다. 실제로 기사화된 정보의 대부분은 재탕 재료로서, 웬만한 전업 투자자라면 모두가 알고 있는 때 묻은 재료입니다. 그런데도 마치 자신이 최초로 발견한 것 같은 느낌을 갖는 것이죠."

"양 조교님, 재탕 재료를 쉽게 구분하는 방법은 뭐죠?"

시우가 물었다.

"네, 가장 간단한 방법을 말씀드릴게요. 일단 재료가 뜬 종목의 일봉 차트를 검색하는 것이 최선입니다. 최근 2개월 이내 크게 시세를 준 적이 있다면 이미 재료가 공개된 것으로 판단해도 거의 틀림이 없습니다. 만약 재료가 없는 상태에서 상승이 있었다손 치더라도 이 또한 재료 유출로 해석하거나, 세력들의 물량 정리를 위한 미끼용 재료로 해석하고 매수를 보류해야 합니다."

"맞아요. '사나이', '사나이' 하며 화끈한 한 방 좋아하는 고광식 씨 같은 분들이 무턱대고 뛰어들었다가 세력들의 미끼용 재료에 덜컥 걸려들걸요, 아마."

퇴직금여사가 아픈 곳을 찔렀다.

"이런! 오늘 지 여사님한테 한 방 먹었네요. 이제부터는 꼼꼼한 여우가 되겠습니다. 하하하."

태권도가 호탕하게 웃으며 말했다.

"하하하, 대담하면서도 꼼꼼하면 금상첨화죠. 어느 한쪽에만 집착하면 득보다 실이 더 많습니다. 특히 재료주 매매의 경우 힘센 재료인지 약한 재료인지 정치, 경제, 문화 등을 종합해서 구분할 수 있는 '신중함'과 자신의 판단이 옳다면 과감히 밀어붙이는 '배짱'을 함께 겸비해야 성공할 수 있어요. 고광식 씨와 지 여사님이 함께 힘을 모아 재료를 찾고 베팅을 한다면 적어도 1년에 쓸 만한 대박 하나 정도는 터뜨릴 수 있을 겁니다."

양 조교가 크게 웃으며 칭찬하자 둘의 표정이 금세 풀어졌다.

"호호호, 사나이의 배짱도 한 수 배워야겠네요."

"무슨 말씀, 돌다리도 두드려본 뒤 건너는 토끼 같은 신중함을 제가 오히려 전수받아야겠어요."

퇴직금여사와 태권도가 서로를 치켜세우며 환하게 웃었다.

"흠흠, 지 여사님과 고광식 씨 사이에 '연합전선'이라는 재료가 새롭게 형성되었네요. 자, 여러분 매수를 할까요, 말까요?"

마도로스가 질투가 난 듯 짓궂게 놀려댔다.

"지금 막 재료가 출현했으니 저는 풀베팅요."

깡통맨이 미소를 지으며 손을 번쩍 들었다.

"풀베팅? 이건 큰손의 개입입니다. 이제 점상으로 날아가는 것은 시간문제겠네요."

깡통맨과 태권도의 농담에 강의실에는 한바탕 웃음꽃이 피었다.

웃음이 잦아들 즈음, 양 조교는 빨간색 펜을 들고 칠판에다 큼지막하게 글씨를 적었다.

사상 최초로 공개된 신선한 재료를 찾아라!

"사상 최초의 신선한 재료! 아마도 재료 매매의 정의를 가장 잘 표현한 말이 될 것입니다. '공기에 뜨는 물체', '영구적인 재료', '생명 연장 음료수' 등등, 만약 이런 재료를 개발하고 터트린 기업이 있다면 해당 기업의 주가는 과연 어떻게 될까요? '신소재 개발', '에이즈 치료제 개발'처럼 역사의 패러다임을 완전히 바꿀 수 있는 그런 신선한 재료들이 있고, 만약 최초로 공개된 시점에서 당신이 그것을 잡았다면 어떻게 되었을까 하는 겁니다. 추측건대, 단 500만 원어치만 매수해도 당신은 분명 벼락부자가 될 겁니다. 앞서 얘기한 헬리아텍이나 삼원정밀의 주가 상승폭은 결코 비교할 수 없는, 가장 어마어마한 급등을 당신은 경험하게 될 테니까요."

"양 조교님, 그런데 우리나라에도 이런 사상 첫 재료가 터진 사례가 있었나요?"

퇴직금여사가 고개를 갸우뚱하며 말했다.

"앞서 거론한 정도의 핵폭탄 같은 재료는 아니지만 비슷한 사례는 몇 번 터진 적이 있습니다. 대표적으로, 매연저감장치(선도전기), 세제가 필요 없는 세탁기(신동방), 냉각캔(미래와사람) 등을 꼽을 수 있습니다. 특히 1998년도에 발표된 미래와사람의 '냉각캔' 재료는 시장에 엄청난 파장을 몰고 왔었죠. 발표 전 5000~6000원에 불과하던 주가가 불과 2개월 만에 3만 5000원까지 폭등하면서 '전무후무한 재료 1호'로서 오랫동안 이름을 남겼으니까요. 이렇듯 현실성 없는 단순 루머에도 재료가 신선하니까 시장에서 크게 먹혔던 것입니다."

"히휴…… 루머라도 좋아. 만약 그때 1000만 원만 집어넣었다면 도대체 얼마야. 아, 생각만 해도 짜릿짜릿하네."

태권도가 아깝다는 듯 가슴을 치며 쓴웃음을 지었다.

"하하하. 고광식 씨 실망할 필요는 없습니다. 앞으로 산업의 성장 속도, 기술의 진화, 주식시장의 발전에 따라 이 같은 재료는 얼마든지 또 나타날 것이니까요. 단순한 루머가 아닌 진정한 초특급 재료로서 말입니다. 이런, 벌써 시간이 많이 지났네요. 10분간 휴식했다가 원장님의 강의가 계속 이어지겠습니다. 저는 여기서 강의를 마치겠습니다."

양 조교의 말이 끝나기 무섭게 우레와 같은 박수가 쏟아졌다.

강한 종목에 베팅하라

잠시의 휴식 시간 후 주식사부의 강의가 이어졌다.

"음…… 여러분들이 귀한 시간을 쪼개서 여기에 모인 이유가 뭐라고 생각하십니까?"

주식사부는 인사를 하는 둥 마는 둥 시작부터 공격적인 질문을 했다.

"주식을 제대로 배우고 싶어서 왔죠."

깡통맨이 말을 받았다.

"솔직히, 큰돈 버는 게 목적입니다. 안 그런가요?"

맨 앞쪽에 앉은 마도로스가 큰 목소리로 말했다. 모두들 동감한다는 듯이 고개를 끄덕이며 웃었다.

"지난 강의에서, 주식투자의 성공을 위해 가장 요구되는 것에 대해 말씀드린 바가 있습니다. 혹시 기억나시는 분 계세요?"

"……글쎄요."

모두들 기억이 나지 않는지 필기 자료를 찾느라 분주했다.

'보유 기간의 조절!'

시우는 기억하고 있었지만 맨 뒤에 앉은 양 조교 앞에서 굳이 아는 체하고 싶지 않아 가만히 있었다.

"보유 기간의 조절입니다."

한참 만에 노후대비가 말했다.

"맞습니다. 여러분들이 여기 모이신 가장 큰 이유도 바로 그겁니다. 움직이기 시작한 종목을 매수한 후 보유 기간을 가장 효율적으로 조절해서 이익을 크게 굴리는 것! 이것이 큰돈을 버는 유일한 방법입니다. 이걸 못하면서, 다시 말해, 떨어지면 사고 올라가면 파는 그런 식의 단순 거래 방식으로 돈을 번 사람은 결코 없다는 것이 제 생각입니다. 만약 그런 사람이 주위에 있다면 말씀해주세요. 제가 손에 장을 지질 테니까요."

주식사부가 강의 시작부터 열을 올리자 모두들 순식간에 수업에 몰입했다.

"오늘 이 시간에 우리가 주목해야 할 것은 바로 '강한 종목'에 대한 개념입니다."

"강한 종목? 강한 쪽으론 난데."

태권도가 웃으며 알통을 잠시 들어 보였다.

"하하하, 고광식 씨 알통 보면 무섭습니다. 어서 흉기 내리시고요. 어쨌든, 맞는 말씀이긴 합니다. 이왕이면 비실비실한 사람보다는 고광식 씨처럼 강한 사람과 놀면 최소한 어디 가서도 맞지는 않을 거니까요. 그런데 대부분의 사람들은 강한 사람보다는 자신보다 약한 사람과 어울리길 좋아합니다. 그 이유는 잘 모르겠습니다만."

"아마도, 적을 외부에서 찾기보다는 내부의 친구를 적으로 여기는 심리가 작용해서 그런 것이 아닐까요? 뭐, 대장질하고 싶은 심리라고나 할까."

마도로스가 주먹을 휘두르는 시늉을 하며 말했다.

"그럴지도 모르겠습니다. 어쨌거나, 문제는 주식투자에 있어서도 그런 심리가 분명 내포되어 있다는 점입니다. 투자자들은 이상하게 강한 종목과 친하지 않은 경향이 있습니다. 오히려 약한 종목, 지속적으로 떨어지고 있는 그런 종목과 상당히 친한 편이죠."

"싼 게 더 눈에 들어오는 바겐세일 심리가 존재하기 때문이 아닐까요?"

시우는 자신도 모르게 말이 튀어나왔다.

"호호호, 바겐세일 심리! 이런 심리는 시우 씨 같은 여성분들이 특히……."

뒤에서 양 조교가 한마디를 툭 던졌다.

"아니, 양 조교님! 또 무슨 얘기가 하고 싶으신가요?"

시우가 뒤를 돌아보며 톡 쏘자 양 조교가 특유의 느물거리는 웃음을 지으며 농담이라는 듯 손을 저었다.

"하하, 아닙니다. 싼 게 비지떡이다, 뭐, 이런 얘기를 농담으로 한 겁니다."

"하하하, 그건 맞네. 우리 마누라도 그저 세일한다면 철 지난 물건도 기를 쓰고 사와요, 글쎄."

깡통맨이 양 조교를 거들고 나섰다.

"어쨌든, 주식투자자는 자신의 전 재산을 걸고 베팅하는 치열한 트레이더입니다. 결코 덤핑 주식에 자신의 피 같은 재산을 묻어서는 안 되는 것이죠. 오로지 명품 주식을 사야 합니다. 그런데 문제는 가격 부담을 크게 느끼지 않아야 명품 주식을 가질 수 있는데, 일반 투자자들은 이게 잘 안 된다는 겁니다."

주식사부는 명품이라는 단어에 악센트를 주면서 또렷하게 말했다.

"그건 맞아요. 아파트든 미술품이든 명품만 훗날 값이 올라요. 내 동생이 몇 년전에 목동에 고급아파트를 샀는데 그게 지금 세 배 넘게 올랐어요. 그렇다고 목동에 있는 모든 아파트가 똑같이 세 배씩 오른 것은 아니거든요."

깡통맨이 좌중을 둘러보며 말했다.

"하하, 좋은 비유네요. 얘기가 잠시 다른 데로 흘렀지만, 어쨌거나, 싸게 사려는 심리로는 큰돈을 벌지 못한다는 것은 분명합니다. 이런 심리로는 분명 떨어지고 있는 종목에 손이 갈 테니까요. 흔히 시세는 시세에 물으라는 말이 있습니다. 이 말은 현재 떨어지고 있는 종목에서 가장 큰 손실을 입을 가능성이 높고, 반대로 현재 강하게 움직이는 종목에서 가장 큰 시세가 분출되는 법이라는 얘기와도 같습니다. 주식투자로 큰돈을 번 '제시 리버모어'나 '존 W. 헨리' 같은 전설적인 투자자들의 경우를 봐도 그렇습니다. 그들은 오로지 강한 추세의 종목이나 강하게 움직이는 상품만 거래해서 큰 부자가 되었는데 우리는 이 점에 주목해야 합니다."

"사부님! 그렇다면 강한 종목은 어떻게 발굴하나요?"

퇴직금여사가 귀를 쫑긋하며 물었다.

"먼저, 강한 종목의 기준을 정해야겠죠. 자, 메모하세요."

말을 하며 주식사부는 칠판에 크게 글씨를 썼다.

강한 종목 1, 단기 저항 매물이 없는 주식

"가장 중요한 것은, 지금 주가 수준 위에 저항 매물이 없어야 강한 종목이 된다는 얘깁니다. 다시 말해, 최근에 물량이 터진 고점이 없어야 한다는 얘기이기도 하고요."

"네? 물량이 터진 고점이 없어야 한다고요?"

퇴직금여사가 되물었다.

"네, 쉽게 얘기해서 최근에 1만 원대에서 많은 거래가 일어났다면 지금 호가는 반드시 1만 원 이상이어야 한다는 뜻입니다. 통상 거래 터진 가격대에서 최소한 10% 이상 상승한 종목이 강한 종목의 범주에 속하죠. 예를 들면, 1만 원대에서 치열하게 거래가 터졌다면, 반드시 1만 1000원 이상에서 노는 종목이 바로 강한 종목이라는 얘깁니다. 이제 이해되세요?"

"아하, 그러니까 거래가 많이 터진 구간이 만약 1만 원대라면 그 가격대를 넘어서야 매물이 쏟아지지 않는다, 뭐, 그런 뜻인가요?"

퇴직금여사가 알겠다는 듯 고개를 끄덕이며 말했다.

"그렇습니다. 거래가 많이 된 1만 원이라는 가격대가 나중에는 분명 지지 가격대가 될 겁니다. 이 가격대를 깔고 앉은 종목이 하락 구간에서 든든한 버팀목이 된다는 얘기죠. 1만 원에서 거래가 크게 터지고 상승하던 주식이 만약 떨어진다손 쳐도 1만 원에서 다시 지지될 것이니까요."

"그것이 혹시 책에서 말한 하방경직성이 아닌가요?"

마도로스가 말했다.

"맞습니다. 증권 용어로 흔히 하방경직성이라는 표현을 씁니다. 그런데 이번에는 반대로 한번 생각해보죠. 만약 거래량이 터진 가격대가 현 주가 수준보다 높다면 어떻게 되겠습니까? 예를 들어,

1만 원대에서 거래량이 터지고 지금 호가가 9000원이라면 말입니다. 이런 주식은 아주 피곤한 주식이 되겠죠? 주가가 조금 오를라 치면 매물이 계속해서 쏟아져 나올 테니까요."

"그럴 거 같네요. 그동안 물렸던 사람들이 본전 가격대에 도달하면 팔려고 1만 원대 부근에서 엄청 대기하고 있을 테니까요."

시우가 말했다.

"그러니까 정답은 이거네요. 매물벽을 머리에 얹고 있는 종목은 무조건 피하라! 그러나 바닥에 깔고 있는 종목은 적극 노려라! 사부님, 맞죠?"

마도로스가 자신 있게 말했다.

"네, 정확히 맞혔습니다. 자, 아직 시간이 좀 남았으니까, 강한 종목을 찾는 요령 하나만 더 말씀드리도록 하겠습니다."

강한 종목 2, 거래량이 감소하면서 계단식으로 상승하는 종목

"간혹 주가는 상승하는데 거래량이 줄면서 상승하는 종목이 있습니다. 1일 변동폭도 크지 않으면서 말입니다. 이런 종목은 바닥에서 얼마가 올랐든 절대 급락이 있을 수 없습니다. 개인적으로 가장 안전하면서 대박을 맞을 가능성이 가장 높다고 꼽는 종목이 바로 이런 종목군입니다. 우리가 적극적으로 노려야 할 종목이 바로 이런 것들이죠."

"소리 없이 조용히 날아가는 종목 말입니까?"

노후대비가 조심스럽게 말했다.

"그렇습니다. 하루에 2~3% 정도씩 야금야금 오르는 종목, 이런 종목의 주포들이 가장 자금력이 풍부한 경우라고 보시면 됩니다. 이런 큰 세력은 상한가도 거의 만들지 않죠. 말 그대로 왕대박주의 전형입니다."

"네? 상한가가 나오는 것이 좋은 종목 아닙니까?"

"하하하, 상한가도 물론 좋죠. 그러나 정말 큰 세력은 물량을 확보하면서 가야 하는데, 상한가의 경우 물량 확보에 대부분 실패하게 됩니다. 그래서 큰 세력들은 조용히 물량을 매집하기 때문에 상한가 출현을 그리 달갑지 않게 생각합니다. 오히려 작은 세력이 개입한 종목이나, 단기 재료에 의해 움직이는 종목에서 상한가 출현이 잦은 편이죠."

"잠깐만요, 사부님! 이해가 안 됩니다. 아니, 일반적으로 좋은 종목 하면 거래량이 늘어나야 하는 거 아닌가요? 전 지금까지 그렇게 알고 있었는데요?"

시우가 참지 못하고 물었다. 뒤에 앉은 양 조교로부터 무슨 핀잔이 날아올까 한편 두려우면서도 궁금한 채로 넘어가는 건 더욱 싫었다.

"하하, 대부분 그렇게 알고 있죠. 그러나 큰 거래량은 바닥권에서만 중요합니다. 거래량 증가는 바닥권에서 주가를 V자로 돌릴

때, 혹은 저항 매물대를 강하게 돌파할 때, 이럴 경우만 늘어야 합니다. 전쟁에서 상대편 방어선을 뚫을 때, 혹은 전세를 거꾸로 뒤집기 위해서 총공세를 취하죠? 그와 같다고 보시면 됩니다."

"아직 이해가 잘 안 되네요."

시우가 고개를 갸웃거리며 말했다.

"만약 말입니다. 주가 상승 흐름이 계단식으로 진행되고 있는데 거래량이 크게 늘고 있다면…… 우린 이런 의심을 해볼 수 있습니다."

"어떤……?"

시우가 답을 재촉하듯 눈빛을 반짝이며 물었다.

"왜 상승하는데 거래량이 늘까?"

"그건 매수하는 사람이 많으니까 그런 거 아닌가요?"

시우가 대답했다.

"하하, 거래량의 증가는 매수하는 사람도 많아야겠지만 누군가가 그만큼 물량을 많이 던졌기 때문에 가능한 것이죠. 그래야 거래가 되는 거니까요. 안 그런가요? 다시 원점으로 돌아가서…… 상승 중에 매물이 나오는 종목은 무조건 의심해야 합니다. 이렇게 주가가 안정적으로 상승하는데 물량을 던지다니, 도대체 이해가 되지 않는다는 겁니다. 우리는 여기에 주목하자는 것이죠. 해답은 바로 여기에 있으니까요. 이건 분명 적색경보입니다. 누군가가 팔고 있다는 적색경보요. 그것도 많이 말입니다."

"아하, 이제 이해가 됩니다. 물량이 적게 나오면서 서서히 상승하는 종목은 모두가 매수에 열을 올리기 때문에 하락 가능성보다는 추가 상승할 가능성이 상대적으로 높다는 얘기가 되네요. 알겠어요. 그런 종목은 결국 매물 공백이 생기면서 수급 논리에 따라 자연스럽게 상승할 수밖에 없다, 뭐, 그런 얘기죠?"

시우가 이제 알겠다는 듯 되물었다.

"바로 그겁니다. 살 사람만 있고 팔 사람이 없는 주식은 거래량이 감소하면서 서서히 오르게 됩니다. 최고의 수급 구조죠. 우린 바로 이런 종목을 적극 노려야 합니다. 팔지 않는 세력주, 이런 최고의 대박주를 찾아서 지금부터 긴 항해에 나서야 합니다. 모두들 아셨죠?"

"네, 사부님! 내일부터 물량을 꾸준하게 확보하면서 계단식으로 상승하는 종목을 찾는 데 최선을 다해보겠습니다."

시우가 자신 있는 표정으로 대답했다.

"시우 씨, 아주 흡족스러운 대답입니다. 그리고 모두들 감사합니다. 매시간 발전하는 여러분의 모습을 보니 가르치는 보람을 느낍니다. 그러나 원리를 파악하는 것도 중요하지만 더 명심해야 할 점은 배운 내용을 반복적인 훈련이나 거래를 통해 자신의 것으로 만들어야 한다는 사실입니다. 아셨죠? 오늘 강의는 여기에서 마치겠습니다. 모두들 고생하셨습니다."

짝짝짝.

"수고하셨습니다."

우레와 같은 박수가 터져 나왔다.

시우는 하루하루 뿌듯함과 충만함으로 가슴이 터질 듯 차올랐다. 이제 뭔가를 이룰 수 있을 것 같았다.

석기는 양대식의 강의가 없는 오후를 이용해 여의도로 찾아갔다. 말할 것도 없이 시우를 증권아카데미로 끌어들인 것을 따지기 위해서였다. 석기는 대식을 만나자 대뜸 거칠게 소리를 질렀다.

"너 어떻게 그럴 수 있어? 말려달랬더니 도리어 네 밑으로 끌어넣어? 증권 교육을 한다더니 수강생이 그렇게 없니? 시우 같은 여자까지 붙잡게."

"말조심해, 너."

의외로 대식도 단호하게 대했다.

"한 번은 찾아올 줄 알았다."

"네가 뒤통수를 쳐?"

"난 누구를 끌어들이고 하는 짓 안 해. 시우 씨는 제대로 된 주식 수업을 받고 싶어 온 거다."

"뭐? 돈 놓고 돈 먹는 걸 수업이라고?"

"이 자식 되게 웃기네. 무슨 원시시대를 살다 왔나. 네가 하는 문학만 공부인 줄 알아? 무시하지 마. 주식도 철학이 있고 질서와 규칙이 있어."

"놀고 자빠졌네."

"네 부탁 들어주지 못한 건 미안하지만, 두고 봐라. 우정 배신하지 않을 거다. 그런 거 걱정했으면 시우 씨 우리 아카데미 와서 배우라고 안 했을 거다."

"너를 믿은 내가 바보지."

"자식, 그래 넌 바보다. 넌 어떻게 애인이란 놈이 자기 여자 마음 하나 제대로 알아주지 못하냐?"

"뭐라고?"

"내가 보기에 시우 씨한테 지금 무조건 주식에 관심 끄라고 하는 건 맞지 않는 것 같다. 시우 씨 눈 보면 모르냐? 잘되고 안 되고는 둘째 문제고, 승부를 봐야 할 표정이더라. 그걸 강제로 자른다고 잊혀지겠냐? 아마 두고두고 널 원망할 거다."

대식의 말에 석기는 어이없는 표정으로 말했다.

"자식, 시우를 다 아는 것처럼 말하네. 뭐 눈에는 뭐만 보인다더니, 네 눈에는 다들 절박하게 보이는 모양이지? 인생을 살다 보면 이런 일 저런 일 다 겪어. 그때마다 바로바로 승부하고 꼭 만회해야 되냐? 그렇게만 된다면 참 쉽겠다. 인마, 인생은 굴곡진 거고, 살아가며 천천히 기뻐하고 슬퍼하고 만회도 하는 거야."

"누가 문학도 아니랄까봐. 나는 그런 어려운 말 몰라. 그냥 그녀의 표정이 강렬하게 원하는 것만 봤어."

"너에게 부탁한 내가 잘못이지. 잘 들어. 지금은 시우를 말릴 수 없지만 강의 끝나면 더는 바람 넣지 마라."

"내가 바람을 넣는다고? 함부로 말하지 마라. 나는 내 판단하에 최선을 다하는 거니까."

"이 자식이 정말?"

"너도 오해가 풀릴 날이 있을 거다. 주식은 우리만이 아니라 자본주의를 채택한 나라 모두가 다 하는 거야. 나는 기왕이면 이기는 승부를 가르쳐주려는 거야. 무엇보다 그녀가 절실히 원하고."

석기는 더는 말이 안 통한다고 생각했는지 자리에서 일어섰다.

"나쁜 자식."

석기는 그대로 문 쪽으로 걸어갔다. 뒤에서 대식이 외치는 소리가 실내를 울렸다.

"야! 애인이라면서 그까짓 소원 하나 못 들어주냐?"

석기는 듣지 않고 씩씩거리며 문을 박차고 나갔다.

점심 식사 교대 시간에 쫓겨 밥을 어떻게 먹었는지 모를 정도로 급하게 먹고 온 시우는 창구 업무 지원을 위해 서둘러 자리에 앉았다. 객장을 살피는 순간, 달갑지 않은 사람이 대기실 의자에서 싱글거리고 있는 것이 시야에 들어왔다. 시우는 순간 표정이 일그러졌다.

무엇이 그리 좋은지 마냥 싱글거리며 성큼성큼 다가오는 사람은 다름 아닌 양 조교였다. 옆에는 아버지뻘로 보이는 일행이 한 사람 서 있었다. 시우는 아카데미에서 자꾸 핀잔만 주던 모습이 생각나 별로 반갑지 않은 얼굴로 양 조교를 대했다.

"여의도에서 청량리면 꽤 먼데, 여기까지 웬일이세요?"

"고객에게 무슨 섭섭한 말씀을. 계좌 개설에 서툰 분이 계셔서 모시고 왔죠. 마침 이 근처 사시거든요."

"네에."

시우의 대답에 무성의함이 묻어났다.

"아직도 프로의 자세가 안 되어 있네요. 저야 그렇다 쳐도 이쪽 분은 고객이신데."

시우는 또 한 방 먹었다 싶은 마음에 약이 올랐지만 옆의 손님을 생각해 곧 정중한 태도를 취했다.

"찾아주셔서 감사합니다. 계좌를 개설하시려고요? 먼저 신분증 주시고요, 서류에 표시된 부분 작성해 주시면 처리해드리겠습니다."

시우는 계좌 개설 신청서를 내밀었다. 그에 아랑곳하지 않고 양 조교는 시우의 신경을 건드리기에 바빴다.

"근데, 시우 씨! 밝은 곳에서 보니 눈가 주름이 의외로 많네요. 혹시 나이 속인 거 아녜요?"

"허, 참."

"점심 식사 맛있게 하셨어요? 이런! 얼마나 맛있게 드셨으면 입에 불이 다 났을까? <u>호호호</u>."

"……"

시우는 업무 처리에만 집중하고자 노력했지만 표정 관리가 쉽지 않았다.

'뭐야. 도대체 뭐 저런 인간이 다 있어? 예의라곤 눈곱만큼도 없고. 점심 먹고 양치했는데…… 참 내가 무슨 생각을 하는 거야.'

시우는 불쾌한 감정을 억누르며 고객에게서 건네받은 신분증을 복사하기 위해 자리에서 일어났다. 시우의 심기가 편치 않다는 것을 아는지 모르는지 양 조교는 연신 싱글벙글이었다.

"참, 계좌 개설 마치면 이분한테 좋은 종목도 몇 개 추천해주시고요."

"고객님, 이 기계에 사용하실 비밀번호 네 자리 눌러주세요."

"에이, 아직도 소심증을 못 벗었나 보네, 말 피하는 거 보니."

"……."

시우는 어이없다는 표정으로 양 조교를 노려봤다.

"에이, 석기만 아니었으면 다른 증권사로 벌써 가버렸지. 이렇게 먼 길까지 안 오는 건데."

"실례지만, 아카데미에서만 뵈었으면 하네요."

"어휴, 제자가 바다처럼 넓은 스승의 뜻을 어찌 알까."

시우는 다시 한 번 양 조교를 살짝 째려보고는 통장과 증권카드를 내밀었다.

"계좌 개설 다 되었습니다. 증권카드 잘 보관하시고요. 그리고 지금은 임시 비밀번호니까 우리 회사 홈페이지에 접속하셔서 고객님께서 사용하시고자 하는 비밀번호로 바꾸시면 정상적으로 사용 가능하게 됩니다. 더 물어보실 거 있으세요?"

시우의 단호하면서 업무적인 태도에 양 조교도 더 이상 짓궂게 굴지 않겠다는 듯 항복의 의미로 두 손을 들어 보이며 일어섰다.

"더 처리할 거 없습니다. 흐흐! 수고하세요."

시우는 양 조교가 일어서기 바쁘게 다음 호출 번호를 누르며 시선을 객장으로 돌렸다. 그 순간 옆에 있던 S라인이 시우 쪽으로 고개를 돌리며 물었다.

"언니, 이건 뭐예요?"

S라인은 시우의 책상 위에서 보안카드 하나를 집어 들었다. 가뜩이나 심기가 불편했던 시우는 양 조교에게 미처 보안카드를 챙겨주지 않았음을 S라인에게 들킨 것 같아 더 짜증이 났다.

"이리 줘봐."

"이거 방금 전 고객에게 잊고 안 주신 거 아니에요?"

업무에 대한 실수를 인정하고 싶지 않은 시우는 아무 일도 아닌 것처럼 덤덤하게 카드를 건네받았다.

"아까 고객 처리하면서 같이 따라왔나보네. 내가 나중에 연락 오면 전할 테니 일 봐."

"아, 네, 언니."

알겠다는 듯 생긋 웃으며 돌아서던 S라인은 더 할 말이 남았는지 다시 시우 쪽으로 다가와 귓속말로 속삭였다.

"언니, 근데 앞니에 고춧가루 꼈어요."

"정말? …… 알았어, 고마워."

애써 차분히 대답은 했지만 시우의 기분은 순식간에 엉망으로 변했다. 식사 교대에 쫓긴 나머지 양치질을 어떻게 했는지 기억조차 나지 않았다. 순간 시우는 양 조교에게 그 모습을 보였다는 사실에 너무나도 창피해 얼굴이 화끈거렸다.

'아, 오늘 왜 이러는 거야?'

오후 6시 30분.

하루가 유난히 길고 힘들었던 시우는 피곤한 몸을 이끌고 다시 여의도행 버스에 올랐다. 다른 날과 크게 다를 바 없었던 일상인데 무엇이 이토록 피곤하게 하는지, 시우는 곰곰 생각해보았다. 그러자 양 조교의 얼굴이 스쳤다. 버스는 한참을 걸려 여의도에 도착했다.

chapter 9

넷째 날, '수급의 핵, 외국인 따라 하기'

초절정 하수가 되는 십계명

강의실에 교육생들이 속속 도착했다. 퇴직금여사가 유난히 화려한 정장을 입은 채 땀을 닦으며 자리에 앉았고, 이어 마도로스가 멋진 선글라스로 한껏 멋을 내고 들어왔다. 모두가 자리에 앉자 강의실 문이 열리더니 양 조교가 특유의 능글맞은 미소를 띠고 들어섰다. 그의 손에는 한 장의 종이가 흔들리고 있었다.

"여러분, 제가 재미난 이야기 해드릴까요? 한번 들어보세요. 혹 재미없어도 너무 핀잔은 주지 마시고요, 흐흐."

"좋죠, 얘기 싫어하는 사람 있남."

깡통맨이 살짝 미소를 띠고 말했다.

"그럼, 한번 들어보세요. 어떤 증권 게시판에서 본 내용인데요, 하도 공감이 되어서요. 음, 제목은, 초절정 하수가 되기 위한 십계명!"

"하하하, 초절정 고수도 아니고 초절정 하수가 되는 법이라! 재미있겠네요."

태권도가 호쾌하게 웃으며 말했다.

"자, 그럼 들어갑니다. 첫째, 순간적인 분노와 감정을 최대한 폭발시켜라! 초절정 하수가 되기 위해서는 우선 감정의 기복이 심해야 한다. 또한 주변의 불확실한 루머에 귀를 바짝 기울이고 남들이 대박이라고 얘기하는 종목은 과감하게 묻지마 선취매에 나서야 한다. 이런 노력과 열정이 있어야만 초절정 하수의 경지에 조금 도달했다 할 수 있는 것이다.

둘째, 모든 정보에 환장하라! 초절정 하수가 되기 위해서는 정보를 철저히 맹신해야 한다. 순간순간 쏟아지는 루머나 정보를 바탕으로 추격 매수를 감행하고, 이후 밀릴 때는 미수 몰빵으로 물타기를 하는 것이다. 순식간에 초절정 하수가 될 수 있는 강력한 비법 중 하나다.

셋째, 별 생각 없이 순간적인 기분으로 매수하라! 종목 연구를 통해 저점에서 신중하게 분할 매수하는 전략은 보통 고수들의 어설픈 행동이다. 초절정 하수가 되기 위해서는 별 생각 없이 순간적인 기분이나 분위기에 따라 매수하면 그만이다. 보통 이런 하수의 절차를 밟으면 그 하수가 산 주가는 어김없이 산 시점부터 줄줄 흘러내린다. 초절정 하수가 되는 것이 이렇듯 보기보다 쉬운 것이 아니다.

넷째, 손절매를 최대한 늦춰라! 초절정 하수가 되기 위해서는 추격한 급등주가 부도 소식이 전해지든 전쟁이 발발하든 온갖 악재에도 씩씩하게 버티면서 손실을 극대화해야 한다. 또한 가급적 시간을 최대한 늦춰서 버티다가 마지막 최저점 바닥에서 참지 못하겠다는 듯 투매해야 한다. 그래야만 초절정 하수의 반열에 들어설 수 있는 것이다."

"하하, 양 조교는 역시 분위기 메이커야! 재밌네요. 마지막 바닥에서 참지 못하겠다는 듯 투매해야 초절정 하수의 반열에 든다. 하하하, 이건 고수가 되는 것보다 더 어렵겠는데요."

인천가치주가 크게 웃으며 말했다.

"우스갯소리지만 뭔가 메시지가 담긴 내용이네요. 양 조교님, 계속하세요."

퇴직금여사가 재촉했다.

"다섯째, 무뇌의 전법을 구사하라! 시장에서 수억 원의 수업료를 지불하고 눈물과 땀과 열정으로 얻어낸 필살의 노하우로 자기 자신만의 매매 전법을 구사하는 사람들은 이른바 고수의 길을 걷는 사람들이다. 초절정 하수의 길은 따로 있다. 증권방송에서 추천하는 종목이나 ARS서비스에서 추천하는 종목을 아무 생각 없이 매수하면 된다. 초절정 하수가 아무나 되는 줄 아는가! 이렇듯 아무 생각 없이 실천해야 하는, 그야말로 쉽지 않은 고난의 길인 것이다.

여섯째, 사고 팔고 또 사고…… 365일 쉬지 말라! 주식은 종목을 사는 게 아니라 때를 사는 것이다. 오늘이 아니다 싶으면 여유롭게 쉬면서 다음 장을 대비하는 것이 고수들이 써먹는 전법이다. 초절정 하수가 되기 위해서는 사고 팔고 또 사고 팔고를 쉼 없이 반복해야 한다. 그래야만 잔고가 빨리 줄고 더욱더 미수에 집착하게 된다. 이 정도의 열정과 노력과 정성이면 가히 초절정 하수의 대부로 등극하게 되는 것이다.

일곱째, 항상 풀미수에 몰빵을 하라! 1년에 한두 번 대세 상승장에서만 미수를 사용하고 평상시엔 미수 그 자체가 죽음이라 인식하는 고수들의 행태를 본받지 말라. 초절정 하수가 되기 위해서는 죽자 살자 미수를 활용하여 최대한 손실을 키워야 한다. 그래야만 험난한 초절정 하수의 세계에서 살아남을 수 있는 것이다.

여덟째, 항상 게으르고 절대 노력하지 말라! 부지런히 공부하고 치밀하게 분석하는 영역은 고수들이 즐기는 영역이다. 그러나 초절정 하수의 길은 따로 있다. 그저 편안하게, 최대한 놀고 즐기면서 남들이 먹여주는 종목이나 대충 먹고 그러면 된다. 노력하지 않고 게으른 자만이 이 초절정 하수의 길을 걸을 자격이 주어지는 것이다.

아홉째, 상승장에선 쉬고 하락장에서 흥분하며 매매하라! 고수들은 대세 상승장에 본격적으로 투자하여 이익을 극대화하고, 대세 하락장에선 보수적으로 운영하거나 쉬면서 내일을 기약한다. 그러나 초절정 하수가 되기 위해서는 그래서야 되겠는가. 상승장에선 손가락 빨고 내내 한숨 쉬고 있다가, 장이 상투에 도달할 때 카드 긁고 담보 잡혀서 있는 돈 없는 돈 끌어다가 열심히 매매하라. 아주 쉽게 초절정 하수들이 들어가고자 애쓰는 열반의 경지에 도달하게 된다.

자, 마지막 열 번째는, 항상 교만하라! 고수들은 결코 자만하지 않는다. 순간의 이익과 손실에 감정의 기복을 보이지 않으며 항상 남을 배려하고 남이 잘돼야 자신도 잘된다는 진리를 깨달은 사람들이다. 그러나 초절정 하수가 되기 위해서는 항상 교만해야 한다. 어쩌다가 우연히 얻은 수익을 가지고 뽐내고 과장하며 마치 자신이 이 바닥 최고의 고수인 양…… 만인에게 자신의 자만심을 드러내야 한다. 그래야만이 진정한 초절정 하수가 되는 것이다."

양 조교의 말이 끝나자마자 여기저기서 웃음소리가 터져 나왔다.

"아휴, 공감이 되는 게 너무 많아요. 왠지 과거의 제 모습 같기도 하고…… 아무튼 늦게라도 이렇게 여러분들과 함께 깨우치는 것이 많아 한편으로 다행스럽다는 생각도 들고요."

퇴직금여사가 과거를 회상이나 하듯이 눈을 감으며 말했다.

"그럼요, 우리 파이프라인 17기생 모두, 초절정 하수가 아닌 초절정 고수가 되기 위해서 여기 모인 거 아니겠어요? 모두들 더욱 더 열심히 하자고요."

태권도가 약간 흥분된 목소리로 말했다.

교육생들이 양 조교가 가져온 십계명(?)으로 떠들썩하고 있을 때, 강의실 문이 열리면서 주식사부가 성큼 들어왔다. 뭔가 이상한 분위기에 주식사부는 교육생과 양 조교를 번갈아 봤다.

"무슨 재미있는 일이라도 있었나봐요?"

"초절정 하수가 되는 법을 배웠습니다, 양 조교님한테. 하하."

깡통맨이 즐겁게 말을 받았다.

"네? 아…… 나중에 양 조교! 나한테도 가르쳐줘라. 나도 초절정 하수 한번 되어보게……."

주식사부의 농담 섞인 말투에 모두들 크게 웃었다. 강의에 앞서 다소 경직된 분위기가 순식간에 걷혔다. 잠시 후 주식사부가 칠판에 글씨를 썼다.

수급의 핵, 외국인 따라 하기

"오늘은 시장에서 가장 손쉽게 이용할 수 있는 거래법이자 수급의 핵인 외국인 매매법에 대해서 배우도록 하겠습니다."

주식사부의 활기찬 어조에 모두들 기대되는 듯 칠판을 주시했다.

"사부님! 그런데 수급과 외국인의 상관관계가 깊나요?"

시우가 물었다.

"네, 좋은 질문입니다. 여러분들이 생각하는 것 이상으로 상관

관계가 매우 높다고 생각하시면 됩니다. 과거 전 세계를 놀라게 했던 9·11테러를 기억하고 계실 겁니다. 사건이 터지고, 다음 날 장이 열리자 어땠습니까? 전 종목이 거의 하한가 수준으로 곤두박질쳤습니다. 시장은 완전히 패닉 상태에 빠지고 말았죠."

"네, 저도 기억납니다. 그날 뭐, 생지옥이 따로 없었지요. 종목들 거의 대부분 하한가 가고…… 정말 난리도 아니었어요."

깡통맨이 말했다.

모두들 그날의 기억을 회상하며 고개를 끄덕이는 가운데 주식사부가 말을 이어갔다.

"그런데 참으로 신기한 것은, 이런 악재가 단 이틀 만에 완전히 극복되었다는 사실입니다. 놀랍지 않습니까? 도대체, 어떻게 그런 일이 있을 수 있었을까요?"

주식사부가 잠시 뜸을 들이다가 말을 이어갔다.

"바로 수급의 논리 때문입니다. 공급과 수요의 법칙에 의해서 시장과 종목의 방향성이 좌우되니까요. 누군가의 수요가 있으면 시장의 방향은 악재와 무관하게 상승 흐름을 이어가게 됩니다. 그것이 시장의 법칙이자 수급의 논리인 것이죠. 증시 격언에 이런 말이 있습니다. '수급은 재료에 우선한다.' 시장 방향성의 절대 변수는 재료가 아니라 수급이라는 얘깁니다. 사상 최악의 악재였던 9·11테러 사건을 불과 이틀 만에 극복할 수 있었던 배경도 바로 이런 수급 논리 때문이고요. 혹시 당시에 악재를 완전히 극복하고 시장을 급반전시킨 주체가 누군지 아세요?"

"아하, 외국인! 이제 알겠습니다. 수급에 따라 지수는 움직이고, 그 주체는 대개 외국인이 된다, 그런 말씀이시죠?"

태권도가 자신 있게 말했다.

"네, 맞습니다. 최근에 적립식펀드 열풍으로 인해 기관투자가들의 비중이 꽤 높아졌다고는 하지만 여전히 시장 방향의 큰 흐름을 좌지우지하는 것은 외국인들입니다. 그들의 정보력과 자금력은 여전히 위력적이니까요. 앞서 9·11테러 사건 때 국내시장을 폭락, 폭등시킨 주체도 외국인이었지만, 과거 IMF 때 국내시장을 쥐락펴락한 배경에도 외국인이 있었죠."

"기억납니다. IMF 때 지수를 400P 밑으로까지 끌어내렸던 것도 외국인이었고, 불과 1년 만에 1000P를 돌파시킨 것도 외국인들이었죠. 거의 국내시장을 갖고 놀면서 막대한 부를 챙겼어요."

인천가치주가 기억을 더듬으며 말했다.

"안치안 씨가 정확히 기억하고 계시네요. 그렇습니다. 1990년대 초반, 국내 주식시장이 외국인 투자자들에게 개방된 이후 근 17여 년간 외국인들이 국내시장을 좌지우지하는 최대 선도 세력이었습니다. 2006년 이후 풍부한 물량을 확보한 기관이 급부상하면서 외국인들 물량이 다소 축소되긴 했어도 외국인들은 여전히 시가총액 대비 30% 이상을 점유한 국내 최대 세력입니다."

"종목도 거의 걔들이 산 것만 가더라고요."

깡통맨이 볼멘소리로 말했다.

"그렇습니다. 교육 첫날 배웠듯이 그들은 선진 기법을 도입, 롯데 주나 농심, 태평양 같은 최고의 가치주들을 발굴해내면서 국내 시장에 종목 장세를 화려하게 펼쳤습니다. 장세뿐 아니라 주가를 결정하는 것 또한 수요와 공급의 법칙이 작용하니까요. 이제 개인 투자자들까지 외국인이 사는 종목을 따라 무조건 살 정도로 외국인 따라 하기는 일반적인 거래법이 되었습니다."

"사부님, 질문 하나 드리겠습니다. 어떨 때는 외국인, 또 어떨 때는 외국계, 이렇게 각기 다르게 부르는데, 외국인과 외국계의 차이는 뭔가요?"

마도로스가 손을 들며 말했다.

"거야, 국적이 대한민국 사람이 아니면 모두 외국인이겠지. 미국인이든 아프리카인이든 상관없이 말이야. 외국계는 외국인 증권사를 말하는 것일 테고."

깡통맨이 당연하다는 듯 말했다.

"네, 박승리 씨께서 쉽게 설명을 해주셨네요. 한 가지 덧붙여 여러분께서 잘못 이해하고 있는 부분을 말씀드리겠습니다. 통상 외국계 창구를 통해서 거래가 되면 모두 외국인들의 물량이라고 생각하는 분들이 계시는데…… 그건 아닙니다. 외국계 창구를 통해서는 외국인뿐 아니라 국내 기관투자가나 조건을 갖춘 세력들도 주문을 넣을 수 있습니다."

"네? 어쩐지…… 제가 예전에 파라다이스란 주식을 산 적이 있었어요. 제가 이 종목을 산 이유는 골드만삭스라는 외국계 창구가 오전에만 무려 10만 주 이상을 사더라고요. 이거 그냥 날아가겠구나, 생각하고 들어갔는데, 세상에, 오히려 밀리면서 끝난 거 있죠. 장 끝나고 외국인 거래 내역을 확인해보니까 외국인들이 오히려 5만 주를 매도했지 뭐예요. 참, 얼마나 황당하던지."

깡통맨이 억울하다는 표정으로 말했다.

"그렇다면, 사부님! 외국계 창구를 통해 유입된 물량이 외국인인지 아닌지를 어떻게 구분하죠?"

마도로스가 물었다.

"네, 국내 거래법상 외국인들의 거래 내역 공개가 제한되어 있기 때문에 외국인들이 매수하고 있는 종목들은 실시간으로 제공되지 않고 있습니다. 외국계 창구는 실시간 제공되는 반면에 말입니다. 따라서 각 증권사에서 제공하는 시장 속보를 통해 반드시 확인을 해야 합니다."

"네? 처음 듣는 얘긴데, 시장 속보라고요?"

퇴직금여사가 물었다.

"네, 그렇습니다. 시장 속보는 각 증권사에서 외국인 거래 현황을 시간대별로 모아서 고객에게 제공하고 있는 메뉴입니다. 장중 속보 중에서도 가장 알짜 정보를 제공하는 메뉴라고 볼 수 있죠."

"실시간 공개는 아니라면서요?"

퇴직금여사가 물었다.

"그렇습니다. 시장대리인이라는 직원들이 올립니다."

"네? 시장대리인? 또 처음 듣는 직책이네요."

퇴직금여사가 말했다.

"하하, 그럴 겁니다. 시장대리인은 각 증권사에서 증권선물거래소에 파견 근무를 시키고 있는 직원들을 말합니다. 이들이 증권선물거래소에서 제공하는 외국인 거래 집계 현황을 모아서 본사로 전송하는 것이죠. 그러면 본사의 전산팀은 이 자료를 다시 고객들 시스템에 제공하게 되는 것이고요."

"그렇다면, 이 메뉴는 수동 작업으로 진행되겠네요?"

시우가 물었다.

"네, 그렇습니다. 여기에 약간의 허점이 발생합니다. 시장 속보 메뉴는 매우 중요한 반면에 수동 작업이라는 맹점이 존재하는 것이죠. 다시 말해, 시장대리인의 역할과 능력에 따라, 그리고 각 증권사의 전산 능력에 따라 시차가 상당 부분 발생한다는 사실입니다. 고수들은 이런 점들을 놓치지 않고 파고듭니다. 여러분들도 이런 틈새를 결코 놓쳐서는 안 될 것이고요."

"아하, 알겠습니다. 시장 속보에서 외국인 데이터를 가장 빨리 올려주는 증권사 프로그램을 써야겠네요."

마도로스가 알겠다는 듯 고개를 끄덕이며 말했다.

"정보라면, 제가 있는 증권사가 제일 빠를걸요, 아마."

시우가 자신 있게 말했다.

"에이, 시우 씨가 있어 직접 얘기하긴 좀 그렇긴 한데…… 거긴 수수료가 비싸서 별로예요."

태권도가 손을 저으며 말했다.

"아니, 수수료 약간 차이나는 게 그리 중요한가요? 진짜 중요한 것은 거래에서 손실이 생기는 것, 이게 제일 큰 문제죠. 그리고 거래할 때마다 따라붙는 거래세, 이게 더 크지 않나요? 수수료야 0.1% 내외지만 한 번 거래할 때마다 국가에 내는 거래세는 수수료보다 세 배나 비싼 0.3%예요. 이건 에누리해주는 데도 없어요. 어차피, 거래하면 이런 비용은 줄일 수 없는데, 한 번을 거래해도 시스템 안정적이고 정보가 풍부한 대형사를 쓰는 게 훨씬 유리하죠."

시우가 정색하며 언성을 높이자 태권도가 한발 물러서며 말했다.

"하하하, 알았어요. 앞으로 시우 씨가 있는 증권사 시스템 쓸 테니까, 화내지 마세요. 시우 씨 발끈하시니까 정말 무섭네요."

태권도는 고개를 절레절레 흔들었다.

"허허허, 고광식 씨가 무서워하는 사람도 다 있네. 그런데, 사부님! 외국인 집계가 나오는 시간이 정확하게 정해져 있나요?"

깡통맨이 물었다.

"딱히 정해진 것은 아닙니다. 통상 9시 30분경에 처음 나오고 이후에 하루 두세 번 정도 집계를 알려준다고 보시면 됩니다."

"아니, 그러면 외국인 매매를 하는 사람들은 시장 속보 창을 항상 띄워놓아야 하나요?"

시우가 물었다.

"꼭 그럴 필요는 없습니다. 요즘 어떤 증권사에서는 외국인 데이터가 들어오면 팝업 형태로 자동으로 띄워주기도 하니까요."

"그거 편리하네. 가만 있다가 외국인 속보 창 뜨면 외국인 거래 상위 종목을 중심으로 남들보다 빨리 잡으면 되겠네요. 근데 내가 쓰는 증권사는 그런 기능 없는 거 같던데……."

깡통맨이 기억을 되살리려는 듯 미간을 찡그리며 말했다.

"사부님, 간혹 기사를 보면 '검은 머리 외국인'이라는 표현을 쓰는데 그 '검은 머리'란 무엇을 말하는 건가요?"

마도로스가 물었다.

"네, 검은 머리 외국인이라 하면……."

주식사부가 잠시 뜸을 들이다가 말을 이었다.

"소위 외국인을 가장한 국내 기관투자가나 법인들을 말합니다. 좀 더 구체적으로 말씀드리면, 내국인이 외국에 상장된 오프쇼어 펀드(offshore fund)에 투자한 후 그 펀드를 통해 국내 주식을 매수하는 것을 말합니다. 이런 경우 외국에 상장된 투자펀드가 국내 주식을 매수하는 만큼 공식적으로 외국인 투자가의 주식 매수로 인정되죠."

"오프쇼어 펀드는 뭔가요?"

시우가 물었다.

"네, 오프쇼어 펀드는 우리말로 역외펀드라고 합니다. 이 펀드는 세금이 아주 싼 국가에 본거지를 둔 투자신탁을 지칭합니다. 예를 들면, 카리브 해변의 버뮤다, 바하마 같은 국가나 파나마 등에 근거지를 둔 투자신탁 같은 거죠."

"그렇다면, 검은 머리들이 이런 편법을 동원해 국내 주식을 매수하는 목적이 있을 거 같은데, 어떤 이유 때문인가요?"

시우가 몹시 궁금하다는 듯 귀를 쫑긋하며 물었다.

"네, 여러 가지 이유가 있습니다. 먼저, 검은 자금 등을 외국계 펀드를 이용해 국내 증시에 투자하는 경우가 되겠죠. 일종의 자금 세탁이 되겠습니다. 그다음, 외국인으로 가장하고 거래했을 경우 국내 투자자들의 심리를 자극할 수 있어 쉽게 주가 부양이 가능하기 때문입니다. 외국인 거래 종목에 목말라하는 개인 투자자들을 쉽게 현혹하고 이를 역이용해 단기에 치고 빠지기 좋기 때문에 전략적으로 활용하는 것이죠."

"그렇다면, 검은 머리들이 개입했을 경우 어떤 징후가 분명 있을 거 같은데, 있다면 어떠한 것들이 있나요?"

시우가 계속해서 물었다.

"순수 외국인들은 투자 종목의 선정에 있어서 일정한 기준, 즉, 수익성이나 안정성 등을 고려하여 투자 종목을 까다롭게 선정하는 경향이 있습니다. 반면에, 검은 머리 외국인들은 초단기 고수익을 얻을 목적으로 접근합니다. 그런 만큼 코스닥 소형주나, 거래소 저가주에 주로 투자를 하며 하루나 이틀, 늦어도 한 달 이내에 수익을 내고 빠져나오는 경우가 대부분입니다."

"그렇다면, 싼 종목이나 부실한 종목에 외국인들이 들어오면 일단 검은 머리 외국인으로 의심하는 것이 좋겠네요."

시우가 메모장에서 눈을 떼며 말했다.

"그렇습니다. 그것도 좋은 방법이 됩니다. 이상한 종목이면 의심을 할 필요가 있습니다. 아니, 이런 종목에 외국인이 매수를? 무엇 때문에? 이런 의심은 외국인 따라 하기 전략에서 리스크를 예방하는 현명한 방법이라 생각합니다."

"부실주나 저가주는 일종의 미끼지. 검은 머리들은 미끼 전략을 많이 쓰니까."

깡통맨이 말했다.

"자, 이제 개략적인 이야기들을 마무리하고 지금부터 본격적으로 외국인 따라 하기 실전법을 배워보도록 하겠습니다."

주식사부가 말을 끝내면서 칠판에 글씨를 쓰자 모두들 따라서 메모를 했다.

외국인이 집중적으로 매집하는 종목을 노려라!

"우선 외국인이 주로 이용하는 주문 유형으로 CD주문이라는 것이 있는데, 외국인 매매를 좀 더 효과적으로 구사하기 위해서는 이 주문 유형을 배워야 합니다."

"CD주문? 외국인들은 주식 주문도 앨범 같은 데 담아서 주문하나요?"

태권도가 이상하다는 듯한 표정으로 물었다.

"하하하, 농담이시죠? 여기에서 CD는 'Careful Discretion'의 약자입니다. 우리말로 해석하면 외국인 투자자가 브로커, 즉 증권사에게 좋은 가격에 물량을 사거나 팔아달라고 100% 위임하는 주문 유형을 뜻합니다. 브로커의 판단하에 주문을 체결해달라는 의미로, 주문을 완전히 맡기는 형태죠. 현재 외국인 주문의 80% 이상을 차지하는 주문 유형이기도 합니다."

"네? 사부님, 조금 쉽게 천천히 설명을 해주시면 안 될까요?"

퇴직금여사가 허겁지겁 메모를 하며 말했다.

"네, 알겠습니다. 쉽게 얘기해서 이 주문 유형의 특징은 '매매 체결 가격에 제한이 없다.'라는 것입니다. 즉, 오퍼를 넣는 외국인들이 정확하게 얼마에 매입해달라는 조건을 브로커에게 별도로 붙이지 않는다는 얘깁니다. 단지 매입 수량만 제시할 뿐이죠."

"아하, 얼마에 사달라는 조건 없이 그냥 '금호타이어 10만 주 매수!' 이렇게 주문을 준다는 말씀이네요. 맞나요?"

퇴직금여사가 간신히 이해한 듯 말했다.

"맞습니다. 가격 불문이 이 주문 유형의 핵심입니다. 이렇게 오퍼를 받은 종목에서 상한가나 하한가가 곧잘 탄생하는 이유도 바로 가격 불문의 CD주문 때문입니다."

"이 CD주문이 특별히 중요한 이유가 있나요?"

깡통맨이 물었다.

"네, CD주문의 특성상, 외국인의 첫 거래가 들어온 종목은 그날 집중적으로 공략할 가능성이 매우 높은데 우리는 이 점을 주목하는 겁니다. 앞서도 이야기했듯이 CD주문은 매매 체결 가격에 제한이 없습니다. 그렇다 보니 브로커들은 외국인들이 위탁한 CD주문의 체결 평균 단가를 낮추기 위해서 특별한 노력을 기울이지 않는 편입니다. 종가 기준도 아니고 평균 매매 단가를 기준으로 해서 항상 유리한 가격으로 체결시키는 것은 현실적으로 불가능하기 때문이죠. 이에 브로커인 증권사가 생각해낸 방안이 바로 외국인이 위탁한 CD주문을 시간대별로 분할해서 체결시켜주는 것입니다."

"아하, 그래서 외국계 창구에서 거래하는 종목은 그 수량이 시간대별로 분할 체결되는 거구나!"

마도로스가 알겠다는 듯 고개를 끄덕이며 대답했다.

"사부님! 균등하게 분할 매수하는 것이 어떤 측면에서 외국인 매매를 따라 하는 데 도움이 된다는 거죠?"

인천가치주가 오랜만에 물었다.

"네, 좋은 질문입니다. 그것은 바로 외국인들이 당일 위탁받은 주문의 총수량을 미리 추정해볼 수 있기 때문입니다. 다시 말해, 오늘 몇 주를 살 것인지 예측이 가능하다는 겁니다. 앞서 이야기했듯이, CD주문의 특성상 균등분할 매수를 할 수밖에 없으니까요. 이는 장 시작 30분 정도 지나면 당일 외국인이 매수할 총 물량을 대략 계산할 수 있는 근거가 됩니다. 게다가 외국인이 집중적으로 사모으는 종목의 경우, 외국인을 믿고 저점매수가 가능하기도 하고요."

"외국인들이 당일 매수할 물량을 미리 알 수 있다고요? 그거 대단한데요."

"네, 맞습니다. 실전에서 대단히 중요한 거래 전략에 해당됩니다. 예를 들어서 설명을 드리겠습니다. 만약, T증권사가 금호타이어에 대해 외국인 펀드로부터 매입 오퍼를 받았다고 가정해봅시다. 만약 오전 10시까지 T증권사에서 금호타이어를 총 1만 주 매입했다면 대략 이날 전체 매수 가능 수량은 어느 정도일지 계산이 될 겁니다. 자, 한번 맞춰보세요. 시우 씨? 몇 주 정도가 될까요?"

"사부님은 꼭 저만 시키시더라. 음…… 6만 주 정도 되겠네요. 하루 거래 시간은 6시간이고, 앞서 9시부터 10시까지 1시간 동안 1만 주를 거래했다면 전체 6시간 거래를 마치면 대충 6만 주 거래가 가능하다는 계산이 나오네요."

시우가 자신 있게 말했다.

"하하, 계산은 잘하셨는데…… 한 가지 간과한 부분이 있네요. 거래량 집중 시간대를 놓쳤어요. 추측입니다만, 6만 주 정도의 수량은 아마 그날 매수량 최대치가 될 거 같네요. 적게는 2~3만 주 정도일 거 같고요."

"아니, 6만 주는 이해가 되는데, 2~3만 주는 어떻게 나온 계산이죠?"

태권도가 이상하다는 듯 물었다.

"일단 개장부터 1시간 사이에 가장 많은 거래량이 터지죠. 주문을 받은 브로커 또한 물량 확보를 위해서는 이 시간에 전체 거래량의 30% 이상을 거래할 수밖에 없을 거고요. 시간이 지나면 지날수록 물량 확보에 실패할 겁니다."

"아하, 이제 이해가 됩니다. 그리고 참, 아까 사부님께서 외국인이 집중적으로 사모으는 종목은 저점매수도 가능하다고 하셨는데, 어떻게 저점매수가 가능하다는 말씀이신지요?"

시우가 물었다.

"외국인들의 오퍼를 많이 받은 종목은 가격 불문하고 해당 브로커 회사에서 사게 되어 있습니다. 장세가 좋든 싫든 꾸준하게 사야 하는 것이죠. 이 점을 노리는 겁니다. 예를 들어, 장세가 갑자기 급락하는 경우, 외국인들은 이 찬스를 노려 낮은 가격에 계속적으로 매입하게 될 겁니다."

"장세가 하락하면 싸게 살 수 있을 테니까, 떨어질 때 외국인 매수는 강화된다?"

시우가 속삭이듯 말했다.

"바로 그겁니다. 세력, 즉, 외국인은 주가가 떨어져도 꾸준하게 삽니다. 이는 다른 각도에서 해석하면, 장세 하락만 멎으면 해당 종목은 떨어질 이유가 전혀 없다는 얘기이기도 합니다. 세력은 결코 팔지 않았고, 오히려 매수를 강화했기 때문에 하락 장세만 멎으면 주가는 수직으로 상승할 공산이 큰 것이죠. 우린 바로 이 점을 노리자는 겁니다."

"아하…… 외국인이 꾸준하게 받치는 종목을 하락 구간에서 노린다…… 아주 좋은 전략이네요."

시우가 말했다.

"그렇습니다. 사실 이런 종목은 상승 확률이 매우 높은 유망주입니다. 1,800개 종목 중에 대충 눈 감고 사는, 그저 그런 종목이 아닙니다. 세력이 파악된 확실한 종목인 것이죠. 게다가 그 세력은 외국인이며, 계속해서 살 것이란 믿음까지 주는 그런 종목입니다. 이제 장세만 안정되면 특정 가격대 이상 떨어질 가능성은 거의 제로에 가깝다고 봐야 합니다. 이런 종목을 포착하고 기다렸다가 장세 호전 시점에 공략하는 것! 간단한 거래 전략이지만 의외로 높은 수익률이 보장되는 그런 거래법이 될 겁니다."

"거 참, 좋은 전략이네요. 개장과 동시에 외국인들이 집중적으로 사모으는 종목들을 일단 찾아내고, 그리고 감시에 들어가면 절반은 해결된 거네요. 대략 세 종목 정도면 좋겠고. 그러다가 장이 상승 쪽으로 턴하면 이 세 종목을 쫙 나눠서 분할 매수하면 될 거 같네요. 이건 거의 땅 짚고 헤엄치깁니다. 아주 쉬우면서 효과도 꽤 짭짤할 거 같은데요."

인천가치주가 자신의 공책에 지수 변곡점에 진입 시점을 그려가며 열성적으로 설명했다.

"역시…… 안치안님 대단합니다. 하나를 말씀드리면 둘을 깨우치시네요. 벌써 전략까지 파악하시다니, 하하하."

"하하하, 쑥스럽습니다. 사부님께서 칭찬을 다 해주시고."

"아닙니다. 이번 17기 제자분들 모두 열성과 실력 면에서 역대 최곱니다. 진심입니다."

"허허허, 저희도 포함되는 거죠?"

깡통맨이 기분 좋게 웃으며 말했다.

"그럼요, 당연한 말씀입니다. 그럼…… 잠시 10분간 휴식했다가 외국인 따라 하기 종목 선정 방법에 대해서 배워보도록 하겠습니다."

첫째, 해외 IR을 준비하는 종목을 주목하라!

"기업이 해외 IR을 개최하는 주된 이유는 바로 외국인 투자자들에게 자기 기업에 대해서 적극적인 홍보를 하기 위함입니다. 즉,

외국인들에게 당사의 주요 생산품에 대한 소개와 회사 영업 현황, 향후 기업에 대한 비전 등을 적극적으로 알리는 것이죠. 이는 외국인의 매수를 유입하는 직접적인 원동력이 될 것입니다. 따라서 해외 IR을 자주 하는 종목들을 잘 살피는 것이 중요합니다."

"사부님, 죄송한데, 저…… IR이 뭐예요?"

퇴직금여사가 쑥스러워하며 물었다.

"투자자들을 대상으로 기업설명회를 여는 것을 IR이라고 합니다. 'Investor relations'의 약잡니다."

"사부님, 그럼 해외 IR을 개최하게 되면 외국인의 매수가 항상 유입된다는 말씀이신가요?"

퇴직금여사가 재차 물었다.

"하하, 항상 유입될 수는 없겠죠. IR을 했는데도 일정 기간 외국인의 매수가 유입되지 않는 경우도 실제로 많습니다. 이런 경우 IR이 일단 실패했다고 보시면 되겠습니다. 참고로, 보통 해외 IR은 후원 증권사를 끼고 진행되는 경우가 많습니다. 후원 증권사 입장에서 기업들의 IR을 도울 경우 새로운 외국인 투자자라는 고객을 확보할 수 있기 때문에 적극적으로 도우려 하죠."

"실적이 후원 증권사로 잡히겠구먼."

깡통맨이 말했다.

"그러면 주문도 그 증권사로 들어올 가능성이 높겠네요?"

시우가 물었다.

"빙고! 바로 그겁니다. IR 성공 여부를 가장 쉽게 파악할 수 있는 방법을 바로 거기에서 찾을 수 있으니까요."

"무슨 말씀이신지?"

퇴직금여사가 물었다.

"간단한 얘기네, 뭐. 보통 외국인들이 후원 증권사를 통해서 매수를 하는 경우가 많으니까 IR이 끝나고 후원 증권사로 외국인 주문이 잡히면 일단 성공했다고 판단하는 거지. 그리고 우리는 그 종목을 사면 되고. 안 그렇습니까, 사부님?"

깡통맨이 되물었다.

"네, 맞습니다. 후원 증권사를 살펴보는 것은 해외 IR에서 가장 중요한 체크 포인트입니다."

"사부님, 해외 IR에서 반드시 챙겨할 것 중에 다른 것도 있나요?"

"네, 무엇보다 가장 중요한 것은 IR 일정이죠. 언제 하는지 말입니다. 외국인 매수 물량의 유입을 사전에 알 수 있는 최고의 지름길이니까요. 아무튼 해외 IR 일정을 챙기는 것은 외국인 매매에 있어 가장 기본에 속한다고 보시면 됩니다. IR 일정을 알아야 종목에 대한 준비를 할 수 있으니까요. 자, 이제 외국인 매매법 두 번째로 넘어가겠습니다."

말을 마친 주식사부는 칠판에 크게 글씨를 썼다.

둘째, 외국인이 첫 입질 하는 종목을 공략하라!

"사부님, 외국인이 첫 입질 하는 종목이라면, 음…… 당일 외국계 창구를 통해 첫 매수가 들어오는 종목을 말하나요?"

마도로스가 메모를 마치고 물었다.

"아닙니다. 외국계 증권사가 아니라 국적이 외국인인 투자자들이 첫 거래를 한 그런 종목을 말합니다. 지금껏 단 한 번도 거래하지 않다가 오늘 처음 거래한 종목 말입니다."

"첫 거래 시점을 노린다면 단기적으로 접근하는 종목이 되나요?"

시우가 물었다.

"아닙니다. 단기보다는 중기 이상을 노리고 접근하는 것이 훨씬 유리합니다. 외국인이 오늘 첫 거래를 한 종목이라면 그동안 외국인 입김이 전혀 반영되지 않았던 소위 따끈따끈한 종목일 겁니다. 어쩌면 그날부터 시세가 본격적으로 시작될지도 모르겠고요. 그런데 굳이 단기적으로 접근할 이유는 없다고 봅니다."

"음, 그렇다면 주가가 그날부터 한 단계 레벨업될 공산이 크겠네요."

노후대비가 말했다. 그러자 깡통맨이 주식사부 대신 아는 체를 했다.

"그렇지. 외국인들이 좋아하는 종목이 주로 고배당주거나 실적

호전주거든. 본격적으로 상승할 가능성이 크다고 봐야 할 거야."

"그렇습니다. 박승리 씨 설명대로 외국인들은 기업 가치가 우수하고 미래 성장성이 밝은 종목에 집중적으로 투자하는 경향이 있습니다. 게다가 대부분 글로벌 펀드여서 비교적 큰 물량을 베팅하는 경우가 많고요. 사실 우리는 이 점에 주목하는 것이죠. 계속해서 분할 매수로 들어올 가능성이 높다는 점 말입니다."

"어쩌면 레벨업의 시작점이 될 수 있겠네요."

시우가 말했다.

"맞습니다. 롯데 주들이나 남양유업 같은, 지금까지 날아간 대부분의 저평가 종목들의 시작이 다 이들로부터 출발했으니까요. 종근당만 해도 그렇습니다. 외국인이 처음으로 종근당 종목을 매입했던 2004년 여름, 종근당 주가는 3000~4000원에 불과했죠. 그러던 외국인이 15%까지 지분을 확대하자, 불과 1년 반 만에 주가가 열 배 이상 폭등했습니다. 작전주도 아니고, 코스닥 소형주도 아닌 제약주가 말입니다."

"하기야, 우리가 어떤 종목이 좋은지, 또 어떤 종목이 미래에 상승할 것인지, 그 징후를 어떻게 미리 읽겠어? 자금력이나 정보력이 앞선 외국인들을 그냥 믿고 따라가는 거지. 이것이 제일 빠를 거야, 암. 당시에 종근당을 열심히 분석한다고 해서 우리가 어디 샀겠어?"

깡통맨이 좌중을 둘러보며 말했다. 모두들 공감한다는 듯 머리를 끄덕였다.

"그런데 여기서 주의할 점은 없나요?"

시우가 물었다.

"크게 걱정할 정도는 아닙니다만, 외국인들의 첫 입질이 물량을 정리하기 위해 던진 미끼 물량인지 그 여부 정도는 파악하고 들어가는 것이 좋습니다."

"네? 미끼 물량이라고요?"

태권도가 물었다.

"네, 우리가 거래하는 시장에는 의외로 검은 머리 외국인들이 많습니다. 이들 중에서 자신의 물량을 정리하기 위해 외국인 계좌를 동원하는 그런 악질 세력들도 많고요. 이들은 외국인을 믿고 무조건 따라 들어오는 개인들이 많다는 점을 악용합니다. 쉽게 얘기해서, 외국인 계좌를 통해 일부 물량을 매수하고, 실제로 큰 물량은 국내 창구를 통해 개인들한테 넘기는 식이죠."

"휴, 외국인이 첫 입질 들어오는 종목도 결코 안전하지 않다는 얘기네. 사부님, 그러면 이런 미끼 물량은 어떻게 구분하면 되죠?"

태권도가 재차 물었다.

"너무 걱정하지 않으셔도 됩니다. 미끼 물량을 구분하는 것은 너무 쉬우니까요."

"어떻게요?"

시우가 물었다.

"단기간에 주가가 많이 오른 종목에 외국인 첫 거래가 터진 종목은 일단 미끼 물량일 공산이 큽니다. 그러니 이런 종목은 피하고 상승 초입 구간에 있는 종목만 노리시면 됩니다. 최근에 많이 오르지 않은 종목이 안전한 법이죠. 만약, 검은 머리 세력들이 미끼 물량을 동원해 물량을 정리하는 것이 목적이라면, 최근에 큰 폭의 주가 상승이 있었을 겁니다. 이익이 나야 미끼 물량을 동원해서라도 자신의 물량을 정리하려 할 거니까요. 우리는 이런 종목만 피해 가면 됩니다."

"하하하, 그렇구나. 이렇게 간단한 것을 갖고……."

태권도가 고민이 말끔히 걷힌 듯 호쾌하게 말했다.

'외국인이 처음 사는 종목을 노려라.'

시우는 가만히 이 말을 되뇌었다. 그러고 보니 자신이 거래한 종목은 대부분 외국인 지분율이 20~30% 이상 높은 금융주들이 많았다. 외국인들이 50만 주라는 큰 물량을 매수해도 주가에 전혀 반영되지 않는 그런 종목 말이다. 참신한 종목, 외국인 지분이 전혀 없는 그런 참신한 종목을 찾아서 승부하자! 시우는 가만히 자신의 생각을 메모했다.

셋째, 주가와 외국인 지분율이 역배열인 종목을 공략하라!

"제가 강의 시작하면서 주가는 수요와 공급에 의해 결정이 된다는 말씀을 드렸습니다. 그리고 외국인의 매수는 이러한 수요 측면을 강화시켜주는 데다가 개인 투자자들의 심리까지 자극하기 때문에 수급의 핵이라는 말씀도 드렸고요. 기억나시죠? 그런데 만약 이러한 외국인의 매수가 갑자기 끊겨버린다면 과연 어떻게 될까요?"

"당연히 하락하겠죠."

태권도가 자신 있게 말했다.

"네, 맞습니다. 일시적인 수급 공백으로 하락할 가능성이 매우 높습니다. 현재의 주가는 외국인들의 물량이 만든 가격대일 테니까요. 어쩌면 외국인들의 매수가 유입되기 이전 가격까지 하락할 가능성도 배제할 수 없을 겁니다."

"그렇게 떨어지면 그땐 자신들이 물량을 받치지 않을까요?"

마도로스가 말했다.

"그렇습니다. 외국인들의 투자는 장기적으로 진행됩니다. 펀드 규모도 크고, 종목당 베팅 금액도 상당히 큽니다. 그런데 만약, 그들이 매입한 종목이 떨어지면서 소위 물리게 된다면, 외국인들은 쉽사리 손실을 보고 나오지는 않을 겁니다. 외국인들은 베팅에 앞서 철저하게 종목의 가치를 분석하고 매입하기 때문에 일시적 하락에 못 견디고 보유 종목을 털지는 않을 테니까요."

"그렇다면, 외국인들이 물린 종목을 찾으면 쉽게 해결되겠네요."

마도로스가 말했다.

"바로 그겁니다. 외국인들 지분은 증가하는데 오히려 주가는 떨어지는 종목, 주가와 외국인 지분이 역배열인 그런 종목을 노려야 합니다. 그런 종목이 최고의 저평가 종목일 가능성이 높으니까요. 우린 그런 종목을 노리기 위해 평소에 항상 준비하고 있어야 합니다."

"준비라면……?"

깡통맨이 물었다.

"네, 외국인들의 평균 매입 단가를 평소에 계산해두는 겁니다. 최근에 외국인 지분이 증가한 종목 중에서 주가 하락이 진행되고 있는 그런 역배열 종목을 찾고, 그 종목의 평균 매입 단가를 계산해두는 것이죠."

"오호라, 알겠습니다. 만약 종근당이라는 종목에 외국인 지분율이 증가하고 있는 상태라고 가정했을 때, 이 종목이 최근에 주가가 하락하고 있으면 이것이 바로 역배열이다, 이거잖아요? 이때 외국인 평균 매입 단가를 미리 계산해두라…… 이거죠?"

태권도가 말했다.

"아하, 저도 알겠습니다. 만약, 종근당의 현재 주가가 3만 원인데 외국인 평균 매입 가격이 3만 3000원이면, 이게 역배열이다, 이 말씀이시죠?"

퇴직금여사가 이제야 알겠다는 듯 나섰다.

"그렇지, 이제 평균 매입 단가를 하회하게 되었으니까 서서히 매수를 강화하는 것이고…….”

깡통맨이 말을 덧붙였다.

"그렇습니다. 장세가 불안하거나 일시적인 수급 공백으로 주가가 떨어지더라도 외국인들은 그 종목을 버리기보다는 오히려 매수를 강화할 공산이 크다는 것이 제 경험입니다. 결론적으로, 외국인 주포들이 관리할 수밖에 없는 가격대에 온 종목, 즉 평균 매입 단가를 하회하는 그런 종목을 우리는 찾아야 하는 것이죠.”

"사부님, 만약 그런 역배열 종목을 찾았다고 가정했을 때, 매입 시점은 언제로 잡는 것이 좋을까요?”

시우가 물었다.

"좋은 질문입니다. 역배열 종목이라고 모두 베팅해서는 곤란합니다. 메이저들 대부분 손절 청산을 프로그램화해 뒀기 때문에 일정 폭 이상 많이 물린 종목은 오히려 위험할 수 있습니다. 이들이 자동 손절에 들어가게 되면 도리어 큰 폭으로 하락할 수도 있으니까요.”

"사부님, 그러면 자동 손절 폭은 대략 몇 % 정도로 프로그래밍되어 있나요?”

시우가 물었다.

"운용 펀드마다 각기 다르겠지만 통상 30%를 넘지는 않습니다.”

"그렇다면, 평균 매입 단가가 1만 원인 종목이 만약 7000원 밑으로 떨어지면 자동으로 매도 들어간다는 그런 얘기네요. 알겠습니다. 손절매 위험에 노출된 이런 종목은 미리 피하는 것이 상책이라는 말씀이네요. 사부님, 그렇다면 역배열 종목 중에서 어떤 종목을 대상으로 삼는 것이 안전할까요?"

시우가 진지하게 물었다.

"음, 그건 간단합니다. 역배열 종목들 중에서 최근까지 매수를 강화하는 종목만 선택하면 되니까요. 이런 종목은 결코 외국인 주포들이 버리지 않는 종목이 될 겁니다. 일시적 수급 공백도 그들의 매수 강화로 자연히 해결될 것이니까요."

주식사부가 잠시 시계를 보더니 마지막 인사말을 던졌다.

"아쉽지만, 오늘 강의는 여기서 마치겠습니다. 내일 마지막 시간인데 오늘 특별히 과제를 하나 드리겠습니다."

"……"

"과제요?"

모두들 과제라는 말에 바짝 긴장했는지 대답이 없다.

"네, 그렇습니다. 집에 가서서 오늘 배운 내용대로 역배열 종목을 한 종목씩 찾아서 오세요. 당장 내일 사도 좋겠다 싶은 그런 완벽한 종목을 말입니다."

"사부님, 그런 종목을 어떻게 찾죠?"

퇴직금여사가 걱정스럽다는 듯 말했다.

"사용하시는 증권 시스템에서 외국인 지분율을 차트에 설정하시면 됩니다. 그런 후 전 종목을 하나씩 검색하시면 역배열 형태를 띠는 종목이 나타나는데, 그것을 뽑으시면 됩니다. 이제 아셨죠? 길어야 1시간이면 충분할 겁니다. 자, 모두들 내일 뵙겠습니다. 오늘 수고 많으셨습니다."

짝짝짝.

짝짝짝.

"수고하셨습니다."

chapter **10**

마지막 날, '매매 타이밍을 잡아라'

Become a Genius in Stocks

"아니라니까요. 돈을 벌기 위해서는 매매 타이밍이 더 중요하다는 거죠. 아니, 생각해보세요. 가치주 매매도 좋고, 재료주 매매도 좋지만 언제 들어가느냐는 전혀 별개 아닌가요? 수익에 직접적인 영향을 미치는 것은 언제 사고, 언제 파느냐라는 거죠."

오늘은 강의 마지막 날. 평소보다 일찍 도착한 태권도가 깡통맨에게 한창 자신의 논리를 펴고 있었다.

"하하하, 고광식 씨 흥분할 거 없어요. 지금까지 배운 매매법들이 단순히 종목 발굴에 관한 교육이 아니라니까 자꾸 그런다. 모든 매매법 안에는 매매 타이밍도 포함되어 있어요. 아무튼, 막상 실전에 나가면 지금까지 배운 것들이 정말 필요하다는 걸 알게 돼요. 우린 그저 여기 파이프라인 아카데미에서 배운 대로 하면 되는 거고. 그렇지 않아요? 장무석 씨!"

깡통맨이 태권도를 진정시키며 마도로스에게 질문을 돌렸다.

"맞아요. 종목 발굴이 바로 최적의 매매 타이밍을 의미하기도 하죠. 가장 좋은 구간에 있는 종목을 발굴하는 거니까 매매 시점도 크게 다를 순 없다고 봅니다. 마침, 오늘 매매 타이밍에 대한 교육을 하니까 고광식 씨 의문들이 풀리겠죠."

마도로스가 대답하는 순간 주식사부와 양 조교가 나란히 들어왔다. 그런데 양 조교의 손에는 낚싯대와 몇 가지 낚시 소품들, 그리고 물이 가득 찬 수조통이 들려 있었다. 강의실에 어울리지 않는 특이한 물건들의 등장으로 잠시 술렁거렸다.

"양 조교님, 낚시 가십니까? 허허…… 고기 낚는 건 제 전문인데. 갑자기 이런 장비들을 보니 쌍끌이로 그냥 싹쓸이, 연안 바닥을 훑던 기억이 나네요."

마도로스가 즐거운 표정으로 양 조교가 들고 온 낚시 장비에 관심을 보였다.

낚시 이론

"오늘 마지막 교육은 낚시 이야기로 출발하겠습니다."
주식사부가 즐겁게 말했다.
"네, 좋습니다. 낚시 얘기 하니까 가슴이 다 뛰네."
마도로스가 흥분된 목소리로 말했다.
"옛날과 달리 요즘에는 민물 낚시할 곳이 많지 않습니다. 거의 대부분 양어장 같은 곳에서 유료로 낚시를 하고 있죠."

설명을 하면서 주식사부는 수조통 안에 찌와 바늘을 숙련된 솜

씨로 연결했다.

"맞아요. 그것도 자연산 붕어는 아예 넣지도 않아요. 전부 수입 붕어나 수입 잉어만 넣고 있으니, 예전 같은 맛이 없더라고."

깡통맨이 혀를 차듯 말했다.

"그럼 유료 낚시터에 갔다고 전제하고 설명을 드리겠습니다. 여기 A라는 낚시터에 붕어 양식장과 잉어 양식장이 나란히 붙어 있습니다. 여기에서 두 낚시꾼이 내기를 하는 장면입니다. 이 두 어종의 먹이 습성은 전혀 다릅니다. 그런데 한 사람은 그 사실을 알고 있고, 다른 한 사람은 전혀 모르고 있습니다."

"그러면 게임이 안 되지. 낚시도 완전히 과학이거든."

깡통맨이 말했다.

"그렇습니다. 두 어종의 먹이 습성은 전혀 다릅니다. 혹시 어떻게 다른지 아시는 분 계세요?"

"허허, 붕어는 잡식성이고 잉어는 채식성이지. 붕어는 지렁이며 떡밥이며 다 먹는 반면에 잉어는 지렁이 같은 것은 거의 안 먹죠."

깡통맨이 말했다.

"맞았습니다. 또 다른 차이를 아시는 분?"

"글쎄요······."

깡통맨이 더는 모르겠다는 듯 머리를 가로저었다.

"제가 말씀을 드리죠. 잉어의 주둥이에는 자바라라는 것이 있습니다. 붕어에는 없는 것이죠. 일종의 주름인데, 이것이 있어 잉어는 바닥을 기며 먹이를 먹을 수 있습니다."

"아니, 그러면 붕어는 바닥을 기며 먹이를 먹을 수 없나요?"

시우가 신기하다는 듯 물었다.

"네, 없습니다. 배 쪽이 바닥에 먼저 닿기 때문에 수평으로는 먹이 활동을 할 수가 없습니다."

"그러면요?"

마도로스가 물었다.

"붕어는 45도 각도로 바닥을 향해 비스듬하게 먹이를 먹습니다. 반면에 잉어는 바닥과 수평을 이루며 유영하다가 먹이가 있으면 주둥이의 위쪽 주름을 쫙 펴며 주둥이를 부채꼴 모양으로 만들어 먹습니다."

주식사부는 칠판에 붕어와 잉어의 그림을 그려가며 설명했다.

"햐아, 그래요? 첨 듣는 얘기네."

깡통맨이 감탄하며 말했다.

"먹이를 먹고 난 다음의 행동도 다릅니다. 붕어는 45도 각도에서 먹이를 먹은 후 이렇게 머리 쪽을 들어 몸을 수평으로 유지합니다."

주식사부는 그림을 그리며 설명을 하고, 양 조교는 수조통에서 바늘과 찌를 가리키며 실험을 해보였다.

"자, 방금 찌가 어떻게 움직였나요?"

양 조교가 바닥의 바늘을 붕어의 흡입 때처럼 위로 밀어올리자 수면에 잠겨 있던 찌가 수면 밖으로 쑥 올라왔다. 모두들 신기한 듯 "아!" 하며 작은 탄성을 터트렸다.

"네, 먹이를 위에서 흡입하고 몸을 올려서 수평을 맞추니까 찌가 위로 쭉 솟아오르네요."

마도로스가 수조통의 찌를 가리키며 말했다.

"네, 정확히 보셨습니다. 이것이 붕어의 입질입니다. 자, 그럼, 이번에는 잉어 입질을 보겠습니다. 잉어는 바닥에서 입만 구부려 먹는다고 했죠? 그러고는 이렇게, 이렇게 옆으로 몸을 틀어 달아납니다."

주식사부의 설명에 맞춰 양 조교가 수조통 안에 있는 바늘을 옆으로 끌었다. 그러자 찌가 수조통 속으로 잠겼.

"아하, 붕어 입질은 찌가 솟아오르더니 잉어 입질은 찌를 살짝 물고 들어가는구나."

"하하하, 그렇습니다. 낚시꾼이 되기 위해선 반드시 알아야 할 물고기들의 습성이죠. 여러분, 평소에 비슷한 어종이라 생각했던 두 어종의 입질 형태가 이렇듯 백팔십도 다르다는 사실이 정말 놀랍지 않습니까?"

"어쩐지, 내가 잉어를 못 잡더라니까. 내가 그래도 낚시는 좀 다녔는데도 이런 사실은 오늘 첨 알았어요. 저는 항상 찌가 위로 솟아오를 때만 입질이라 생각하고 챔질을 했거든요. 아무튼, 오늘 배운 것만 해도 낚시를 즐기는 저한텐 백만 불짜리 교육입니다. 하하하."

 "하하하, 도움이 되셨다니 다행입니다. 이렇듯, 잉어는 붕어와 달리 섬세한 입질을 읽어내지 못하면 잡기가 아주 힘든 어종입니다. 입안에 이물질이 들어오면 뱉는 속도도 빠르고요. 초보들한텐 잡기 어려운 어종에 속하죠. 자, 그럼, 앞서 두 낚시꾼이 내기를 하는 장면으로 되돌아가 보겠습니다. 한 낚시꾼은 이런 비밀을 알고 있고, 다른 낚시꾼은 박승리 씨처럼 찌가 솟아오르는 입질만 알고 있습니다. 그렇다면, 이런 비밀을 아는 한 사람은, 과연 두 양어장 중 어떤 양어장에서 내기를 걸었을까요?"

 "당연히 잉어 양어장이 되겠네요."

 마도로스가 말했다.

 "하하하, 그렇습니다. 붕어 입질만 알고 있는 낚시꾼들은 한두 마디 깜박깜박 물고 들어가는 잉어 입질을 결코 읽을 수 없을 겁니다. 붕어 낚시꾼이 게임에서 지는 것은 당연하고요. 실제로 이 얘긴 제가 제 처남과 낚시터에서 과거 10여 년 전에 있었던 실화입니다. 당시 제가 잉어와 향어를 20여 마리 잡는 동안에 제 처남은 세 마리밖에 잡지 못했습니다. 그것도 옆구리나 꼬리가 걸린 것이 아마 두 마린가 됐죠."

 "그렇겠네요, 게임 자체가 안 되겠어요."

 마도로스가 공감한다는 듯 머리를 끄덕였다.

 "그런데, 사부님! 낚시와 주식과 어떤 연관성이 있는가봐요?

이런 비유를 드시고, 실험까지 하시는 거 보니."

시우가 궁금한 듯 물었다.

"역시, 시우 씨는 예리하세요. 그렇습니다. 잘 알다시피 주식시장도 코스피와 코스닥 시장이라는 두 개의 시장으로 구분되어 있습니다. 게다가 코스피와 코스닥에 상장된 업종과 종목 그리고 기업 규모까지 서로 다릅니다. 그뿐 아니라 같은 코스피 종목이나 코스닥 종목이라 할지라도 업종에 따라서, 혹은 종목에 따라서 각기 다른 특성들이 엄연히 존재합니다."

"그 말씀은 업종이나 테마, 혹은 종목마다의 특성을 평소에 파악하고 있다가 거래를 각기 달리하라는 말씀이시네요."

시우가 말했다.

"바로 그겁니다. 여러분들은 어종에 따라 입질 유형이 전혀 다르고 거기에 따라 챔질 타이밍도 백팔십도 다르다는 것을 오늘 처음 알았을 겁니다. 이런 차이를 아는 사람과 모르는 사람의 성과는 분명 천양지차로 벌어지겠죠?"

"사부님, 오늘 공감 100%입니다. 낚시를 다니는 저부터가 이런 기본적인 상식도 없었으니."

"그렇습니다. 사실 이렇듯 감쪽같이 몰랐던 사실들이 우리 주위엔 엄연히 존재합니다. 저는 이런 점을 오늘 이 자리에서 알려드리고 싶었던 것이고요. 특히 증권시장에선 이런 정보의 차이는 바로 돈으로 직결됩니다. 최대한 다양한 종목 정보와 개별 종목의 변수 등 자신만이 아는 비밀을 많이많이 쌓아가기를 바랍니다."

"사부님! 제가 한 말씀 전해도 되겠습니까?"

수조통을 주섬주섬 치우던 양 조교가 중간에 끼어들었다. 주식 사부가 허락한다는 제스처를 취하자 양 조교가 칠판 앞에 섰다.

"제가 최근에 발견한 정보를 하나 말씀드리겠습니다. 좀 전에 배운 챔질 타이밍과 관련된 정봅니다. 여러분들 혹시 코스닥 종목 중에 다믈멀티미디어란 종목을 아세요?"

"압니다. 반도체 팹리스 기업 아닌가요?"

인천가치주가 말했다.

"네, 맞습니다. 주로 멀티미디어 반도체를 설계하는 회사죠. 한때 안철수테마로 급등했던 적도 있구요. 그런데 최근에 이 종목에 특이한 흐름이 포착되었습니다. 아주 특이한 현상이 말이죠."

여기까지 말을 마친 양 조교가 주위를 둘러보며 으쓱거렸다. 그러자 시우가 못 참겠다는 듯 나섰다.

"빨리 말씀하세요, 양 조교님!"

"흐흐, 저만 아는 비밀인데요. 알겠습니다. 시우 씨가 무서워서 얼른 말씀드리겠습니다. 이 종목에 모건스탠리라는 외국계 창구에서 장난을 치는데, 그 정도가 심하다 할 정도로 특이합니다. 매주 월요일, 정확히 15만 주를 삽니다. 그러고는 5% 정도 상승을 시킵니다. 그리고 목요일에는 메릴린치 창구에서 10만 주 가량 매물이 나오면서 꼭 몇 %씩 뺍니다. 벌써 3주째 같은 현상이 진행되고 있습니다."

"아하, 계좌로 주식을 옮기면서 물량을 터는갑네."

깡통맨이 연신 고개를 끄덕이며 말했다.

"양 조교님, 대단한 발견입니다."

태권도가 다믈멀티미디어를 다음주 월요일 매수할 요량인지 열심히 메모하며 말했다.

"어쨌든, 다른 사람들은 몰라도 최소한 우리들은 이 종목의 챔질 타이밍, 즉, 매수 타이밍을 안다는 사실입니다."

"던지는 타이밍도 알고요."

시우가 맞장구를 쳤다. 뭔가 느낌이 왔다.

"음, 다음주 월요일, 다믈멀티미디어라는 종목을 노리라는 말씀이시죠? 모건스탠리 창구에서 첫 매수가 들어오는 타이밍을 기다렸다가 말이죠. 그리고는 수요일 종가 무렵에 물량을 털고……. 양 조교님, 다른 비밀도 있음 말씀해주세요, 네?"

퇴직금여사가 귀를 쫑긋하며 말했다.

"호호호, 이런 비밀들은 모두 제 밑천인데……. 알겠습니다. 딱 하나만 더 말씀을 드리죠. 주목하세요. 이 정보는 정말정말 대박 정보니까요."

"자, 박수……."

짝짝짝.

태권도가 신난다는 듯 맹렬하게 박수를 쳤다. 덩달아서 퇴직금 여사까지 크게 박수를 쳤다.

"음, 코스피시장에 에이엔피란 종목이 있습니다. 인쇄회로기판 제조를 주력으로 하는 회사죠. 그런데 이 종목에 개장과 동시에 씨에스 창구에서 물량이 들어오는 날이 있습니다. 그러면 그날은 무조건 상한갑니다."

"네? 무조건 상한가요?"

퇴직금여사가 흥분했는지 목소리가 떨렸다. 모두들 종목명을 메모하느라 갑자기 부산해졌다.

"양 조교님! 씨에스 창구에서 대략 몇 주 정도 샀을 때 상한가로 들어가던가요?"

시우가 침착한 척 나지막하게 물었다.

"몇 주든 상관없습니다. 반드시 씨에스가 들어와야 날아갑니다. 지난 한 달간 에이엔피는 정확히 세 번의 상한가를 기록했습니다. 그런데 모두 씨에스가 들어왔을 땝니다. 정말 아이러니한 것은 씨에스가 산 평균 주식 수는 채 5000주도 안 된다는 사실입니다. 평균 거래량이 100만 주를 넘는 종목에 말입니다."

"1% 미만을 사서 상한가라…… 정말 이해가 안 되긴 안 되네."

깡통맨이 머리를 가로저으며 말했다.

"아마, 무슨 신호가 아닐까요? 모스부호 같은. 실제로는 다른 창구에서 여럿 들어오면서 그 신호를 씨에스를 통해 주는 것이죠."

시우가 추측해서 말했다.

"흐흐흐, 어떤 해석이든 모두 맞을 수도 있고 모두 틀릴 수도 있겠죠. 중요한 것은, 이런 식의 특이한 흐름을 자신만 포착해야 한다는 겁니다. 공개되어서는 안 되는 거죠. 그리고 거기에 맞게 매매 타이밍을 절묘하게 가져가야 할 것이고요. 앞서 사부님께서 설명하셨듯이 우리가 잘 모르는 비밀은 주변에 참 많습니다. 반면에, 이런 비밀들을 자신만이 아는 비밀로 만들고 그걸 전부 돈으로 직결시키는 것이 소위 고수들인 것이고요."

"양 조교님, 너무 감사하고요. 딱 한 종목만 더 말씀해주세요. 네?"

퇴직금여사가 간청하듯 상냥하게 말했다.

"이젠 정말 없습니다, 지 여사님. 더 이상 저한테 묻지 마시고, 오늘부터라도 부지런히 종목 검색을 하세요. 그리고 자신만의 종목 정보를 많이 쌓으시면 됩니다. 어설픈 뉴스나 루머를 쫓지 마시고 제가 말씀드린 것처럼, 눈에 보이고 100% 확인된 팩트만 공략하는 겁니다. 아셨죠?"

"네, 감사합니다. 나중에 개인적으로 찾는 요령은 꼭 말씀해주세요."

퇴직금여사가 결코 포기하지 않겠다는 듯 힘을 주어 말했다.

"흐흐흐, 시우 씨도 무섭고, 지 여사님도 무섭고. 여자들이 이렇게 무서워서 제가 어떻게 결혼할까 싶네요."

"호호호, 제 딸이라도 소개해드려요?"

퇴직금여사가 웃으며 말했다.

"말씀이라도 감사합니다. 저는 여기서 물러나겠습니다. 제가 사부님 시간을 너무 많이 빼앗았네요. 교육 잘 받으세요."

양 조교는 말을 마치고 다시 낚시 소품들을 챙겼다.

"양 조교, 수고했어. 자, 여러분들! 시간이 많이 됐네요. 잠시 휴식 시간을 갖겠습니다. 오늘 자신만의 고급 정보를 기꺼이 공개한 양 조교에게 큰 박수 한번 쳐주죠."

짝짝짝.

크게 움직이는 종목은 전조가 있다

"앞 시간에 붕어나 잉어들이 바늘을 뱉는다는 얘기를 했죠? 미끼를 물었다고 해서 고기를 잡았다고 생각하면 큰 오산입니다. 완벽한 챔질 타이밍이 아니면 붕어 얼굴도 보지 못할 테니까요."

"물고기들이 똑똑한가봐요? 바늘을 뱉을 정도면."

태권도가 말했다.

"그건 모르겠습니다, 하하. 아무튼, 먹이가 아니라는 판단이 들면 이물질을 뱉는 속도는 엄청나게 빠릅니다. 실제로 수족관의 비단잉어들을 관찰해보면 모래를 삼켰다가 뱉었다를 계속 반복하는 것을 보게 됩니다."

"맞아요. 제가 다니는 병원 입구에 대형 수족관이 있는데, 거기에 비단잉어가 있거든요. 그런데 보면 흡입과 뱉는 과정 사이가 불과 일이 초에 지나지 않을 정도로 빠르더라고요."

퇴직금여사가 말했다.

"붕어 낚시도 해보면 그래요. 많이 올리지도 않아. 딱 한 뼘 올리고는 말지. 수온이 낮은 봄가을엔 겨우 두세 마디 간신히 올리는데, 이때 못 채면 빈 바늘이야. 정말 빨리 뱉어요."

깡통맨이 손을 써가며 말했다.

"하하하, 모두들 타이밍에 대해서 공감하시니 참 다행입니다. 그렇습니다. 뱉기 전에 낚아 올리는 것이 바로 타이밍입니다. 적절한 챔질 타이밍에 과감하게 채는 것, 이것이 낚시에서 관건이듯이 주식투자 또한 마찬가집니다. 거래 타이밍에선 결코 망설임 없는 거래, 이것이 절대적으로 요구되는 것이 주식시장입니다."

"맞아요. 찌가 움직이기 전에 채거나, 이미 바늘을 뱉어버리고 난 다음 낚싯대를 채봐야 소용없거든. 그렇듯이 주가가 움직이기 전에 너무 일찍 들어가도 보초 서야 할 것이고, 너무 늦게 들어가도 전혀 얻는 것이 없을 거요. 헛챔질 해봐야 빈 바늘만 올라오지."

깡통맨이 뭔가 깨우친 듯 고개를 끄덕이며 말했다.

"박승리 씨가 적절한 표현으로 설명을 마무리해주셨네요. 그렇습니다. 찌가 서너 마디 올라갈 때 챔질 타이밍을 가져가듯이, 주가가 서서히 움직이기 시작한 시점이 바로 최상의 매수 타이밍입니다. 그때까지는 오로지 참고 기다려야 합니다. 이건 실전에서 매우 중요합니다. 약간의 가격 손실을 감수하더라도 움직임이 나타날 때까지는 결코 진입해서는 안 된다는 것, 이것이 매매 타이밍에서 가장 핵심이라는 겁니다."

"영화에도 그런 장면이 많이 나오죠. 적들이 새카맣게 몰려오는데 지휘관은 절대 총을 못 쏘게 합니다. 꼭 보면 적이 거의 코앞에 다다를 즈음에서야 사격 명령을 내리더라고요. 참고 또 참아서 적이 많이 움직일 때까지 버티는 거죠. 극한의 공포를 억누르면서 말입니다. 그렇게 기회를 보며 참고 참는 쪽이 결국 전투에서 이긴단 말이죠. 주식도 가만 보면 기회를 볼 줄 아는 사람이 이기는 게임인 거 같아요. 싸다 싶어서 미리 사놓고 기다리는 사람들, 그런 사람들은 대부분 잃고 말이죠."

마도로스가 매매 타이밍을 영화에 빗대 얘기하자 모두들 잠시 메모를 멈추고 공감하는 표정을 지었다.

"맞는 말씀이네요. 저도 지금껏 싸다고 미리 사놓고 그냥 들고 있었지, 움직이기 시작한 종목을 산 경우는 없는 거 같아요. 떨어지는 종목을 사면 왠지 싸게 샀다는 생각이 들어서 좋더라고요."

시우가 말했다.

"선취매 전략은 이제 한물갔어요. 그건 아예 시집도 안 간 처녀가 배부르길 기다리는 거와 같거든."

깡통맨이 주저없이 말했다. 그러자 퇴직금여사가 눈살을 찌푸렸다.

"네, 인정합니다. 사실 매수하려고 생각했던 종목이 조금만 올라가면 왜 그렇게 배가 아픈지, 지금껏 상승 중에 있는 종목은 단 한 번도 사보지 않은 거 같아요."

시우가 볼멘소리로 말했다.

"방금 좋은 의견 많이 나왔네요. 그렇습니다. 엔진도 가열된 상태에서 가속이 부드럽듯이 주가도 매수 에너지가 응집되면서 자연스럽게 상승을 시도하는 시점에 들어가야 탄력 있게 갑니다. 그런데 대부분의 투자자들은 싸게 사는 심리가 강해서 움직이기 전에 사는 것을 좋아합니다. 그러나 실전에서 경험해보면 최근에 20~30% 정도 오른 종목이 상승 탄력이 월등히 좋습니다."

"사부님, 20~30% 상승한 시점을 낚시에서 찌 두세 마디 정도 솟은 시점으로 간주해도 되나요?"

퇴직금여사가 물었다.

"그렇게 기억하시면 평생 잊지 않으시겠죠? 다만 주의할 점은 20~30% 상승이 천천히 진행되어야 한다는 겁니다. 최소한 10일 이상 계단식으로 진행된 것이 가장 좋습니다. 거래량도 서서히 증가하면서 말입니다. 단타 세력에 의해서, 혹은 단발성 재료에 의해서 속성으로 오른 종목은 피해야 합니다. 아셨죠?"

"허허, 원래 잔챙이들이 방정맞게 찌를 깐죽거리게 하는 법이지. 반면에 대물은 입질이 아주 점잖으면서도 부드러운 법이고. 대물일수록 찌를 아주 천천히 올려요. 밤새도록 대물 입질을 기다린 낚시꾼은 그 장면에서 심장이 딱 멎는 거요. 심장 터진다는 소리는 그래서 나온 거고. 아무튼 절대 대물은 한 번에 서너 마디 쭉 뽑지 않습니다. 그것이 진정한 대물 입질이죠."

깡통맨이 어깨를 으쓱하며 자랑하듯 말했다.

"하하하, 최고의 비유십니다. 대물일수록 예신이 먼저 오는 법이죠. 저는 매매 타이밍에 있어서도 이와 같은 예신을 찾습니다. 강한 상승에 앞서서 나타나는 전조 말입니다. 석유가 나오는 곳에서는 왕새우가 발견되듯이 크게 움직일 종목은 반드시 어떠한 징후가 있는 법이니까요."

"거친 파도의 전조는 강한 바람이고요."

마도로스가 지그시 눈을 감으며 말했다.

"낚시에서 전조는 바로 찌 서너 마디 상승이고 말이죠, 하하."

깡통맨이 말했다.

"사부님, 그러면 주식에서 대박 종목의 전조는 뭔가요?"

태권도가 당당하게 물었다.

"대박 종목의 전조라…… 하하, 욕심이 푹푹 배어 있는 질문이네요. 어쨌든 좋습니다. 말씀드리겠습니다. 전조는 대개 몇 가지 패턴으로 나타납니다. 그중에서 가장 중요한 것은……."

주식사부가 말을 하며 칠판에 크게 글씨를 썼다.

에너지 응집, 1차 상승 시도한 종목

"역시 앞서 얘기한 주가의 상승 흐름, 즉, 에너지 응집이 시작된 종목입니다. 어떤 식이든 주가에 충격이 있어서 한 번은 출렁거려야 하니까요."

"충격이 있어 한 번은 출렁거린 종목이 대물이 될 가능성이 크다 이 말씀이시죠?"

마도로스가 가볍게 웃으며 말했다.

"그렇습니다. 흡사, 앞으로 튀어나가려고 부르릉거리는 경기용 자동차 같은 모습, 그것이 에너집니다. 주가를 끌고 갈 강력한 에너지 말이죠. 저는 그런 패턴의 출현을 매우 좋아합니다."

'마치 앞으로 튀어나가려고 부르릉부르릉거리는 경기용 자동차 같은 모습?'

시우는 그 말뜻의 의미를 조금은 알 거 같았다. 1년 전 컴투스가 1만 원 아래에 머물 때, 딱 그런 느낌을 받은 적이 있었다. 기관들이 컴투스를 연일 매수하면서 거래량이 크게 늘던 시점이었다. 시우는 몇 번을 고민하다가 그 주의 추천주로는 더 안전해보이는 금융주를 내고 말았는데, 지금 컴투스는 불과 1년도 못 되어 네 배나 오른 상태였다. 그때 느낌이 딱 그랬다. 말로 설명할 수 없는 어떤 에너지들이 모아지는 느낌!

"이런 에너지들이 강화되면 주가는 자연스럽게 1차 상승으로 이어지게 됩니다. 이때 매물 공방을 극복하면서 상승하기 때문에 매물벽을 바닥에 깔면서 상승하게 됩니다. 아주 튼튼한 흐름이 진행되는 것이죠."

"결론적으로 매수 에너지가 응집되고 그 힘으로 대략 20~30% 정도 주가를 끌어올린 종목에서 매수 타이밍을 잡으라는 그런 말씀이시죠?"

퇴직금여사가 열심히 메모하며 물었다.

"빙고, 맞았습니다. 지 여사님, 생각보다 이해력이 빠르십니다. 하하하."

"사부님, 농담하지 마세요. 저야 이번 교육생 중에서 가장 미련하죠, 뭐. 그나저나 두 번째 징후는 무엇이죠?"

"음…… 모두들 메모하셨으면, 두 번째 전조에 대해서 알아보겠습니다."

주식사부는 다시 칠판에 글씨를 썼다.

거래량 점증 종목

"점증이라면…… 거래량이 서서히 늘어나는 것을 말하죠? 그렇다면 거래량 급증과는 개념이 많이 다르겠네요?"

마도로스가 물었다.

"네, 그렇습니다. 거래량 점증은 거래량 급증과 분명 다릅니다.

만약 단발성 재료가 뜨거나 단타 세력이 개입한 경우라면 어떻습니까? 거래량이 급증하는 형태로 나타나겠죠. 그러나 물량을 매집하는 세력, 제대로 된 세력이 개입한 경우라면 거래량이 서서히 늘어나는 형태가 될 겁니다. 물량을 확보하면서 움직일 테니까요. 이런 패턴은 거래량이 급증하는 종목에 비해 주포의 규모가 전혀 다르다는 사실, 반드시 기억하셔야 합니다."

"네, 잘 알겠습니다. 그렇다면 사부님! 거래량 점증이라면 그 기간이 어느 정도여야 한다든지, 거래량 점증 규모는 얼마인지 어떤 기준이 있어야 하지 않을까요?"

시우가 메모를 하며 물었다.

"하하, 역시 시우 씨 질문은 날카로우세요. 네, 맞습니다. 중요한 것은 바로 점증 기간이죠. 하루이틀 거래량이 늘었다고 해서 세력이 개입한 전조라고 보기는 어려울 테니까요. 음, 정확한 기준이 될 수는 없겠지만 개인적으로 일주일 이상 연속적으로 거래량이 늘면 세력 개입의 전조라고 봅니다."

"거래량 증가 규모는요?"

시우가 재차 물었다.

"글쎄요, 최근 평균 거래량의 100% 전후 정도라면 이상적일 거 같네요."

"거래량이 증가하기 전 평균 거래량이 50만 주였던 종목이라면, 최근 10일간 증가한 거래량의 평균이 100만 주 정도라면 이상적이란 말씀이시죠?"

노후대비가 오랜만에 말했다. 그는 메모하기에 여념이 없어 교육 기간 내내 질문이 거의 없었다.

"네, 그 정도면 아주 이상적이라 판단됩니다."

그후에도 주식사부는 이평선 코브라 머리, 연속한 양봉 밀집 패턴, 역배열상에 자전거래 등 여러 가지 급등 전조에 대해서 칠판에 그림을 그려가며 상세하게 설명을 했다. 열강이 아닐 수 없었다.

'매매 타이밍을 이렇게 과학적으로, 철저하게 확률에 입각해서 잡다니!'

주식사부의 설명이 이어질 때마다 시우는 절로 감탄을 터트렸다. 그의 존재감이 어떤지 새삼 느낀 폭발적인 강의였다.

휴식 시간이 되었다.

시우는 그간의 강의 내용을 자신이 증권사 지점에서 근무할 때와 잠시 비교해보았다. 기업에 대한 보고서를 쓸 때나 고객에게 종목 추천을 할 때나 증권사에서는 대개 기업의 경영지표, 실적, 전망 등을 판단의 기준으로 삼는다.

그러나 파이프라인에서의 교육은 차트 패턴, 메이저 수급 동향 등 모멘텀에 더 역점을 둔다. 증권사에서도 그런 부분을 간과하는 것은 아니지만 이곳만큼 강조하지는 않는다.

그리고 보면 증권사에서 분석한 리서치 자료가 실전에서는 잘 맞지 않을 때도 적지 않았다. 결국 수급을 면밀히 주시하지 못한 결과라고 할 수밖에 없다.

좋은 책이라고 다 베스트셀러에 들지 않듯 오르는 종목은 결국 따로 있다는 결론이 나온다.

시우는 회사 동료들에게는 말하지 않은 약간의 직접투자 종목을 가지고 있었다. 증권사의 영업부 직원은 직접투자를 않는 게 상례지만, 시우는 공부 삼아 약간의 종목 투자를 해왔다.

그런데, 그야말로 '공부 삼아' 하는 것 이상이지는 못했다. 잃은 것도 없지만 벌지도 못했다. 블루칩 위주로 종목을 구성하다보니 그냥 종합주가지수를 따라 오르내리는 정도였다.

증권아카데미에서 배운 내용과 비교하니 돈을 벌 수 있는 구조가 아니었다. 시우는 씁쓸한 미소와 함께 다음 강의를 기다렸다.

수익을 결정짓는 것은 매도 타이밍

휴식 시간은 끝이 나고 사부가 교육장에 다시 들어왔다.

"사부님, 저는 매도가 너무 약합니다. 사는 것은 그런 대로 되는데, 항상 파는 것이 서툴러 손실을 입고는 하네요. 무슨 좋은 방법 없을까요?"

강의가 시작되자 태권도가 기다렸다는 듯이 물었다.

"이 사람아, 돈 벌었으면 알아서 파는 거지. 추세 꺾이면 미련 없이 던지는 것이 최고야."

깡통맨이 설교하듯 말했다.

"말이 쉽죠. 어디 막상 실천하려면 그게 그런가요?"

태권도가 볼멘소리로 말했다.

"하하하, 맞는 말씀입니다. 흔히, 주식은 파는 예술이라는 말이 있습니다. 그만큼 수익의 결정적인 역할을 하는 것은 언제 파느냐에 달려 있죠. 실제로 주식 고수들은 일반인의 생각과 달리 종목 발굴의 귀재가 아닙니다. 그보다는 좋은 종목을 언제까지 끌고 가느냐, 그리고 어느 구간에서 과감하게 던지느냐를 정확히 읽어내는 매도의 귀재들이 대부분이죠."

"지당하신 말씀이에요. 저도 급등주 참 많이 잡았지만 단 한 번도 고점에서 판 적이 없어요. 항상 바닥에서 버티다버티다 할 수 없이 던진 경우가 대부분이니까요."

퇴직금여사가 한숨을 쉬며 말했다.

"매도만큼은 정확한 규칙이나 기준을 정하고 실행하는 것이 좋을 거 같군요. 사부님! 사부님께서는 어떤 기준에서 주로 매도하십니까?"

조용히 메모만 하고 있던 인천가치주가 오랜만에 대화에 끼어들었다.

"하하하, 저는 매도 기준이 단순해서 별 도움이 안 될 겁니다."

"그래도 상관없어요."

퇴직금여사가 말을 받았다.

"오히려 간단한 것이 좋은 거 아닌가요?"

인천가치주가 말했다.

"알겠습니다. 저는 오로지 수급 기준으로만 판단합니다. 다시 말해, 매수 에너지가 강할 때 들어갔다가 힘의 균형이 매도 에너지로 기울면 그때 팔고 나옵니다. 어때요, 너무 단순하죠?"

"힘의 균형이 무너지면 판다? 구체적으로 말씀해주실 수 있나요?"

시우가 물었다.

"힘의 균형이 매도 쪽으로 기울었다는 판단을 저는 몇 가지 기준을 정해놓고 적용하고 있습니다. 가장 먼저……."

주식사부가 칠판을 지우고 새롭게 글씨를 썼다.

수급의 핵, 외국인이 팔면 판다

"지금부터 말씀드리는 매도 기준은 어디까지나 개인적인 겁니다. 아셨죠? 어제 우리는 외국인 따라 하기를 배웠습니다. 수급에 따라 지수는 움직이고, 그 주체는 대개 외국인이 된다고 배웠습니다. 그들은 시장 방향의 큰 흐름을 좌지우지하는 큰손 중에서도 큰손들이니까요. 그런 거대 세력인 외국인이, 만약 특정 주식을 처분한다면 과연 어떻게 되겠습니까?"

"보나마나 급락할 겁니다. 항상 거래하는 금융주나 대형 전기전자 업종 빼고 말이죠."

마도로스가 말했다.

"바로 그겁니다. 수급의 핵심 세력인 외국인이 물량을 푸는 때가 매도 시점입니다. 소나기는 피하라고, 그들의 매도 공세를 굳이 몸으로 받을 필요는 없으니까요. 아무튼, 외국인들 물량 처분 시점을 매도 타이밍 첫 번째로 정해야 합니다."

"쉽네요. 어탐 장비와 조황 정보에 밝은 외국인 어선들이 출항하면 같이 출항했다가 입항하면 따라서 돌아오면 된다, 이 말씀이네요."

마도로스가 담담하게 말했다.

"네, 맞습니다. 장무석 씨 비유가 아주 적절합니다. 자, 그다음, 두 번째 매도 타이밍은……."

주식사부는 큼지막하게 글씨를 썼다.

3일 연속 하락하면 판다

"……뚜렷한 하락 추세에서 판다, 이 얘기입니다. 앞서 시세는 시세에 물으라고 했습니다. 시세는 꺾였는데 들고 있어봐야 손실만 키울 뿐이죠."

"그렇다면 하락 추세에 대한 정의나 기준을 정해야 하는 거 아닌가요?"

시우가 물었다.

"하하하, 시우 씨 때문에 쉽게 갈 수가 없네. 하하하."

"저희도 시우 씨 덕분에 공부 제대로 합니다. 시우 씨, 땡큐……."

태권도가 유쾌하게 말했다.

"알겠습니다. 기준을 잡도록 하죠. 음…… 일단 특정 종목이 3일 연속 하락하면 하락 추세라고 규정하는 것이 좋겠습니다. 이때, 3일 연속 하락은 종가 기준 하락입니다. 3일 연속 종가 기준 밑으로 주가가 떨어지면 쉽게 회복하기 어렵게 됩니다. 현 주가 위에 매물벽이 너무 두터울 테니까요. 세력들은 매물벽이 두터운 종목을 굳이 물량 부담을 안아가면서 올리지는 않습니다."

"아, 며칠 전 배운 매물벽 개념이네요."

퇴직금여사가 기억이 난 듯 나섰다.

"제가 옛날에 잠시 있던 자갈치 수산시장의 경매장에서도 이런 거래법을 많이 활용합니다. 수산물 도매업자들은 자신의 냉동창고에 보관하고 있던 수산물 시세가 3일 연속 떨어지면 3일째 가격에는 무조건 창고를 비워야 한다는 속설이 있습니다. 이는 분명 예상치 못한 어획으로 공급이 넘치거나, 혹은 중국 물량이 대량으로 하역되었거나 둘 중에 하나일 거니까요. 예를 들어, 3일 전 4000원이었던 것이 어제 3500원, 그리고 오늘 3000원에 거래되고 있다면 그들은 아깝지만 3일째 거래되는 3000원에 몽땅 정리하는 것이죠. 얼마까지 떨어질지 모르기 때문에 아깝지만 손실을 확정 짓는 것입니다. 많이 떨어지는 경우 한 달 만에 10분의 1토막까지 폭락하는 경우도 보았습니다. 아무튼 망설일수록 손실은 눈덩이처럼 불어나는 법입니다."

마도로스가 장황하게 설명했다.

"좋은 얘깁니다. 장무석 씨의 다양한 경험들이 이번 교육에 직간접적으로 많은 도움이 되네요. 하여튼, 쌀이든 석유든 혹은 장무석 씨가 얘기한 생선이든 반드시 상품 가격에는 추세가 형성되는 법입니다. 그 추세가 무너지면 신속하게 처분하는 것 또한 주식시장과 다를 바 없고요."

"사부님, 통상 3일 정도 하락하면 반등할 가능성이 높지 않나요?"

시우가 물었다.

"상승 추세에서 일시적 하락일 때만 반등 가능성이 있습니다. 상승 추세에서는 지지 매물벽이 현 주가 밑으로 깔리면서 쫓아오기 때문에 오히려 매수 급소가 될 가능성이 크니까요. 그럴 땐 시우 씨 말대로 반등할 가능성이 높기 때문에 일단 매도를 보류하는 것이 좋겠죠. 그러나 제가 여기서 말씀드리는 3일 연속 하락은 횡보 구간 혹은 하락구간에서의 하락을 말씀드리는 겁니다."

"아하, 비추세 구간이거나 하락 추세 말이죠?"

마도로스가 말했다.

"그렇습니다. 일시 조정이 아닌 완연한 하락 추세의 시작점에서 매도 타이밍을 가져가라는 말씀입니다. 아셨죠? 자, 그럼, 다른 매도 기준에 대해서 알아볼까요?"

주식사부는 '3일 연속 하락' 밑에다가 큼지막하게 글씨를 썼다.

갭 하락 가격을 회복하지 못하면 판다

"다음은 갭 하락입니다. 자신이 보유한 종목이 만약 갭 하락 출발해서 다음 날까지 그 갭 가격을 회복하지 못한 경우도 생각해 볼 수 있습니다."

"이건 좀 어렵네요. 갭 하락이 뭐죠?"

퇴직금여사가 물었다.

"갭 하락은 개장과 동시에 큰 폭으로 떨어져서 출발하는 것을 말합니다. 여기에는 전일 미국 증시의 결과가 반영되었을 수도 있고, 해당 종목의 악재가 반영되었을 수도 있습니다. 어쨌든 중요한 것은 이 종목에 갭이라는 강력한 저항선이 생겼다는 사실입니다."

"사부님, 그러면 갭 하락 폭의 기준은 얼마로 하는 것이 좋은가요?"

"글쎄요…… 대략 5% 이상 큰 폭으로 떨어져서 출발해야 갭 하락했다고 할 수 있겠죠. 이럴 경우 오늘, 내일, 이렇게 이틀 동안 이 갭 폭을 메워야 합니다. 그러지 못하면 미련 없이 파는 것이 좋습니다. 자칫 매물벽이 두터워져 나중에는 급락으로 이어질 수도 있으니까요."

"갭이 정말 무섭구나."

퇴직금여사가 독백처럼 말했다.

"아닙니다. 상승 갭은 반댑니다. 지지 매물벽을 개장과 동시에 깔고 앉은 매우 강한 종목이죠. 우리가 팔고 나와야 할 종목은 하락 갭입니다. 그런데 이틀 동안 갭을 메우지 못하는 종목도 위험하지만 그보다 더 신속히 팔아야 할 위험한 종목이 있습니다."

"네? 갭 폭을 메우지 못한 종목보다 더 위험한 종목이라뇨?"

태권도가 물었다.

"그건, 갭 하락하고 그날 더욱 떨어지는 종목입니다. 다시 말해, 갭 하락 당일 종가가 시초가보다 더 떨어지는 종목입니다. 흔히들 갭하락음봉이라고 표현하죠. 저는 이런 종목을 만나면 결코 미련 갖지 않습니다. 당일 무조건 팝니다."

"얼른 이해가 안 되네요."

퇴직금여사가 고개를 저으며 말했다.

"저는 조금 이해가 될 거 같아요. 만약 9시에 마이너스 5%에 출발한 종목이, 이후 갭 하락 폭을 좁히지 못하고 오히려 오후 장에 더 떨어지면, 예를 들어 마이너스 8% 정도 떨어져서 끝날 거 같으면 그때는 무조건 팔아라, 뭐, 그런 말씀이시죠?"

노후대비가 큰 소리로 말했다.

"그렇습니다. 단 하루 만에 큰 매물벽이 형성된 종목이니까요. 이런 종목은 대부분 큰 악재가 터졌거나 주포가 이탈하는 종목입니다."

주식사부가 말을 마치자 마도로스가 예의 수산물 경매 사례를 예로 얘기를 이어갔다.

"허허, 정말 똑같네. 수산물 경매장에서도 그렇거든요. 어제 3000원에 거래되던 생선이 오늘 가격이 뚝 떨어져서 2000원대에 계속 거래가 되고, 파장이 임박했는데도 시세가 회복될 기미가 전혀 없으면 유능한 도매업자들은 냉동창고에 있는 생선을 몽땅 처분해버리죠."

"그런데 주식시장에서 이런 사례가 자주 발생하나요?"

시우가 고개를 갸웃하며 물었다.

양 조교가 이전의 사례들이 담긴 차트를 교육생들에게 일일이 보여주며 이해를 시켰다.

시우가 생각한 것 이상으로 갭 하락을 회복하지 못하고 꺾이기 시작한 종목들이 많았다.

"자, 이제 매도 타이밍 마지막입니다."

주식사부가 칠판에 있는 모든 글씨를 지운 후 더욱 큼지막하게 글씨를 썼다.

20일 이동평균선이 무너지면 판다

"여러분들, 20일 이동평균선이 뭔지는 아시죠?"

"그럼요, 20일간 주가를 평균해서 선으로 만든 거 아닙니까."

태권도가 말했다.

"그렇지, 일봉 차트 보면 제일 강조되는 선이 대개 20일 이평선이지."

깡통맨이 거들었다.

"맞습니다. 차트상에서 20일 이평선은 흔히 생명선으로 통합니다. 가장 중요하다는 의미에서 누군가 붙인 이름입니다. 여러분, '주가는 20일 이동평균선을 기준으로 수렴 및 확장을 반복한다.' 혹시 이 말을 누가 했는지 아세요?"

"……혹시 사부님?"

"하하하, 저는 아닙니다. 저는 그렇게 쉬운 말을 좋아하지 않습니다."

"쉬운 말이라뇨?"

퇴직금여사가 눈을 크게 뜨며 말했다.

"하하하, 농담입니다. 쉽다니요. 제가 가장 중요하게 여기는 법칙인데요. 말씀드리겠습니다. 이 말을 한 사람은 바로 그랜빌이라는 사람입니다. 흔히 이 이론을 그랜빌의 법칙이라고 하죠."

"아하, 알겠다. 그랜빌은 사부님 책자에 나온 사람이네요. 그 책에서 사부님은 20일선에 붙으면 사고, 20일선에서 멀어지면 매도하라고 말씀을 하셨죠. 아닌가요?"

시우가 말했다.

"시우 씨, 정확하게 기억하고 계시네요. 매수는 모르겠습니다만, 매도만큼은 과거에나 지금이나 20일 이평선을 반드시 고수하게 합니다. 이건 절대 변하지 않습니다. 저한테는 가장 중요한 이평선이니까요. 시우 씨! 그런데 제가 20일 이평선을 이렇듯 매도 기준점으로 반드시 지키는 이유가 뭔지 아세요?"

"20일 이평선에는 지지력이 있으니까요. 지지력이 무너지면 당연히 던져야 하는 거 아닌가요?"

마도로스가 시우 대신 답했다.

"저도 같은 맥락인데요, 많은 사람들이 20일 이평선을 보고 거래하기 때문에 20일선은 신뢰도가 매우 높다고 생각합니다. 다수의 투자자가 하방경직성을 만들 것이니까요. 그런데 만약, 그 튼튼하다고 생각한 20일선이 무너지면 참여한 투자자들의 투자 심리는 극도로 얼어붙을 것으로 생각됩니다. 자칫 투매로 이어질 가능성도 높을 겁니다. 사부님께서도 그걸 경계하셔서 매도 기준점으로 삼지 않았나 생각합니다."

시우가 또박또박 발표하듯 말했다.

"역시, 시우 씨 대단합니다. 매우 논리적이어서 오히려 제가 배워야겠어요. 장무석 씨 의견도 그렇고요. 두 분 모두 정확하게 보셨습니다. 다만, 제가 20일 이평선을 매도 기준점으로 특히 주목하는 이유는 따로 있습니다. 그건 바로, 저와의 약속 때문입니다."

"네? 아니, 약속이라뇨?"

퇴직금여사가 도저히 이해 못하겠다는 표정으로 말했다.

"네, 저는 항상 이런 고민을 한답니다. 도대체 매도의 마지노선은 어딘가? 어딘가에서는 반드시 팔아야 하는데 그 시점이 과연 어디란 말인가! 해서 결심한 것이 최소한 20일 이평선은 지키자는 것입니다. 여기를 마지노선으로 삼고 이것이 무너지면 이유를 불문하고 던지자고 결심한 것이죠."

"아하, 매매의 기준점을 말씀하시는군요. 20일선 위에는 보유, 20일선 아래는 매도. 그 기준선이 바로 20일 이평선이다, 이 말씀이시죠?"

시우가 알겠다는 듯 고개를 끄덕이며 말했다.

"하하하. 하여튼, 이번에는 시우 씨 때문에 교육이 그냥 가는 거 같습니다. 그렇습니다. 20일 이평선이 수급이나 심리적으로 튼튼해서가 아니라 어딘가에는 팔아야 할 최종 마지노선이 있어야 한다는 개념이고, 그런 측면에서 20일선만 한 것이 없다는 겁니다."

"사부님, 정말 공감되는 논립니다. 저는 지금껏 이런 매도 기준점을 단 한 번도 가져본 적이 없습니다. 그냥 감으로 사고팔았으니까요."

시우가 크게 고개를 끄덕이며 말했다.

"저도요, 이번에 이것 하나만은 확실히 배운 거 같습니다."

태권도가 말했다. 그러자 깡통맨이 핀잔 주듯 말을 받았다.

"아니, 이것만 배웠다고? 나는 5일 동안 너무너무 많이 배웠는데……."

"하하, 승리 아저씨, 오해 마세요. 그런 뜻이 아니라 지금 배운 매도 기준점을 그만큼 확실히 배웠다, 뭐 그런 뜻에서 드린 말씀입니다."

"하하하. 놀라기는."

깡통맨이 손뼉을 치며 웃었다.

강의가 끝난 늦은 시간.

수강생 모두는 증권아카데미에서 멀지 않은 호프집에 모였다. 강의 마지막 날이라 자연스레 이루어진 쫑파티였다. 호프가 한잔씩 돌자 분위기는 더욱 고조되었다.

"저녁마다 강의받느라 수고 많았습니다. 5일 동안 함께 공부한 소감이 어떻습니까?"

주식사부가 주위를 둘러보며 먼저 대화를 이끌었다.

"전 한마디로 놀랐어요. 주식 매매에도 이렇게 체계적인 이론과 실행 규칙이 있다는 사실에…… 그동안 무심했던 데 대한 반성부터 하게 되네요."

마도로스가 대답했다.

"네, 그래서 가급적 많은 투자자들이 공통적으로 놓치고 있는 점을 중심으로 강의하려 했습니다. 그런 점만 개선해도 지금까지

와는 아마 다른 결과를 낼 수 있을 겁니다."

"전 그동안 기업과 관련한 경제 뉴스를 보면서도 그것이 어떤 재료가 되는지 등한시한 경우가 많았습니다. 그러다 보니 어떤 종목이 오르고 나서야 얼마 전의 뉴스가 생각나 뒤늦은 후회를 하곤 했죠."

태권도가 지난 실패가 생각난 듯 애석한 표정을 지으며 이야기했다.

"호호호. 테마나 재료를 제대로 보자면 뉴스의 크기로 판단하기보다 미래와의 연관성, 파급 효과를 예측해내는 능력이 중요하죠. 자꾸 그런 쪽으로 상상력을 발휘하는 훈련을 해야 합니다."

양 조교가 이해하겠다는 듯 동조의 말을 했다.

"전 주식사부님께 처음에 오해를 했어요. 가치주 투자보다는 수급 구조나 거래 타이밍을 더 중요하게 여긴다는 말씀에 저와는 잘 안 맞는 게 아닌가 했거든요. 그런 것은 대개 단기 매매를 하는 사람들의 주 관심사인데, 도대체 그런 방식으로 언제 큰 승부를 하나 하고요."

시우가 대뜸 작은 논쟁이 될 만한 말을 던졌다. 그 말에 모두 시우를 쳐다봤다.

"그래서요?"

주식사부가 빙그레 웃으며 물었다.

"그런데 이젠 조금 감이 오는 것 같아요. 가치주를 무한정 보유하면 언젠가는 이익을 주겠지만 그런 식의 투자는 기회의 손실이 너무 큰 것 같아 고민이었죠. 결국은 가치주든 재료주든 시장에서 관심이 쏠리는 타이밍, 즉 에너지가 응축되고 있는 종목을 사는 게 가장 효율적이리라는 생각을 했고요."

"좋은 발견입니다. 그리고 다음은요?"

"둘째는, 큰 승부도 결국 매도 타이밍과 같은 맥락인, 보유 기간의 조절에 있다는 사실입니다. 좋은 타이밍에 들어가고, 진행 또한 예측대로 움직인다면 좀 더 긴 호흡으로 끝까지 버틸 수 있도록 냉정함을 잃지 않아야겠다고 생각했습니다."

시우의 말이 끝나자 모두들 경탄의 표정으로 그녀를 보았다.

"호호호. 시우 씨가 드디어 뭔가를 발견한 것 같습니다."

양 조교가 가볍게 박수를 보냈다.

시우가 그런 양 조교를 보며 한마디를 더 했다.

"참, 양 조교님께 따지고 싶은 게 하나 있는데요."

"엥? 따지고 싶은 거라니요? 이거 갑자기 등골이 서늘해지는데."

"저 도와주시겠다 하고선 막상 행동은 왜 그렇게 못되게 대해요? 수업 중이든 휴식 시간이든 빈정대고 놀리고······."

시우의 추궁에 양 조교가 잠시 머뭇거렸다. 다른 사람들도 알겠다는 듯 양 조교를 쳐다봤다.

"그걸 꼭 말로 해야 하나······."

"시우 씨, 내가 말해봐도 될까요?"

대답하기를 어색해하는 양 조교를 대신해 퇴직금여사가 나섰다.

"네?"

"같은 여자이고 나이를 좀 더 먹은 내 경험에 비춰보면 양 조교가 시우 씨를 특별히 더 이끌어주려 한 것 같은데, 뭘."

"아니, 빈정대면서 이끌어요?"

"남자들이 여자를 대하는 방법 중엔 칭찬과 격려도 있지만 은근슬쩍 자존심을 건드리는 것도 흔하지. 그런데 앞의 것이 연애법이라면, 뒤의 것은 업무나 비지니스에 더 어울리는 전략인 것 같아. 양 조교님, 아니에요?"

양 조교가 머리를 긁적이며 대답했다.

"하하, 지 여사님, 과연 인생의 경륜이 느껴지네요. 사실은 시우 씨가 좀 더 담대해졌으면 좋겠다는 마음이 있었어요. 주식은 결국 돈을 움직이는 것이고, 냉철함을 잃으면 끝이거든요."

"정말 그래서였어요?"

시우가 양 조교를 보며 되물었다.

"불쾌했다면 용서하세요."

시우가 새침한 가운데 싫지 않은 표정으로 한마디를 톡 쏘았다.

"그런 뜻이었다면, 뭐. 덕분에 투지가 좀 올라간 것도 같고."

"허허허. 그럼 됐네요. 어휴, 나는 양 조교가 한 방 먹는 줄 알고 조마조마했어."

주식사부가 너털웃음을 터뜨리며 양 조교를 보았다.

"가만? 혹시 양 조교 눈에 시우 씨가 너무 예뻐 보여서 그런 거 아냐?"

마도로스가 짓궂은 농담을 했다.

양 조교가 정색을 하고 손사래를 쳤다.

"아, 왜 또 싸움을 붙이려 하세요? 겨우 모면하고 있는 중인데."

"하하하."

"자, 자, 수강을 마친 기념으로 내가 선물을 하나씩 드리지요."

주식사부가 좌중을 정돈하며 가방에서 무언가를 꺼냈다. CD 묶음이었다.

"이건 제가 방송에서 강의한 차트 분석법과 거래 철학을 압축한 겁니다. 강의를 복습한다 생각하시고 틈틈이 보시기 바랍니다. 차트만 보아도 세력들의 냄새를 느끼실 만큼."

말을 마친 주식사부는 CD첩을 하나씩 나눠주었다.

"고맙습니다. 이거 마지막까지 사부님의 은혜가 큽니다."

인천가치주가 특별히 감격해하며 선물을 받았다.

"자, 그럼 이제부터 제대로 한잔 해볼까요?"

양 조교의 제의에 모두들 호프잔을 높이 들었다.

chapter 11

홍대리, 실전에 나서다

Become a Genius in Stocks

 증권아카데미를 수료한 시우는 더이상 여의도에 가지 않게 되었다.
 그리고 처음 맞은 주말. 시우는 컴퓨터에 증권 매매 프로그램을 띄워놓고 아카데미에서 배운 내용을 토대로 종목 검색을 하고 있었다. 그때 석기에게서 연락이 왔다.
 "너희 동네야. 집 앞 공원에 있어."
 며칠 전 싸우고 헤어진 석기를 내심 걱정했던 시우는 서둘러 옷을 챙겨 입고 공원으로 갔다. 주말의 동네 공원은 아이들이 뛰노는 소리로 왁자했다. 시우는 아버지 일만 아니었으면, 아니, 엄마가 아프지만 않았다면 자신도 이미 결혼해 엄마가 될 꿈을 키우고 있을지도 모른다는 생각을 했다. 그런 마음이 들자 아이들이 갑자기 더 예뻐 보였다.
 저만치의 벤치에 석기가 앉아 있다가 시우를 보고 일어섰다. 시우는 겸연쩍은 인사를 건넸다.

"잘 지냈어?"

"응."

석기는 짧은 대답으로 시우를 맞고는 다시 벤치에 앉았다. 시우도 곁에 앉았다. 석기는 한참을 지나 입을 열었다.

"시우야, 내가 왜 널 멀리했다고 생각해?"

'말을 안 들으니 미웠겠지.'

시우는 입 속으로만 대답했다.

석기는 담담한 어조로 말을 이어갔다.

"언젠가부터 넌 일상의 모든 가치를 돈으로 규정짓더라. 그간의 일 다 기억해? 약혼을 연기하고 어느 날엔가 네가 했던 말. 가난하게 살 바엔 차라리 혼자 살겠다고. 물론 부모님 때문에 감정이 앞서서 한 얘기일 거야. 그런데 난 그 말이 결코 농담으로 들리지 않더라."

시우는 손에서 땀이 배어나왔다. 미처 생각지 못한 이유였다.

'내가 그랬단 말인가?'

"그리고 결정적인 것은 지난주에······."

"무슨?"

"내가 최근에 쓰고 있는 동화책."

시우는 대답 대신 고개를 끄덕였다.

"거기다 대고 언제까지 그런 영양가 없는 책이나 쓰고 있을 거냐고 하는데······. 마치 망치로 머리를 세게 얻어맞은 것 같았어.

정말 충격이었다."

석기의 말에 시우는 갑자기 가슴 저 아래가 서늘해지는 것 같았다.

그러고 보니 석기의 가슴에 못질하는 말을 한 게 그뿐이 아니었다. 애들이나 읽는 동화책, 그거 찍어봐야 얼마나 팔리겠냐고, 기왕 하려면 대박 소설을 쓰든지 자기계발서를 쓰든지, 좀 팔릴 수 있는 책을 쓰라며, 팔리지도 않을 책을 쓰는 것은 시간 낭비라는 말까지 했던 거 같다.

시우는 넋이 나간 사람처럼 힘없이 말했다.

"내가 왜 그랬을까?"

"네 말에 내가 느낀 절망과 고통을 넌 모를 거야. 그날 너랑 헤어져 집에 왔더니 어머니가 그러시더라. '내 자식이 오늘 왜 이렇게 낯설게 보이니?' 내가 거울을 봤는데 정말 낯선 사람이 거울 저편에서 괴물처럼 웃고 있더라고."

감정이 복받쳤는지 석기는 말을 끊고 공허하게 웃었다. 시우는 순간 목이 메었다.

'석기 씨, 그때 일…… 기억하지 말아요. 미안해. 더 못 듣겠어. 늦었지만 용서해줘.'

석기가 정색을 하고 물었다.

"너, 내가 정말 떠나기를 바라니?"

시우는 가슴이 너무 아파왔다. 이전과는 달리 석기가 정말 떠날

지도 모른다는 생각이 들었다. 그런 생각이 들자 시우는 왈칵 눈시울이 뜨거워졌다. 시우는 알고 있었다. 자신은 결코 석기와 그렇게 쉽게 헤어질 수 없는 사이란 것을.

"미안해. 내가 석기 씨한테 마구 지껄인 말, 내 본심 아니란 거 잘 알잖아. 우리가 어떻게 만났는데. 동화를 쓰는 석기 씨의 순수한 마음이 좋아서 사귄 거라고 내가 말했잖아. 난 달라진 거 하나도 없어."

정말 진심이었다. 석기는 시우의 얼굴을 물끄러미 보다가 입을 열었다.

"그럼 전문 투자가가 되겠다는 건 어쩔 건데?"

"석기 씨, 그건……."

시우는 그 부분에 대해선 할 말이 없었다.

"좋아. 나도 며칠 동안 많이 생각해봤어. 그래서 결심했는데……. 시우야, 널 이번에 한번 믿어보기로 했어. 대신, 기왕에 하려거든 정말 후회하지 않도록 최고가 되어보라고."

순간 시우의 눈이 반짝했다.

"석기 씨!"

"대식이가 그러더라. 애인이라면서 그까짓 소원 하나 못 들어주냐고. 가만히 생각해보니 그게 뭐 도둑질도 아닌데, 내가 그동안 지나쳤던 것 같아."

석기의 말에 시우는 감격에 벅찬 표정을 지었다.

"네가 아버지 문제를 해결 않고는 아무것도 할 수 없다는 걸 이해하기로 했어. 대신 어느 정도 이루었다고 생각되면 그때는 나 속상하게 하지 마라."

"고마워. 나 정말 잘해볼게. 그리고 석기 씨 말 명심할게."

시우는 자신을 이해해주는 석기가 너무 고마워 와락 그에게 안겼다. 그러고는 자신의 입술로 석기의 입술을 덮었다. 뺨에는 환희의 눈물이 타고 흘렀다. 주변에서 갑자기 왁자한 아이들 소리가 들렸다. 그러나 시우는 키스를 멈추지 않았다.

석기와의 사이에 더 이상의 오해는 없었다. 예전처럼 다정한 데이트도 이어졌다. 그렇다고 시우가 달콤한 연애에만 빠져 있었던 것은 아니다.

시우는 증권아카데미를 수료한 후 한 달여 동안 틈날 때마다 주식 차트를 뒤졌다. 거래량 증감 현황, 캔들 패턴, 메이저 수급 동향 등을 체크하며 강의와 상통하는 종목은 그때마다 관심 종목으로 저장하여 매일 그 변화를 살폈다.

그러기를 한 달여. 시우는 드디어 실전 투자에 나서보기로 했다. 지난날 회사 업무에 매여 형식적으로 관리하던 거래와는 투지부터가 사뭇 달랐다. 그러기 위해 무엇보다 먼저, 주변 여건 때문에 자신이 매입한 주식을 관리하지 못하는 상황은 없도록 하고 싶었다.

적어도 새로운 도전을 위해서는 첫 스타트가 중요하다고 생각됐다. 시간이 없어서, 혹은 안 되면 말지 따위의 변명조차 있을 수 없는 완벽한 시작을 하고 싶었다.

그러기 위해 시우는 잠시 회사를 휴직하기로 했다. 회사에 굳이 숨기지도 않았다.

"주식을 제대로 한번 공부해보고 싶어요. 마음 편하게 어떤 환경에도 구애받지 않고 한번 해볼 수 있도록 도와주세요."

시우의 말에 지점장인 크렘린은 뜻밖에도 흔쾌히 허락해주었다.

"휴직까지 할 필요가 있을까? 그래, 한 번쯤 그런 용기를 가져보는 것도 괜찮지."

크렘린은 하나 더 파격적인 도움을 주었다. 그것은 1000만 원이라는 큰돈을 조건 없이 빌려준 것이었다.

"홍 대리가 요새 무슨 공부를 하고 있었는지 큰물한테 들었어. 잘되면 은행 이자만큼만 더해서 돌려줘."

"잘 안 되면요?"

"잘 안 되면……? 아니, 시우 씬 무조건 잘할 거야. 난 믿어."

"왜 저한테 그런 배려를 하시는 거죠?"

"글쎄, 이 바닥에서 일하며 한 번쯤 제대로 트레이딩에 승부를 걸고 싶단 생각 하지 않은 사람 있을까? 그렇지만 나는 회사에 매여 현실에서는 그러지 못했어. 그냥 대리 만족이라도 해보고 싶다는 작은 소망으로 봐줘."

"고맙습니다. 반드시 기대에 어긋나지 않게, 최선을 다하겠습니다."

시우는 지점장이 빌려준 1000만 원에다 직장을 다니며 모은 돈 중에서 2600만 원을 더해 총 3600만 원을 투자금으로 확보했다. 며칠 고민한 끝에 투자 비중은 다섯 종목 정도를 골라 종목당 500만 원 정도씩 분산투자한 후 추이를 지켜보기로 방향을 정했다.

시우는 매입 시점으로 삼은 2012년 봄부터 그해 가을까지 주도 업종이 될 만한 업종을 살폈다.

그에 따라, 최근 국내 소비주들의 큰 관심인 중국의 고성장과 연관되는 화장품, 카지노, U헬스케어 업종을 일단 예상 주도주로 뽑았다. 또, 최근에 기관투자가들이 집중 매수하는 종목군 중에 컨텐츠기업이면서 글로벌 경쟁력을 확보하고 있는 모바일 게임주도 관심 1순위로 올렸다. 다만 중국과의 경쟁력이 더욱 심화될 것으로 전망되는 조선, 철강, 화학 업종들은 상대적으로 소외주로 진단했다.

이상이 2012년 초를 시점으로 시우가 판단한 증시의 큰 그림이었다.

그런 후 시우는 미리 그려본 밑그림과 상관되는 종목들의 차트를 살폈다. 단, 관리 종목, 이상 급등 종목, 투자 유의 종목 등 전망에 변수가 커 보이는 종목들은 제외했다. 차트 검색에서는 아카데미에서 교육받은 대로 20일선의 지지 여부와 거래량 점증, 양봉캔들의 밀집도 등 차트 기본 패턴과 더불어 최근 6개월간의 저항 매물대 분포도, 외국인과 기관의 물량 변화 등을 살폈다.

그렇게 해서, 시우는 매입 대상 종목으로 코스맥스(화장품), 파라다이스(카지노), 오스템임플란트(U헬스케어), 인포피아(U헬스케어), 컴투스(모바일게임), JCE(모바일게임), 씨티씨바이오(바이오) 이렇게 일곱 종목을 찾아냈다.

코스맥스

코스맥스는 한국콜마와 함께 국내 화장품 제조자개발생산(ODM)/주문자상표부착생산(OEM) 업계에서 1~2위를 다투는 업체로 대표적인 중국 소비관련주다. 특히 한류열풍과 소비자 취향이 고급화 되면서 코스맥스는 중국 시장에서 폭발적인 성장을 보여주었다. 특히, 코스맥스의 중국 현지 법인인 '코스맥스차이나'는 지난 3년간 50% 이상 급성장했다는 점에서 매력적으로 다가왔다.

주가는 2012년 1~2월 뚜렷한 움직임을 보여주지 못했다. 하지만, 3월 이후 코스맥스의 가치가 시장의 재평가를 받으며 외국인 매집이 계속됐고, 기관도 보유량을 늘리고 있었다. 이른바 쌍끌이 매집! 시우는 매입할 기회를 노렸다.

4월 초, 1만 8700원을 고점으로 주가가 일시 조정을 받으면서 주가는 20일선을 잠시 이탈했지만 주가는 더 이상 밀리지 않고 저점을 조금씩 높여갔다. 5월 초, 1만 8750원을 고점으로 주가가 일시 조정을 받으면서 20일선을 건드렸다. 시우는 보배 같은 조정 기간으로 판단했다. 그 근거는 외국인과 기관의 쌍끌이가 계속되었다는 사실이었으며, 그 때문인지 주가는 20일선을 건드렸지만 연속적으로 지지에 성공했다.

그러던 5월 11일, 5.2%의 강한 상승과 함께 거래량이 터져주기 시작했다. 가격은 2만 250원. 3월 초에 비하면 20% 가까이 가열된 상태. 1개월 안팎의 저점보다 20% 정도 가열된 위치가 매입하기에 좋은 시점이라고 사부님이 말씀하지 않았던가?

시우는 이제 매입 시기에 이르렀다고 판단해 5월 14일과 15일, 이틀에 걸쳐 평균 2만 500원에 600만 원어치를 편입했다.

파라다이스

무엇보다 업황이 좋아 보였다. 한국을 방문하는 중국 관광객이 2년 연속 30% 이상 증가하면서 중국 소비관련 종목인 파라다이스의 실적이 크게 향상될 것으로 기대되었다. 특히, 9월과 10월 중국의 국경절에 따른 중국VIP 방문객이 증가할 것으로 기대되었다.

차트는, 2012년 3월 외국인의 수급이 강하게 유입되면서 8000원대에서 9000원까지 상승했지만 3월 말 9070원을 고점으로 10여 일간 조정을 받는 모습을 보였다. 시우는 이 시기를 주목하다가 4월 16일, 강하게 골든 크로스를 내는 모습을 보고 때가 되었다고 판단했다.

주가는 2012년 초, 외국인과 기관의 매수세가 유입되었지만 8000원~9000원 사이에서 박스권을 형성하고 있었다. 2월 초, 9000원 대의 매물벽만 뚫는다면 저항매물도 없어 보였다. 그 단계까지 기다려볼까도 했으나 업황이 너무 좋아 선취매 하는 것이 더 유리할 것 같았다.

4월 16일, 골든 크로스 구간에서 8700원에 700만 원어치를 매입했다.

오스템임플란트

인구의 고령화와 소득향상, 건강에 대한 관심은 전 세계적으로 임플란트 치료에 대한 수요를 증대시켰다. 오스템임플란트는 대한민국에서 독보적인 1위를 기록하고 있으며, 아시아/태평양 1위, 세계 시장에서 6위의 임플란트 전문기업이라는 데 주목했다.

하지만, 2012년 1월 1만 4550원을 고점으로 주가는 3개월 가량 긴 조정국면을 겪어야만 했다. 4월 중순 드디어 메이저들의 수급이 유입되기 시작했다. 주가는 20일선을 빠르게 회복하며 저점을 조금씩 높여가고 있었다.

5월 중순, 매물벽이 두터운 1만 3000원대 부근에서 주가는 또다시 밀렸지만 메이저의 수급이 유입되며 주가는 20일선을 빠르게 재탈환했다. 눌림목 구간에서 빠르게 주가를 회복시키며 N자형으로 저점을 높이고 있었다. 이것이 바로 전형적인 계단식 상승 패턴이 아닌가! 시우는 20일선에 주가가 안착하는 시점을 노렸다.

그러던 5월 31일, 3.1% 상승과 함께 20일선에 안착하는 패턴을 보고 시우는 과감하게 베팅을 감행했다. 거래량도 전일 거래량의 2배 이상을 기록하며 추세 상승에 대한 기대감을 키워주고 있었다. 시우는 1만 3000원에 500만 원어치를 편입했다. 만족스러운 매수 타이밍이었다.

인포피아

인포피아의 편입은 시우에게 많은 고민을 안겨주었다. 전세계 당뇨병 환자가 빠르게 증가하면서 혈당측정기 및 바이오센서 시장은 연평균 14%의 높은 성장을 보이고 있었다. 인포피아는 혈당측정기 전문회사로 해외 점유율을 확대하며 양호한 실적을 거두고 있었다.

하지만, 2012년 1월 2만 4900원을 고점으로 주가는 장기적인 침체구간에 접어 들었다. 그래도 1월과 3월 외국인의 수급이 유입되면서 오랜 침체기를 탈출할 때가 되지 않았나 하는 기대로 인포피아를 유심히 관찰하기 시작했다.

인포피아의 주력 제품인 혈당측정기 및 바이오센서는 스스로 혈당 수치를 측정할 수 있어 의료기기임에도 불구하고 상당수의 일반 소비자들이 선호하고 있었다. 2010년 말, 전 세계적으로 2억 8천만 명의 당뇨환자가 2030년이 되면 4억 3천만 명에 달할 것이라고 추정되고 있어 인포피아의 향후 전망이 나쁘게 보이지만은 않았다.

  1월 한 달간 긴 조정을 보이던 주가는 2월 초 20일선을 회복하려는 움직임을 보여주었다. 2월 13일 거래량을 동반한 장대양봉이 20일선을 강하게 돌파했고, 다음 날 몸통이 짧은 음봉이 나타나면서 '양음양패턴'이 완성되자 시우는 매입을 결정했다. 시우는 2월 15일 인포피아를 2만 1300원에 3백만 원어치를 매입했다.

컴투스

  스마트폰 시장의 빠른 확대로 모바일게임 시장의 최대 수혜주로 컴투스가 부각되면서 큰 폭의 실적 개선이 예상되었다. 2012년 초 컴투스의 추세는 침체국면에 있었지만 삼성전자와 애플을 필두로 스마트폰 시장에 대한 확신이 있었기에 수급 개선이 본격화될 것이라 판단되었다.

  아니나 다를까, 3월부터 기관의 매수세가 꾸준히 유입되면서 주가는 20일선을 회복하며 저점을 빠르게 높여가기 시작했다. 게다가 컴투스의 2012년 스마트폰 게임 라인업은 전년대비 2배 이상 증가한 40여 개에 달할 것으로 전망되는 등 소셜네트워크게임(SNG)이 전체 신규 라인업의 50% 이상 비중을 차지하면서 스마트폰 시장 확대의 최대 수혜주로 손색이 없었다.

기관의 매수세에 반등을 보이던 주가는 3월 중순 또 다시 조정을 보이기 시작했다. 하지만, 4월 6일 기관이 대규모 매수에 나서며 주가는 20일선을 강하게 뚫어냈다. 엄청난 폭발력이었다. 거래량도 급작스럽게 최근 평균의 서너 배로 뛰면서 매입 시점이 임박했음을 알렸다.

시우는 이제는 들어갈 시점이 무르익었다고 판단해 같은 날 2만 500원에 300만 원어치를 매입했다. 두려움이나 긴장은 전혀 없었다.

JCE

2011년 말 '룰더스카이'가 게임 카테고리 유료매출 분야에서 1위를 지키면서 관심을 가지기 시작했다. 룰더스카이의 월 매출이 10억 원에 달하고, 프리스타일2 상용화에 따른 매출 기대감이 부각되고 있다는 점이 눈길을 끌었다.

JCE는 룰더스카이 외에도 프리스타일2, 프리스타일 풋볼의 중국 진출이 가시화되면서 경쟁사 대비 탄탄한 상승 모멘텀을 갖춰 나가기 시작했다. '프리스타일'이 이미 중국 등에서 크게 성공했다는 점은 향후 해외 로열티가 큰 폭으로 증가할 수 있음을 나타낸다.

하지만 JCE는 2012년 1월 시장의 주목을 받지 못하면서 한 달간의 긴 조정에 들어갔다. 메이저의 뚜렷한 수급이 포착되지 않았기 때문이다. 다행히도 2월 7일 장대양봉을 시작으로 주가는 빠르게 20일선을 회복하기 시작했다. 시우는 매수할 시점을 노리기 시작했다. 2월 23일 20일선 눌림목 구간에서 보기 좋게 반등에 성공하자 시우는 같은 날 3만 7000원에 500만 원어치를 매입했다.

씨티씨바이오

씨티씨바이오는 필름형 발기부전 치료제의 수출계약이 급증하며 시장의 주목을 받기 시작했다. 씨티씨바이오는 중동 11개국을 비롯해 터키, 이란, 대만 등 총 14개 국가와 필름형 발기부전치료제 '플리즈구강용해필름'의 수출계약을 체결했다. 지난해 말 인도, 올해 3월 인도네시아와 수출계약을 맺은 바 있어 총 16개 국에 수출하게 되었다.

매출의 80% 이상을 차지하는 동물의약품 및 사료첨가제에 집중되었던 수익구조도 향후 크게 바뀔 전망이었다. 발기부전치료제, 조루치료제 등 그동안 투자만 진행되었던 인체의약품 사업부문의 성장이 가시화되면서 2012년 1분기 사상 최대 분기실적을 달성했다.

반면 2011년 꾸준히 상승하던 주가는 2012년 1만원~1만 3000원 사이에서 지루한 횡보국면을 나타냈다. 그러다 6월 들어 씨티씨바이오의 성장성에 시장이 주목하기 시작했다. 6월 19일 드디어 거래량을 동반한 장대양봉이 출현하더니 주가는 5일선을 타며 상승 쪽으로 방향을 잡았다. 1만 3000원 대의 매물벽이 찜찜했으나 거래량의 점증과 이동평균선의 지지력을 믿어보기로 했다.

6월 27일 매물벽인 1만 3000원 대에 근접 후 주가가 밀리지 않자 시우는 매수를 결심했다. 시우는 같은 날 1만 2700원에 400만 원어치를 매입했다.

시우는 한 달여의 기간을 두고 3600만 원의 투자금 중 3300만 원을 주식 매입금으로 투자했다. 원금 대비로 볼 때 대단히 공격적인 투자였다. 그러나 무려 한 달여, 긴 시간 동안 전 종목의 차트를 수십 번씩 훑고 또 훑지 않았는가. 게다가 창구 분석, 가치 분석, 재료 분석까지 완벽하게 거쳐서 압축한 종목이었기에 스스로의 투자에 만족감과 함께 크게 자신감을 가졌다.

이제 남은 것은 추세를 지켜보며 매도 타이밍을 잡는 일뿐.

시우는 큰물과 증권아카데미에서의 배움을 토대로 원칙을 지키는 매매, 방향이 맞으면 큰 승부를 하리라 새롭게 다짐했다.

'자 이제부터 배짱 있게 버텨보는 거야. 20일선을 깨지 않는 한 끝까지 가져가는 거지. 나머진 시간이 해결할 것이고. 자, 이제 내게 필요한 건 휴식뿐!'

'크게 승부하라.'

큰물의 말이 귓전에 생생했다. 그러기 위해 찰나적인 매일의 주가 움직임에서 자유로워져야 했다. 그동안 몰입했던 주식시장에서 잠시 벗어나 있고 싶다는 마음이 간절할 때 양 조교에게서 연락이 왔다.

"한번 떠납시다!"

chapter **12**

잊지 말아야 할 드라이브 이론

"멀리 떠날 땐 여럿이 움직이는 것이 좋죠."

마도로스가 말을 꺼냈다. 아침 6시, 토요일 아침은 평화로웠다. 파이프라인 17기 멤버들은 토요일 당일치기 여행을 위해 이른 아침 여의도에 모였다. 아카데미 수료를 기념하는 여행이었다. 목적지는 경북 예천에 있는 회룡포 마을. 육지 속의 작은 섬이라는 회룡포 탐방은 예천이 고향인 양 조교의 제안으로 이루어졌다. 여행에 동원된 차량은 모두 세 대. 인원은 주식사부까지 포함해서 총 아홉 명이었다. 출발에 앞서 목적지까지 개별적으로 움직이느냐, 함께 움직이느냐를 놓고 잠시 의견이 분분했다.

"단양에 들렀다가 회룡포까지 가려면 무척 먼 길이 될 겁니다. 아프리카 속담에 빨리 가려면 혼자 움직이고, 멀리 가려면 함께 움직이라는 말이 있어요. 같이 움직입시다."

마치 현자 같은 마도로스의 말투다. 거친 뱃사람 출신답지 않게 그는 곧잘 철학적인 말을 했다.

"동감이에요. 같이 붙어서 가는 것이 좋을 것 같네요. 제가 장거리 운전 경험이 없다고 미리 말씀드렸죠? 양 조교님이 우겨서 제 차를 몰고 왔지만 솔직히 운전도 서툴고 길눈도 어두운 편이에요. 그냥 앞의 분들 꽁무니만 따라갈래요."

시우가 마도로스의 의견에 동조했다. 모두들 고개를 끄덕였다. 주식사부는 이번 여행 일정에 대해서는 전혀 관여하지 않겠다는 듯 묵묵히 듣고만 있었다.

"좋아요, 같이 움직이는 것으로 결정을 본 것 같은데, 그럼 제가 선봉에 서겠습니다."

양 조교가 말했다. 젊은 나이에 어울리지 않는 검은색 대형 세단이었다.

"제 차에 세 분 타시면 되죠? 얼른 타세요."

동원된 차 중에선 양 조교의 차가 최고급이었다. 모두들 서로 타겠다는 제스처를 취했다. 즐겁게 승강이를 벌이다가 모임의 최고 연장자인 깡통맨과 태권도가 자리를 차지했다.

"홍시우 씨가 마지막에 선다고 했으니 제가 두 번째 차네요. 그럼, 제 차엔 누가 타실래요? 일단 사부님께서 먼저 타시죠?"

마도로스가 주식사부를 보며 자신의 푸른색 SUV 차 문을 열었다. 주식사부가 마도로스의 바로 옆 조수석에 올랐다. 주식사부의 자리가 결정 나자 나머지 일행들은 각자 편한 대로 차에 탔다. 시우의 빨간색 소형차에는 퇴직금여사, 그리고 노후대비가 탔다.

마도로스의 파란색 SUV에는 주식사부와 인천가치주가 자리를 잡았다. 평소 얘기 잘하고, 파이프라인 회원 중에서 주식 내공이 강한 사람 위주로 마도로스 차가 채워지자 시우는 은근히 속이 상했다.

"무석이 아저씨! 부러워요. 이번 여행 갔다 오시면 주식 내공 무지 쌓이시겠다."

"시우 씨, 너무 샘낸다. 하하하."

이때 양 조교가 그만 출발하자는 듯 시동을 걸며 "출발!"을 외쳤다.

마도로스가 뒤를 이었다.

"네, 저도 출발!"

각기 다른 색깔의 차량 세 대가 활기차게 출발했다. 낯설고 먼 길을 차량 세 대가 함께 움직인다는 것이 장거리 운전 경험이 부족한 시우에게 큰 두려움이기도 했지만, 어쨌든 출발은 유쾌하고 순조로웠다. 시간은 벌써 6시 30분을 훌쩍 넘겼다. 이른 아침의 연약한 햇살은 여행을 하기에는 딱 적당했다.

"이런 시간에 여행 간 적이 언제였던가 싶네요. 막 흥분되고 그러네."

퇴직금여사의 들뜬 목소리였다. 시우는 하늘을 봤다. 하늘은 구름 한 점 없이 맑았으며 가로수에 달린 연둣빛 아기 잎사귀들은 물이 올라 무척 싱싱했다.

그들의 1차 목적지는 풍류가 빼어나고 아름다운 산수경관으로 유명한 충청북도 단양팔경이었다. 그곳을 통과해서 최종 목적지인 예천 회룡포 마을에 도착할 예정이었다. 정체 구간인 영동고속도로에서 다소 시간이 지체되었지만 북단양 IC를 벗어날 즈음에는 예정 시간 2시간을 조금 넘긴 8시 50분경이어서 큰 걱정은 없었다.

'지금까지 진행 속도는 완벽할 정도로 좋다. 이런 페이스라면 회룡포에 11시쯤 도착해 식사를 한 후 관광을 충분히 하고도 오늘 중으로 서울로 귀환할 수 있겠어. 단양팔경은 차로 통과하면서 경관만 감상할 계획이니까 목적지인 회룡포 마을의 도착 시간은 예정대로 11시경이면 충분할 거야.'

이런 생각이 들자 시우는 자신으로 인해 전체 여행 일정에 차질을 주지 않은 것이 참 다행이라고 여겨졌다. 얼마를 갔을까? 이런저런 생각에 젖어 방심하는 사이, 앞선 일행의 차량이 보이지 않았다. 뭔가 잘못되고 있다는 생각에 시우는 갑자기 속도를 올렸다.

"왜 그래요?"

졸고 있는 줄 알았던 노후대비가 걱정스러운 말투로 물었다.

"북단양 톨게이트는 같이 빠져나왔는데, 이상하게 앞선 분들의 차가 보이지 않아서요."

시우는 긴장했는지 목소리가 떨렸다.

"제가 전화를 해보죠. 혹시 전화번호 아시는 분 있어요?"

"저는 모르는데……."

"몰라요? 큰일 났네, 나도 모르는데……."

시우는 그제야 자신을 포함한 같은 차 일행이 다른 차 사람들의 전화번호를 전혀 모르고 있었다는 사실을 알았다. 시우는 자신의 무계획성에 화가 났고 나중에는 크게 후회가 됐다. 도대체 언제쯤 앞차와의 간격을 좁힐 수 있을까?

이런 낯선 곳에서의 불안감은 정말 싫었다. 게다가 자신보다 훨씬 느린 속도의 화물차가 도로 전체 속도를 잡아먹고 있었다. 몇 번의 커브 길에서 많은 시간을 뺏아먹더니 이제는 뻥 뚫린 직선 구간에 진입했는데도 화물차의 속도는 60km를 넘지 못했다. 시우는 초조했다. 몇 번 추월을 해볼까도 했지만 자신의 실력으로 이런 좁은 국도에서의 추월은 불가능할 듯했다. 나중에는 답답함을 넘어서 공포가 밀려왔다.

'이러다가 낯선 곳에서 길이라도 잃어버리는 것은 아닐까?'

벌써 20분 이상을 달렸는데도 일행들의 차는 보이지 않았다. 도로 옆으로 단양팔경 중 몇 개의 푯말이 지나갔지만 멈출 수가 없었다. 일행들의 차량과 떨어진 지 거의 40분 이상 지났을 즈음, 시우의 휴대폰이 울렸다. 양 조교였다.

"아니, 시우 씨! 어디세요?"

"양 조교님? 도대체 어디까지 가신 거예요?"

시우는 바짝 긴장한 상태에서 막상 양 조교와 통화가 되자 짜증 섞인 소리를 질렀다. 거의 울 듯이 목소리가 떨렸다.

"정말로 운전이 서툴긴 서툰가 보네. 쉽게 따라오라고 천천히 몰았는데도, 아, 그걸 못 쫓아와요?"

"열 받게 하지 마세요, 양 조교님! 지금 기분 별로니까요."

"흐흐, 농담입니다. 여행 나와서까지 까칠하시긴……. 우린 당연히 뒤에 있을 줄 알고 도담삼봉 쪽으로 곧장 왔죠. 뒤에 장무석 씨 차도 있기에 잘 따라오겠거니 했지. 그건 그렇고, 지금 혹시 주위에 도로표지판 없어요?"

"도로표지판? 없어요. 좀 전에 큰 다리는 지나왔는데. 아, 잠깐만요. 영주 풍기 방향이라는 푯말이 저 앞에 보이네요."

"가만…… 단양팔경으로 빠지셔야 하는데 죽령고개 쪽으로 곧장 가신 거 같네. 거긴 방향이 정반댄데……. 일단 시간이 많이 지체되었으니까 단양팔경은 오면서 들르든지 하고 거기서 기다리세요. 우리가 그쪽으로 찾아갈 테니. 어쨌거나 시우 씨 때문에 단양팔경 구경은 포기하고 그쪽으로 간다는 거 잊지 마세요."

양 조교는 아무렇지 않게 빈정댔다. 시우는 욱하고 치밀어 올랐지만 참았다.

시우는 시계를 보았다. 9시 45분을 막 넘어서고 있었다. 시우는 결국 자신 때문에 일정에 차질을 줬다는 생각에 더욱 표정이 굳어졌다.

10시가 조금 넘어서야 일행들이 도착했다. 무사히 재회했다는 안도감에 모두들 손뼉을 치며 웃었다.

"시우 씨, 고생했죠? 아마도 이번 여행, 한동안 잊지 못하실 것 같네요."

마도로스가 안도의 목소리로 말을 뱉었다.

"한동안이 뭐예요? 평생 잊지 못할 거 같은데."

농담으로 긴장은 풀렸지만 시우는 지친 기색이 역력했다. 그럼에도 운전은 자기가 하겠다고 고집을 부렸다.

"좋습니다. 잠시 의논을 좀 하죠. 지금 시각이 10시 20분입니다. 예정 시각을 1시간 정도 넘겼습니다. 그렇다면 예정대로 죽령고개를 넘어 목적지에 도착하기 위해서 이제 어떤 식이든 변화를 줘야 할 시점인 것 같습니다."

출발부터 지금껏 침묵으로 일관하던 주식사부가 처음으로 입을 뗐다.

"죽령고개가 좋기는 좋은가봐요?"

인천가치주가 이마의 땀을 닦으며 물었다.

"좋다기보다는 영남의 선비가 청운의 꿈을 안고 한양을 넘나들던 그런 전설이 담긴 고개죠. 영동의 추풍령과 함께 영남에서 서울로 나들이하는 3대 관문 중의 하나였으니까요. 추풍령과 비교해 500m는 더 높을 만큼 산세가 험해서 좋은 구경은 될 겁니다."

양 조교가 우쭐거리며 말했다.

"오르막길 30리, 내리막길 30리의 죽령고개. 한 10년 전에 몇 번 넘었는데 정말 산세가 엄청났던 기억이 납니다. 지금의 고속도로가 뚫리기 한참 전에 말입니다."

마도로스가 말했다.

"그거 멋있겠는데? 꼭 한번 넘어보고 싶구먼."

깡통맨이 생수로 목을 축이며 말했다.

"그건 그렇고, 사부님! 좀 전에 말씀하신 변화라면……?"

노후대비가 궁금하다는 듯 주식사부를 바라봤다.

"네, 지금까지의 차량 순서에서 약간의 변화를 주자는 겁니다. 행선지 변경 없이 목적지에 도착하기 위해서는 약간의 변화를 줘야 할 시점이 아닌가 해서요."

주식사부가 조심스럽게 주변 사람들을 돌아보며 말했다.

"차량 순서를 조정한다고 해서 과연 시간 단축이 가능할까요?"

차에 기대고 있던 태권도가 말을 받았다.

"가능할 것 같습니다. 아직 운전에 서툰 시우 씨 차를 맨 앞으로 돌리면."

양 조교가 히죽거리며 말했다.

"시우 씨 차를 앞장세운다? 음…… 그게 좋겠소."

깡통맨이 호탕하게 말했다.

"오케이, 그러면 일단 시우 씨가 맨 앞에 가고, 그다음은 제가, 맨 뒤에는 장무석 씨가 따라오는 식으로 한번 변화를 줘보죠. 휴대폰에 서로 번호 찍어두시고요."

양 조교가 빠르게 말을 던지고는 자신의 휴대폰을 꺼냈다. 모두의 번호를 꼼꼼하게 저장했다. 양 조교의 결정에 나머지 사람들도 일사불란하게 움직였다.

서로의 전화번호 저장을 마치자 시우가 먼저 시동을 걸었다.

"시우 씨, 운전 괜찮겠어요?"

마도로스가 걱정스럽게 말했다.

"네, 이제 괜찮아요. 여기까지 무사히 왔는데요, 뭐."

"시우 씨, 이번엔 정신 바짝 차려야 할 겁니다. 초보 운전자가 넘기에는 산세가 정말 험하니까."

양 조교가 조롱하듯 말했다. 시우는 못 들은 척 무시했다.

시우의 빨간색 차가 출발하자 나머지 차량은 그 뒤를 따랐다. 이번 여행만큼은 예정대로 차질 없이 하고 싶었는데……. 시우는 지금부터라도 최선을 다해 최종 목적지 도착만큼은 예정대로 마치고 싶었다. 자신의 꼬인 인생이 이번 여행으로 깔끔하게 해소되고, 앞으로는 모든 일이 잘 풀렸으면 하는 희망을 품었던 시우였다.

'이제부터 어떤 경우라도 일행을 놓치지 않을 거야.'

시우는 운전 내내 같은 일행들의 차가 신경 쓰여 자꾸 백미러를 보았다. 다행스럽게도 뒤에 따라오는 일행들은 자신과 결코 떨어지지 않았다. 특히 양 조교의 차는 거의 20~30m 이내로 가깝게

붙어서 쫓아왔다. 그들의 운전 솜씨는 자신에 비해 확실히 노련했다. 역시 차 순서를 바꾸길 잘했다 싶었다.

그런데 문제는 시우한테서 발생했다. 자신이 맨 앞에 서자 이제는 마주 오는 차들이 무서웠다. 좁은 국도에서 차들이 마주 오자 도저히 속도를 올릴 자신이 없었다. 불과 몇 분 만에, 자신의 뒤로는 차량의 긴 행렬이 이어졌다. 심적으로 엄청난 압박이 왔다.

'큰일이다. 차라리 선두를 다른 차에 양보하는 것이 좋겠어. 이러다가 예정 시간을 더욱 넘기겠다.'

시우는 생각이 정리되자 양 조교를 휴대폰으로 불렀다.

"양 조교님!"

"네, 말씀하세요."

"제가 차라리 중앙에 서는 것이 좋겠어요."

"네? 또 왜 그러는데요? 웬만하면 그냥 가시지."

"그럴 만하니 그러죠. 아무튼, 앞장서니까 부담이 돼서 도저히 속도를 내지 못하겠어요. 그냥 뒤에서 따라갈 때는 몰랐는데, 막상 맨 앞에서 끌고 가려니 부담이 되네요. 솔직히 무섭기도 하고."

"……알았어요."

전화가 끊기자 곧바로 양 조교의 차가 중앙선을 넘어 자신을 추월했다. 불과 1시간 전에 자신은 화물차 한 대를 추월 못해 쩔쩔매지 않았던가. 그런데 양 조교는 간단하게 자신을 추월하고는 앞장을 섰다. 갑자기 시우는 양 조교의 이런 과감한 기세가 너무 부러웠다.

그에 대한 경외감도 잠시. 자신과 앞 차와의 간격이 벌어지자 시우는 맹렬히 양 조교를 쫓았다. 자신의 앞에 양 조교의 차가 선두를 서자 좀 전에 느꼈던 두려움이 온데간데없이 사라졌다. 속도를 한층 올렸다. 묘한 스릴과 쾌감이 동반됐다.

'드라이브의 매력이 바로 이런 것인가?'

잠시 속도감에 젖어 있다가 백미러를 본 시우는 깜짝 놀랐다. 자신으로 인해 생겼던 긴 차량 행렬이 순식간에 사라진 것이었다. 불과 몇 분 만에 도로 정체는 완전히 풀렸고, 모든 차량들의 속도가 한층 빨라져 있었다. 참으로 신기했다.

'차량 순서만 바꿨을 뿐인데, 이렇게 쉽게 정체가 풀리다니!'

시우는 일찍이 경험하지 못했던 짜릿함을 느꼈다.

그렇게 얼마를 갔을까? 오르막길 30리, 내리막길 30리라는 소백산의 거친 오르막이 시작됐다. 시원스럽게 쭉 내달리다 갑자기 막아선 커브 길, 시우는 난생 처음 겪는 거친 커브 길에 적잖이 당황했다. 속도를 감속하지 않고 접어든 커브 길, 그 시작부터 핸들 조작이 전혀 되지 않았다. 간신히 속도 제어에 성공했지만 주행선을 따라가는 것이 결코 만만치 않았다.

산속으로 들어가면 갈수록 경사는 가팔라졌고, 커브 각도는 더욱 심해졌다. 시우는 바짝 긴장한 상태에서 혼신의 힘을 다해 이

리저리 핸들 꺾기를 반복했다. 핸들 조절도 쉽지 않은 상태에서 계속적으로 감속 페달과 가속페달을 번갈아 밟으면서 속도를 조절하려니 정말 죽을 맛이었다. 선도 차인 양 조교의 차는 시우가 멈칫거릴 때마다 속도를 늦추어주는 듯하더니 포기했는지 차츰 거리가 생겼다.

"조심하세요!"

주행선을 살짝살짝 이탈할 때마다 퇴직금여사 입에서는 연신 걱정의 말이 터져 나왔다.

"시우 씨, 운전대 넘기실래요?"

파이프라인 멤버 중에서 가장 과묵한 노후대비가 도저히 안 되겠다는 표정으로 나섰다. 시우는 몇 번이나 중앙선을 넘나들었고, 가드레일을 아슬아슬하게 스치기를 반복했다. 그러나 운전에 쩔쩔매면서도 시우는 운전대를 놓지 않겠다고 손을 저었다. 일행들한테 뭔가를 보여줘야 했다. 특히 빈정대는 양 조교 얼굴을 떠올리면 그에게 놀림당할 자신이 없었다.

"이제 조금씩 커브 길이 적응되기 시작했어요. 지금부터는 괜찮을 거예요."

말은 그렇게 했지만 시우의 이마에는 송글송글 땀이 맺혔다. 살짝 백미러를 보니 직선 도로에서처럼 뒤로 차량 행렬이 다시 빽빽해져 있었다. 시우는 본능적으로 속도를 높였다. 앞장을 섰던 양 조교의 차는 이제 아예 보이지도 않았다. 시우는 초조했다. 직선

도로에서 느꼈던 불안감이 다시금 머리를 들었다. 커브 길은 갈수록 험해지는 데다가 차량들은 줄지어 쫓아오고 있었다. 그럴수록 정신적 압박도 커져갔다.

정말 진퇴양난이었다. 그때 시우 앞에 큰 화물차가 불쑥 나타났다. 화물차는 불과 20~30미터 앞에서 커브 길을 급히 돌아 나오던 중이었다. 초조한 마음에 자신도 모르게 가속페달을 밟고 있던 시우는 놀라서 급히 브레이크를 밟았다. 그러나 거대한 화물차는 제동할 틈도 없이 순식간에 눈앞으로 다가왔다.

"앗!"

핸들이 좌측으로 꺾인 상태에서 급히 브레이크 페달을 밟자, 시우의 차 후면이 급격하게 우측으로 쏠렸다. 손쓸 틈도 없이 시우가 몰던 차는 오른쪽 가드레일을 '쿵' 하고 둔탁하게 받았다. 순간 하늘이 노래졌다. 뒤에서는 끽끽거리는 브레이크 파열음이 귀를 때렸다. 다행히 다친 데는 없었고 의식도 멀쩡했지만 시우는 심장이 쿵쾅거려 꼼짝할 수 없었다. 바짝 뒤따르던 마도로스 일행이 쫓아와 문을 열었다.

"시우 씨! 괜찮아요?"

마도로스의 부축을 받고 차에서 내리는데 다리가 후들거렸다. 뒤따르던 모든 차량들도 같이 멈춰 섰다. 사람들이 차에서 쏟아져 나왔다. 정신이 없는 와중에도 시우는 부끄러워 얼굴을 가렸다. 자신도 모르게 눈물이 볼을 타고 흘러내렸다.

"다친 곳은 없어요?"

주식사부와 마도로스는 시우의 몸을 살피며 상처가 있는지 물었다.

"저는 괜찮아요. 죄송해요."

시우는 고개를 돌린 채 눈물을 훔쳤다.

"정말 괜찮은 거죠?"

다행히 아픈 곳은 없었다. 간신히 진정하고 차를 보니 우측 모서리 부분이 움푹 들어가 있었다.

"안 되겠어요. 커브 길이 심하니까 제가 핸들을 잡도록 하죠."

노후대비가 시우 어깨를 몇 번 다독이며 말했다. 시우는 체념한 듯 머리를 끄덕였다. 온몸이 떨렸다. 시우는 목소리가 떨려 나올까 봐 입도 떼지 못했다.

'아…… 사람이 죽고 사는 게 정말 한순간이구나!'

시우가 뒷좌석으로 가서 앉자 다른 운전자들도 저마다 자기 차로 돌아갔다. 화물차 운전자도 시우가 별 탈 없다는 것을 확인하고는 사라졌다.

'휴, 정말 십년감수했네. 그런데 이렇게 위험한 커브 길에서 내가 왜 갑자기 속도를 올렸을까? 정신을 도대체 어디다 둔 거야?'

시우는 장거리 운전 경험이 별로 없었다. 그런데도 자존심 때문에 부득부득 운전대를 놓지 않으려 고집을 부렸다. 막상 사고를 내고 나니 그런 자신이 너무 한심스러웠다.

'위험한 도로에서 앞차를 따라잡으려고 속도를 올렸으니, 감당도 못하면서……. 속상해. 차 수리비도 만만치 않을 텐데.'

시우는 공연히 화가 나 씩씩거렸다. 모든 것은 자신의 소심함에서 비롯됐다. 평소에도 분위기에 밀려 상황 판단을 잘 못하는 자신이 늘 불만이었다. 느긋하지 못하고 타인의 눈치를 보는 못난 자존심! 조금 전에만 해도 그랬다. 누가 뒤따라오건 말건 무시했어야 했다. 앞에 선 일행이 먼저 가든 말든 내 능력껏 안전하게 운전하면 될 터였다.

'타인의 생각과 시선이 뭐 그렇게 중요하다고……. 난 왜 항상 이를 극복하지 못하는 거지?'

그로부터 10여 분 후.

시우 일행은 고갯마루 정상에 있는 휴게소에 도착했다. 울창한 소나무 숲과 깎아지른 절벽, 처음 보는 소백산의 웅장함과 그윽한 정취는 참으로 장관이었다.

"구름도 죽령고개는 쉬어 간다더니, 정말 높기는 높네요."

"난 저 아래 계곡을 못 보겠어요. 너무 가파르고 깊어서 머리가 다 어지러울 지경이에요. 그나저나 오늘 정말 십년감수했어요."

퇴직금여사가 가슴을 쓸어내리며 말했다.

"그러게요. 시우 씨! 오늘 액땜 크게 했으니 앞으로 대박 많이 날 겁니다. 하하하."

마도로스가 예의 큰 목소리로 호탕하게 말했다.

"모두들 미안해요. 제가 어리석었어요."

"어리석기는요, 사고는 누구에게나 일어날 수 있는 일이죠."

인천가치주가 부드럽게 말했다.

"아니에요. 제가 오늘 너무 무리했어요. 갑자기 양 조교님 차가 보이지 않아서 욕심을 부렸던 거 같아요. 겁이 나면서도 가속페달에서 발을 뗄 수가 없더라고요."

"어쨌거나 대형 사고는 면했으니 다행이죠. 시우 씨도 빨리 잊어버리고요."

마도로스가 말했다.

"시우 씨, 미안합니다. 인솔 책임자로서 책임을 통감합니다."

주식사부의 목소리는 착 가라앉아 있었다.

"아니에요, 사부님. 다 제가 잘못한 거예요. 서툰 운전 실력을 인정하고 안전 운전했어야 했는데……. 아무튼, 심려 끼쳐드려서 정말 죄송해요. 특히 양 조교님! 화난 얼굴 좀 푸세요. 진작 따끔한 충고 받아들였어야 했는데."

"흠…… 저 별로 화나지 않았어요."

"그런데 표정이 왜 그래요? 사고는 제가 냈는데."

"솔직히, 앞으로 걱정이 돼서요. 이제부터 시우 씨가 겪을 투자의 세계는 정말 정글의 법칙만이 존재합니다. 피도 눈물도 없는 그런 살벌한 정글 말입니다. 그래서 걱정이라는 얘깁니다. 회사 내에서 새가슴으로 통한다면서요? 누구나 말이죠, 넘어질 순 있습니다. 그러나 일어날 땐 그냥 빈손으로 일어나면 절대 안 됩니다. 손에 돌멩이라도 하나 들고 일어난다는, 뭐, 그런 독한 구석이 좀 있어야 한다는 얘기죠. 그래야 정글에서 생존할 수 있으니까요. 시우 씨한테는 솔직히 그 점이 부족합니다."

"아니, 참 나, 어이없어서……. 지금 양 조교님 하신 얘기와 제가 오늘 사고 난 거와 도대체 무슨 상관이에요?"

"글쎄요…… 과연 상관없을까요?"

양 조교는 묘한 미소를 지었다.

가끔 뜬금없는 말로 시우를 괴롭혔지만 오늘 양 조교의 행동과 말은 정말 이해하기 힘들었다. 참으로 알 것도 같고 모를 것도 같은 그런 피곤한 하루였다.

시우는 불쾌한 표정을 감추기 위해서 서둘러 차 문을 열었다.

시간은 어느덧 11시.

예정대로라면 회룡포 마을이 있는 예천에 벌써 당도했어야 했다.

"더 이상 지체하지 말고 곧장 출발해야 할 것 같습니다. 조금 늦었지만 서두르면 회룡포에서 간신히 점심은 먹겠네요."

양 조교가 손바닥을 가볍게 몇 차례 부딪치며 말했다.

"홍시우 씨는 많이 놀랐을 테니까, 잠시 쉬도록 하고…… 최필 씨가 계속 수고 좀 하세요. 그리고 선도 차는…… 이번에는 장무석 씨가 서는 것이 좋겠네요. 그다음엔 최필 씨, 맨 마지막에 양 조교가 서도록 하고요. 홍시우 씨는 저랑 선도 차를 같이 타는 게 좋겠습니다. 모두들 이의 없죠?"

주식사부가 손으로 일일이 지시하면서 말했다.

"네, 좋습니다. 이제 출발하시죠."

"네, 좋아요."

모두들 짧게 대답하고는 차에 올랐다. 시우는 마도로스 옆 좌석으로 옮겨 탔다.

잠시 화장실이 급하다며 인천가치주가 자리를 떴다. 그를 기다리는 동안, 시우는 큰물과 일전에 나눈 대화를 떠올렸다. 그때 큰물은 '큰 부자가 되고 싶다면 크게 승부하라!'라고 말했다. 시우는 '크게 승부하라'라는 표현이 생각할수록 좋았다. 이 말만 떠올리면 갑자기 우울한 마음이 사라지고 희망이 샘솟는 거 같았다. 자신한테 가장 부족한 부분이 바로 이것이 아니던가. 새삼 자신을 주위에서 '새가슴'이라고 부른다는 사실이 싫었다. 오늘 사건의 원인도 어쩌면 자신의 소심한 성격에서 비롯된 것이리라.

'아! 언제쯤 나도 큰물처럼, 주식사부처럼, 그렇게 마음이 강해질까?'

이런저런 생각에 젖어들 무렵, 마도로스의 음성이 들렸다.

"시우 씨! 혹시 운전을 잘하는 요령이 뭔지 아세요?"

마도로스가 안전벨트를 매며 말했다.

"글쎄요…… 무엇보다도 운전을 많이 해봐야 하지 않을까요?"

"음, 그건 당연하고요. 그에 못지않게 중요한 건 운전에 대한 철학과 요령을 먼저 숙지하는 겁니다."

"운전에 대한 철학과 요령요?"

"네, 간단한 법칙일 수도 있고요."

마도로스와 주식사부는 서로 눈을 마주치며 웃었다.

"이 웃음의 의미는 뭐죠? 두 분 모두 아시는데 저만 모른다는, 뭐, 그런 뜻인가요?"

"하하하, 솔직히 말씀드리면 저도 오늘 사부님한테 조금 전까지 야단맞으면서 배운 요령입니다."

"얼른 말씀해보세요. 마치 저만 모르는 큰 비밀이 있는 것처럼 들리네요. 도대체 운전을 잘하는 요령이 뭐죠?"

"네, 단순하지만 정말 대단한 비책입니다. 삶의 철학이기도 하고요."

마도로스가 짐짓 뜸을 들였다.

"뭔데요? 얼른요!"

시우는 화를 내는 척 소리를 높였다. 그때 인천가치주가 자리를 잡으며 문을 쾅 닫았다.

"알았어요, 치안 씨가 오셨으니 일단 출발하면서 말씀드리죠."

"자, 출발합니다."

"네, 먼저 가세요. 제가 젤 뒤에 붙을 테니까."

양 조교가 여유 있는 표정으로 말했다.

마도로스가 앞장서자 노후대비가 시우의 빨간색 차를 몰고 그 뒤를 따랐다. 마지막에 남은 양 조교는 한참 여유를 부리다가 마지막 대열에 섰다.

"운전을 잘하는 요령이라…… 한마디로 말씀드리면 운전을 최대한 영악하게 하라는 것입니다. 저도 오늘에서야 사부님 덕분에 이 요령을 깨우쳤죠."

"운전은 영악하게 하라?"

"맞습니다. 운전은 차를 빨리 몬다고 해서, 혹은 무조건 안전하게 몬다고 해서 능사는 아닙니다. 그보다는 최대한 영악하게 모는 것, 이것이 운전의 최고 경지입니다. 저도 지금까지 운전해오면서 스스로 운전을 잘한다는 망상에 사로잡혀 있었습니다. 그러나 결코 영악하게 하지는 못했죠. 목숨을 담보로 한 운전에서 가장 요구되는 것은 노련함이 아닌 영악함일 거 같아요."

"영악하다면, 구체적으로?"

"쉽게 말씀드리면…… 먼저, 조금 전의 커브 길처럼 절대 위험 구간에서는 최대한 속도를 줄여서 안전하게 통과하는 것이 장땡이라는 얘깁니다. 위험 구간에서는 결코 자신의 운전 실력을 과신해서는 안 되죠. 게다가 순간적인 방심으로 시선을 놓치거나 핸들을 놓쳐서는 더더욱 안 되고요."

"결국 안전 운전과 같은 개념이네요. 커브 길 같은 위험 구간에서 가장 요구되는 것은 오로지 위험 회피, 즉 안전 운전밖에는 답이 없다는 그런 말씀이시죠?"

"네, 맞습니다. 커브 길에서는 분명 그렇습니다. 직선 구간에서는 얘기가 전혀 달라져야 하지만 말입니다."

"그럼, 직선 구간에서의 요령은 뭐죠?"

"그건 조금 있다가 하고, 먼저 위험 구간에서 영악하게 운전하는 요령에 대해서 말씀드리죠. 커브 길 같은 위험 구간에서는 자기 과신이나 허세는 결코 통하지 않습니다. 첫째도 안전, 둘째도 안전, 그 이외에 중요한 것은 단 하나도 없죠. 그런데 운전자들은, 자신이 감당할 수 없을 정도의 속도를 유지하면서도 자신의 안전보다는 오히려 전체 차 흐름을 고려하는 경향이 강합니다."

"전체 차 흐름을 고려한다……? 제가 오늘 집중력을 잃은 이유이기도 하네요."

"맞습니다. 오늘 시우 씨도 주변 상황에 못 이겨 가속페달을 더 밟게 되면서 집중력을 잃었던 것이죠. 위험 구간에서는 어떤 경우에도 다른 운전자들의 압박이나 지배를 받지 않아야 합니다. 이걸 극복하지 못하면 무리하게 가속하게 되고, 경우에 따라서는 주행선을 벗어나 추월까지 감행하게 되는 것이죠."

"그러고 보니 그렇네요. 정말 오늘 제가 딱 그랬으니까요."

시우가 안타깝다는 표정으로 말했다. 그러자 메모에 열심이던 주식사부가 잠시 시우를 보고 살짝 웃으며 말했다.

"하하, 오늘 시우 씨는 백만 불짜리 경험을 하셨다 생각하세요. 아무튼, 사고 위험 구간에서 답은 딱 하납니다. 바로 자신이 감당할 수 있을 정도의 속도로 제어하는 것이죠. 정말 아이러니한 것은 의외로 배려심이 많은 사람한테서 오늘 같은 그런 어처구니없는 사고가 곧잘 발생한다는 사실입니다."

"네……. 맞는 거 같네요. 그런데 저 같은 경우는 배려심보다는 소심함 때문인 거 같아요."

주식사부는 머리를 몇 번 끄덕이다가 말을 계속했다.

"맞는 얘깁니다. 어쩌면 그것이 더 정답에 가까울 겁니다. 초보일수록 위험 구간에서 타인을 의식하다가 곧잘 사고를 내죠. 배려는 타인을 위해 자신이 위험을 안는 행위가 결코 아닌데 말입니다. 실제로 위험은 의외로 소심함에서 비롯될 때가 많습니다."

얘기를 거들면서도 주식사부는 뭔가를 계속 적었다. 마도로스와 주식사부, 그들 모두 얘기에 몰입하면서도 자신이 하고 있는 일에 집중력을 잃지 않았다.

고개를 내려가는 커브 길은 오르막과 다를 바 없이 경사가 심했다. 숲은 고개를 내려갈수록 울창했다. 간간히 소나무 숲 사이로 햇살이 내리쬐어 눈이 부셨다. 마도로스의 운전 솜씨는 시우가 보기에도 물 흐르듯 부드러웠다.

"정말 운전이 부드러우세요."

마도로스는 가파른 언덕길을 내려가면서 결코 서두르는 법이 없었다. 조금 전에 자신은 어땠는가? 변속과 핸들 조작에 얼마나 애를 먹었던가? 그러나 마도로스는 전혀 달랐다. 커브 길이 급하다 싶으면 여지없이 속도를 뚝 떨어뜨렸다. 시우가 느끼기에 때로는 답답할 정도였다.

'아니, 초보 운전자인 나보다도 더 천천히 몰다니!'

사고 전, 자신도 커브 구간으로 접어들면서 전체적으로 속도를 낮췄다. 그러나 커브 길 각도에 따라서 마도로스처럼 이렇듯 속도를 뚝뚝 떨어뜨리지는 않았다. 그러다 보니 자신은 경사가 급한 곳에서는 곧잘 중앙선을 넘나들기도 했다. 그런데 마도로스는 어떤가? 커브가 급격하다 싶으면 속도를 거의 걸음 수준으로 팍팍 떨어뜨리는 것이 아닌가? 그런데 신기한 것은 그렇게 속도를 늦추는데도 불구하고 뒤편으로 차가 전혀 밀리지 않았다. 게다가 크게 시간을 지체하는 것 같지도 않았다. 마도로스는 커브 길 중간중간 나타나는 직선 구간에서는 커브 길에서와는 달리 최대한 속도를 끌어올렸다.

고개를 거의 빠져나왔는지 소나무 숲 사이로 내리쬐는 빛의 양이 한결 늘었다. 특유의 입담을 과시하면서도 운전에 대한 마도로스의 집중력은 정말 대단했다.

커브 길을 거의 벗어날 즈음, 마도로스가 천천히 입을 뗐다.

"시우 씨, 계곡도 거의 벗어났고, 이제 직선 도로에서 운전을 잘하는 법에 대해 알아볼까요?"

"네, 좋아요."

"음, 지금 커브 길을 벗어나고 직선 도로에 접어들었죠? 그렇다면 지금까지와는 전혀 다르게 운전해야 합니다. 속도를 허용 범위 안에서 최대한 올려줘야 합니다."

마도로스는 말을 마치자 가속페달을 밟고 있는 발에 힘을 줬다. 차는 순식간에 앞으로 치고 나갔다. 좀 전의 느려터진 마도로스가 전혀 아니었다.

"만약, 위험 구간을 벗어났는데도 커브 길에서처럼 느릿느릿 달린다면 이것도 큰 문젭니다. 이런 직선 구간에서는 허용 범위 내에서 최대한 속도를 높여서 뒤차와의 간격을 벌려주는 것이 최선입니다. 도로 정체 현상의 주범인 주름잡기 효과도 미연에 방지할 수 있고요."

"네? 주름잡기 효과는 또 뭐죠?"

"주름잡기 효과가 뭐냐면…… 음, 아까 사부님한테 들었는데 금세 까먹었네. 허허. 사부님이 대신 설명 좀 해주시죠."

"주름잡기 효과란…… 흔히 고속도로나 국도에서 자동차 흐름이 갑자기 막히곤 하죠? 바로 이런 현상을 일컫는 말입니다. 왜, 이유 없이 정체로 고생고생 하다가 어느 구간을 지났더니 갑자기 정체가 뻥 뚫리면서 모든 차들이 원래의 속도를 회복하고 간격도 널찍해지는 경우 있죠?"

주식사부가 메모장에 그림을 그려가며 설명했다.

"맞아요, 저도 종종 경험했어요. 이유가 뭐죠?"

"네, 이런 현상은 교통량의 밀도 때문에 생깁니다. 자동차가 많을 때 만약 도로에 뭔가 떨어져 있다거나, 누군가 평균 속도에 비해 크게 낮은 속도로 운전한다거나 하면 뒤의 차도 속도를 늦추게 됩니다. 이런 현상이 연달아 계속되면 한참 뒤에서 신나게 달리던 차에까지 영향을 주게 되죠. 이것이 바로 주름잡기 효과입니다. 그런데 재미있는 것은 이런 원인을 제공한 차 앞에는 정반대의 현상이 생긴다는 사실입니다. 신기하게도 잡힌 주름이 쫙쫙 펴지게 되는 것이죠."

"휴, 오늘은 결국 제가 주름잡기 효과의 원인 제공자였다고 봐야겠네요."

"하하, 그런 셈이죠. 이런 주름잡기 효과가 발생하지 않게 하려면 직선 구간에서는 최대한 뒤차와의 간격을 벌려주는 것이 좋죠. 이런 적극적인 운전 습관은 교통 흐름을 좋게 하면서 자신의 시간도 훨씬 단축시켜주는 법입니다. 게다가 추월 방지 효과도 커 자신의 안전까지 보호받을 수 있고요."

주식사부는 메모지가 부족하자 새롭게 한 장을 넘기며 말을 계속했다.

"어쩌면 법칙이라고 하기보다는 운전 상식이라고 해두는 것이 맞겠네요. 사실 대부분의 운전자들은 본능적으로 그렇게 운전하는 편이잖아요? 커브 길에서는 천천히, 직선 도로에서는 속도를 최대한 올리고. 그런데 문제는 모두가 그렇게 하지 않는다는 사실입니다. 이런 법칙을 어겼을 경우를 한번 생각해보세요."

주식사부가 메모를 잠시 중단하고 머리를 들었다. 표정이 사뭇 진지했다.

"단 한 번의 실수나 태만으로 이 법칙을 거꾸로 적용했을 때를 말입니다. 예를 들어보겠습니다. 만약 커브 길에서 속도를 낮추지 않고 제 속도를 유지하면서 그대로 통과하려고 하거나, 반대로 직선 도로에서 속도를 높이지 않고 느린 속도를 계속 유지한다면 과연 어떻게 될까요?"

"볼 거 없이 대형 사고거나 극심한 정체, 이 둘 중에 하나겠죠."

마도로스가 운전대를 툭 치며 말을 계속했다.

"일전에 사부님께서 이런 말씀을 하셨죠. 성공의 최대 노하우는 어려운 것을 잘하는 것보다 단순한 것을 완벽하게 잘하는 것이라고……. 오늘 시우 씨 사고를 보고, 또 사부님의 운전 강의를 듣는 새삼 이 말씀이 가슴에 절실히 와 닿네요."

"두 분 말씀 잘 들었습니다. 저도 오늘 깨우침이 큽니다. 가만 생각해보면, 영악하게 운전한다는 게 사실 실천하기 어려운 것도 아닌데 그게 쉽지 않은 모양입니다. 그냥 달려줄 때 확실하게 달려주고, 위험 구간이다 싶으면 속도를 확실하게 떨어뜨려주면 되는데 말입니다."

인천가치주가 오랜만에 입을 뗐다.

사실이 그랬다. 시우는 계속해서 머리를 끄덕였다. 자신도 오늘 분명히 경험한 사실이었다. 불과 1시간 전, 시우는 직선 구간에서 앞차를 따라붙으려고 속도를 최대한 올렸다. 그러자 자신의 느린 속도로 인해 생겼던 긴 차량 행렬이 순식간에 사라지는 것을 분명 경험하지 않았던가. 아주 짧은 시간에, 그토록 쉽게 도로 정체가 풀리다니! 짜릿한 흥분을 느낄 정도로 정말 마법 같은 경험이었다. 시우가 한 것은 고작 앞차를 따라붙으며 뒤차와의 간격을 벌린 것뿐이었다.

"제가 오늘 메모를 하다가 발견한 것은, 투자의 세계도 운전과 똑같다는 사실입니다."

시우가 이런저런 생각에 젖어들 무렵 주식사부의 목소리가 이어졌다.

"시우 씨! 가정입니다만, 만약 대담한 사람과 소심한 사람이 투자를 한다면, 둘 중 누가 투자에 실패할 가능성이 높을까요?"

"글쎄요. 질문 의도로 봐서는 소심한 사람이 아닐까요?"

"네, 맞아요. 흔히들 대담한 사람들이 손실을 크게 입을 것이라고 생각하지만, 실상은 반댑니다."

"왜 그렇죠?"

시우는 고개를 갸우뚱했다.

"음…… 추측건대 소심한 투자자들의 특징은, 이익은 확정 짓기를 좋아하는 반면 손실은 확정 짓기를 두려워하기 때문이 아닌가 생각됩니다. 다시 말해, 이익이 나고 있는 종목은 불안해서 신속히 팔아버리지만, 손해가 나고 있는 종목은 아깝다는 생각에 매도를 미루다가 손실을 크게 키운다는 것이죠."

말을 하면서도 주식사부는 계속해서 뭔가를 적었다.

"그렇다면, 사부님 말씀은…… 소심한 투자자보다는 오히려 대담한 투자자가 낫다는 말씀이세요?"

"네, 물론 대담함이 무조건 좋다는 뜻은 결코 아닙니다. 둘을 놓고 비교했을 때 그렇다는 얘깁니다. 소심한 투자를 할 바에는 차라리 과감한 투자를 하는 것이 여러모로 낫습니다. 실제로 제가 배출한 제자분들 중에 크게 성공한 분들을 보면 소심한 투자자보다는 오히려 다소 무모하다 싶을 정도로 대담한 투자자들이 많았다는 사실이 이를 증명합니다."

주식사부의 설명에 시우는 공감한다는 듯 고개를 크게 끄덕였다. 흐뭇한 표정으로 듣고 있던 마도로스가 호탕하게 말했다.

"하하하! 사부님, 직업은 못 속이십니다. 하여튼, 사부님 머릿속엔 오로지 베팅과 투자밖에는 없으신 거 같습니다. 운전하는 요령까지도 오로지 투자 개념으로 접근하시니……."

"별말씀을요, 돈을 버는 원리나 지혜롭게 사는 방식이나 항상 같은 법이니까요. 아무튼, 대담한 사람들은 가격 부담을 크게 느끼지 않는 경향이 있다는 것은 분명합니다. 이런 점은 큰 성공을 위해서 때로는 긍정적일 때가 많습니다. 가격에 대한 부담이 크지 않기 때문에 베팅을 두려워하지 않으니까요. 물론 때로는 무모함으로 인해 실패의 쓴맛을 보는 경우도 많을 겁니다. 그러나 가격 부담을 심하게 느끼는 대부분의 소심한 사람들이 결코 맛볼 수 없는 엄청난 대박을 먹는 경우가 의외로 많다는 사실에 우리는 주목해야 합니다."

'가만…… 이건 큰물의 '크게 승부하라.'라는 투자 철학과 같은 맥락이 아닌가?'

시우는 연신 고개를 끄덕였다.

"듣고 보니 그렇네요. 소위 말하는 대박은 결코 작은 이익의 합산으로 이루어지는 것이 아닌 거 같아요. 저도 주식 입문 시기에는 호재 기사가 난 종목을 보고 쫓아간다거나 같은 업종끼리 짝짓기 매매를 한다거나…… 거의 대부분 잘게 뜯어먹는 정도였던 거 같아요. 그러다가 결국 석 달을 못 버티고 첫 번째 투자 원금은 몽땅 날렸죠."

마도로스가 운전에 집중하면서 말을 했다.

"무석 씨, 제가 우스갯소리 하나 할까요?"

주식사부가 뭔가 생각났다는 듯 상체를 젖히며 말했다.

"좋지요. 해보세요."

"우연찮게 행운을 거머쥔 제 친구 얘긴데요, 아마 IMF 끝물쯤 이었을 겁니다. 당시에 새롬기술이라는 종목이 있었는데……."

"새롬? 지금의 솔본 말입니까?"

마도로스가 말했다.

"하하, 맞습니다. 잘 아시네요. 하기야, 코스닥 시장에서 영원히 전설로 남을 종목이니까 아실 만도 합니다. 아무튼, 당시 상황을 말씀드리면, 새내기 종목이었던 새롬기술은 다이얼패드라는 인터넷 무료 전화 사업에 진출했다는 재료로 인해 급등에 급등을 거듭하던 중이었습니다. 한데 사업을 하던 제 친구 놈 하나가 간 크게도 이 종목을 덜컥 잡은 겁니다. 초보 투자자치고는 양도 많이 잡았어요. 무려 1억 원 가량을 샀으니…… 참 겁도 없었죠. 가격도 거의 추격 매수 수준이었고요. 등록한 이후 거의 세 배가량 상승했을 때인 3만 원대에서 초보가 1억 원을 베팅한다는 것이 어디 상식적으로 이해가 되나요?"

"그러게요. 쪽박 차기 딱 좋은 거래를 했네요. 그런데 친구분이 주식을 전혀 모르는 사람이었던가봐요?"

"네, 전혀 모르던 친구였습니다. 순진하게도 주위에 떠도는 소문만 듣고 그냥 지른 겁니다. 당시에 '인터넷 무료전화 사업, 이거 대박이다. 못 가도 최소 100만 원은 간다.'라는 등 소문은 제법 크게 돌던 시점이었죠. 아무튼, 주식 좀 아는 사람들 입장에선 다소 황당한 소문이었지만 초보들한테는 솔깃한 뉴스임은 분명했습니다. 그런데 정말 웃긴 것은 그 말 많던 종목을 사놓고는 친구 놈은 해외 출장을 떠난 겁니다. 한순간에 쪽박을 찰 수도 있을 루머 종목을, 그것도 이미 세 배 가까이 오른 종목을 사놓고 말입니다. 기가 찰 노릇이었죠."

"대단한 배짱이네요. 그래서요?"

"이 친구, 한 달 출장 기간 중 아예 연락을 끊고 지냈을 정도로 독했습니다. 주가 확인도 출장을 마치고 공항에 도착해서 경제지를 통해 했다고 하니 참 뚝심만큼은 대단한 친구였죠. 어쨌거나, 신문을 사서 주가를 확인했는데, 글쎄, 주가가 2만 5000원으로 떨어져 있었다는 겁니다. 처음에는 이럴 리가 없는데 싶었답니다. 그러나 주위의 만류를 뿌리치고 저지른 베팅이라 말도 못하고 혼자 끙끙거리기 시작했죠. 그러다가 간신히 본전 가격인 3만 원대가 회복되자 그제야 저한테 전화를 걸어온 겁니다."

"그래도 다행이네요. 첫 투자에서 손실을 입지는 않았으니까요. 그런데 처음 얘기는 행운을 얻은 친구라고 했는데, 행운은 뭐였죠?"

"하하하. 맞춰보세요. 그 친구는 벌써 행운을 얻었으니까."

"글쎄요……."

"감이 안 잡히실 겁니다. 제 친구의 전화를 받았을 때 전 이런 말을 했죠. '축하한다. 역시 넌 행운의 사나이야. 출장 한 번에 열 배를 벌다니!' 그런데 그 말을 듣던 친구가 펄쩍 뛰더라고요. '열 배 같은 소리 하고 있네. 간신히 원금 회복했구먼.' 엉? 가만 보니까 친구는 그때까지 열 배 오른 사실을 전혀 모르고 있더군요."

"아니? 열 배라고요? 그럼 혹시 액면 분할?"

마도로스가 놀란 표정으로 말했다.

"하하하, 맞습니다. 새롬기술은 주가가 폭등하자 바로 액면 분할로 들어간 겁니다. 5000원짜리 액면가를 500원으로 잘게 나눈 것이죠. 뭐, 당시에는 대부분의 IT 종목들이 액면 분할을 유행처럼 하던 시기였으니까요."

"그렇다면, 친구분 주식 수가 열 배가 된 것이란 말이네요."

마도로스가 말했다.

"네, 주가는 액면 분할 전 가격인 3만 원까지 급등한 상태에서 친구의 주식 수만 열 배로 불어난 상태였으니까, 원금은 정확히 열 배로 불어난 것이죠. 주식투자자들한테 평생 한 번 올까 말까 할 그런 엄청난 대박을 친구는 주식 입문 첫 거래에서 터트린 것이죠."

"허허, 참, 결론적으로 10억짜리 출장여행을 갔다 온 셈이었네요."

"맞습니다. 만약 출장을 가지 않고 주가 상승을 지켜보고 있었다면 결코 열 배를 먹을 수 없었을 겁니다. 잘해야 더블 정도 먹었겠죠."

"더블이 뭐예요. 심장 떨려서 상한가 한두 방 먹고는 좋아라 털고 나왔을 거 같은데요."

시우가 한숨을 쉬며 말했다.

"아무튼, 제 친구는 무지함과 방관 덕분에 주식 입문 한 달 만에 무려 10억을 벌었습니다."

"예사로 들을 얘기는 아니네요. 큰 대박은 때로는 무모함에서 비롯되는 경우도 있다는 사실을 새삼 깨우치게 합니다."

시우는 고개를 끄덕이며 말했다.

"말 나온 김에 행운에 얽힌 대박 사례를 한 가지 더 말씀드릴까요?"

"얼마든지요. 재미도 있고 배울 점도 있네요."

시우가 말했다.

"제 회원 중에 실제로 있었던 얘깁니다. 대략 2003년 초로 기억합니다. 그때 저희 아카데미에는 외국인 매매에 대한 교육이 한참 진행되고 있던 참이었어요. 외국인 매매법에는 몇 가지 방법들이 있는데, 그중에서 외국인이 처음 매수 들어온 종목을 종가 무렵에 매수해서 묻어두는 그런 거래 전략이었습니다. 당시에 이런 매매법으로 상승 초입 구간에서 꿈틀거리던 급등주를 많이 잡고는 했었죠."

"햐, 언제 그 매매법 제대로 교육 한번 시켜주시죠?"

마도로스가 말했다.

"하하, 알겠습니다. 아무튼, 당시 금호석유가 2000원권에서 횡보를 하고 있을 때였어요. 그때 교육생들과 함께 교육적 차원에서 금호석유를 1인당 100주 정도씩 매입했습니다. 종가 무렵에 외국인이 처음 산 종목 중에서 금호석유가 가장 눈에 띄었으니까요. 물론 소액만 베팅하도록 지시했고요. 그런데 청주에서 건축업을 하던 교육생 중 한 분이 과욕을 부린 겁니다. 자신의 판단에, 이건 사부가 직접 추천하기 좀 그러니까 교육을 빙자해서 우리 제자들에게 간접적으로 메시지를 준 것이다, 이건 사야 한다, 뭐, 이렇게 생각했답니다."

"그래서요? 몰래 추가로 더 샀을 거 같네요."

시우가 궁금하다는 표정으로 말했다.

"하하, 시우 씨의 추측이 맞습니다. 그 제자분은 자신의 계좌에 있던 투자금 1억여 원 중에서 일부를 뚝 떼어 금호석유에 베팅했다고 합니다. 수량으로 1만 5000주, 금액으로는 3000만 원 정도 됐던 모양입니다. 물론 저한테는 어떠한 상의도 없었고요. 그런데, 그날 이후 그 제자분한테 어떤 일이 일어났는지 아세요? 한번 맞춰보세요."

"완전 대박인가요?"

마도로스가 말했다.

"하하, 맞습니다. 불과 한 달 만에 거의 두 배 가량 올랐으니까요. 그러자 그 제자 분은 3500원대에 기분 좋게 전량 매도하고 지

방에 1년 정도 빌라 공사를 하러 갔다 왔답니다. 그리고 저한테, 사부인 저를 속이고 금호석유를 많이 샀다는 얘기며 크게 벌어서 감사하다는 등의 얘기를 늘어놓더군요. 아카데미를 졸업한 지 거의 1년이 지나서 말입니다. 아무튼, 그러고 나서 며칠 되지 않아서 그 제자에게서 다급한 전화를 받았습니다. 내용은 정확히 기억나지 않습니다만, '사부님! 저한테 기적이 일어났습니다. 말 그대로 초대박이 터졌습니다!' 뭐, 대략 이랬던 거 같습니다."

"네? 아니 며칠 만에 초대박이 어떻게 터질 수가 있죠?"

"하하하. 될 사람은 정말 어떻게 해도 되는 모양입니다. 그 제자분은 그날 저랑 통화하고 난 이후 다시 금호석유를 좀 사볼까 들여다봤더니 주가가 1만 4000원을 넘어 폭등해 있더랍니다. 도저히 비싸서 안 되겠다 싶어 포기하고 대신 건설주를 좀 사려고 주문을 넣었답니다. 그런데 증거금 부족으로 주문이 들어가질 않더랍니다. 계좌에 돈이 충분히 있는데 주문이 안 들어가다니……. 그는 이상해서 해당 증권사에 문의를 했고 주식으로 증거금이 몽땅 잡혀 있다는 얘기를 듣게 된 것입니다. '혹시?' 하면서 계좌를 급히 조회했더니 글쎄……."

"아, 금호석유가 안 팔렸구나. 맞죠?"

시우가 말했다.

"하하하. 그것보다 더 대박입니다. 놀라지 마세요. 자기 계좌에 금호석유 주식이 무려 3만 주가 들어 있더랍니다. 1만 5000주가 아니라 3만 주!"

"네? 아니 어떻게 그런 일이⋯⋯?"

"하하하, 우습게도 매도 주문을 잘못 넣은 것이죠."

"아하, 매도 주문이 아니라 매수 주문을 넣었구나. 저런 재수가."

"그렇습니다. 이익 실현한다고 1만 5000주 매도 주문 넣은 것이, 주문 실수로 1만 5000주 매수 주문을 넣게 된 것이죠. 결론적으로 갖고 있던 보유 주식은 그대로 남은 채 추가로 1만 5000주가 3500원대에서 더 매수된 꼴이 된 셈이죠. 그러고는 보유 종목을 완전히 정리한 줄 착각하고 1년 동안 빌라만 짓고 있었던 겁니다. 운 좋게도 잊고 산 1년 동안 금호석유는 쉬지 않고 거의 일곱 배를 상승했고요."

"일곱 배라⋯⋯ 휴, 도대체 얼마야? 1만 4000원에 3만 주면 4억 2000만 원? 뒤에 운 좋게 3500원대 산 것까지 포함하면 도대체 얼마야? 참, 돈 쉽게 버네."

"그러게 말입니다. 판다고 판 것이 추가 매수되면서 횡재를 맞았으니."

"정말 운 좋은 사람들은 따로 있네요. 앞서 새롬기술 사례도 그렇지만⋯⋯. 아무튼, 결론은 큰 대박은 진행 상황을 몰라야 먹는다는 거네요. 모르니 이렇게들 먹지, 우리 소심한 개미들이야 어디 떨려서 날아가는 종목을 끝까지 들고 갈 수가 있겠어요? 떨어질 때야 아까워서 끝까지 들고 가겠지만."

마도로스가 시원스럽게 말했다.

"하하, 맞습니다. 이걸 극복해야 되는데 쉽지가 않을 겁니다. 일반적인 개인 투자자들의 심리는 조금 먹고 크게 잃고…… 대부분 이럴 거니까요. 아무튼, 앞서 말한 사람들 같은 엄청난 행운도 실제로는 공포나 욕심 같은, 투자자들 본연의 심리가 본의 아니게 무지함과 방관으로 차단되었기 때문에 가능했던 사례입니다."

"공감되면서도 씁쓸하네요."

"얘기가 좀 빗나갔습니다만, 아무튼 개인 투자자들은 희망과 공포라는 두 가지 강력한 투자 심리에 지배를 받게 됩니다. 상승 구간에서마저 크게 먹지 못하는 이유도 바로 공포의 지배를 받기 때문입니다. 앞서 예로 든 새롬기술과 금호석유의 경우는 이런 공포로부터 자유로울 수 있었기 때문에 얻은 행운이죠. 반면에, 잃을 땐 또 어떤가요? 작은 수익을 추구하는 일명 '새가슴 전략'은 한 번씩 큰 손실 구간을 겪게 되면서 너무 쉽게 무너지는 경향이 있습니다. 과거 미국의 9·11테러 사건이나 북한 핵실험 사건 같은 경우가 좋은 예죠. 이런 단기 악재 구간이 오면 그동안 야금야금 쌓아놓은 모든 이익금과 피 같은 원금을 한 방에 토해내게 되는 것이죠. 왕창 잃고 조금 먹고. 이건 개인 투자자들이 벗어날 수 없는 늪인 거 같아요. 결론적으로 2~3% 이익에 만족하는 방식으로는 지속적으로 투자금이 감소할 뿐, 원하는 수익률은 요원할 겁니다."

"저도 가치투자 신봉자 입장에서 분명 동감합니다. 가치주 투자의 목적은, 저평가 종목을 발굴해서 장기로 묻어두는 것이지만 그 투자법의 본질은 같다고 봅니다. 바로 큰 폭의 이익 추구니까요. 보통 가치투자자들 세계에서 기대 수익을 보면, 거의 100% 수익 정도는 대박에 끼워주지도 않을 정도로 실제로 기대 이익 폭은 의외로 큰 편입니다."

인천가치주가 상체를 곧추세우며 말했다.

"와, 100% 수익을 크게 보지 않는다고요? 정말 대단하네. 하기야, 가치투자자들의 투자 기간이 통상 2~3년인 점을 감안하면 그 정도의 이익 추구는 어쩌면 당연한 것일 수 있겠네요."

마도로스가 놀랍다는 듯 되물었다.

주식사부는 대화가 즐거운지 밝은 표정으로 말을 이었다.

"맞습니다. 하여튼, 개인 투자자들이 성공할 수 있는 거의 유일한 길은 큰 이익의 추구입니다. 다시 말해, 5000원에 사서 1만 원에 파는 식의 큰 폭의 이익을 추구해야 한다는 겁니다. 그런데 이런 큰 이익은 강한 추세가 형성된 구간이나 종목에서 가능하다는 사실이 문젭니다. 바로 이 점이 대담한 투자자가 성공할 가능성이 높은 이유이기도 하고요. 다시 말해, 이런 큰 이익을 먹기 위해서는 단기간에 50% 이상 오른 종목이라도 크게 두려워하지 않는 그런 대담한 투자 성향이 필요하다는 소견입니다."

모두들 운전 얘기에서 주식 얘기로 전환되자 신난다는 표정으로 눈을 반짝였다.

그렇게 한참을 얘기에 몰두하다가 보니 우측으로 예천 3km라는 이정표가 지나갔다. 마도로스가 시계를 봤다. 12시를 막 넘겼다. 그들은 쉬지 않고 곧장 예천으로 들어섰다.

이때 갑자기 이들 눈앞에 거대한 높이의 과속방지턱이 출현했다.

직선 구간이 막 끝나는 무렵이라 채 속도를 감속하기 전이었다. 마도로스는 급히 브레이크 페달을 밟으며 속도를 낮췄다.

끼익.

마도로스는 다소 과격하게 감속 페달을 밟았고, 과속방지턱을 넘기 전에 간신히 속도를 낮출 수 있었다. 그러나 급감속으로 인해 마도로스의 SUV 차는 크게 출렁거렸다.

마도로스의 차가 급감속을 하자 뒤따르던 일행의 차들도 영문을 모른 채 급브레이크를 밟았다.

"참 내…… 무슨 과속방지턱이 이렇게 높아……. 아예 소형차는 넘지도 못하고 턱에 걸리겠네."

마도로스가 투덜거리며 말을 뱉었다.

과속방지턱을 넘고 완만한 커브 길에 접어들자, 순간, 그들의 눈앞에 작고 아름다운 마을이 쫙 펼쳐졌다. 마을 전경은 처음 보는 새로운 거리였지만 예전에 몇 번 와본 거리처럼 무척 정겹고 익숙한 느낌으로 다가왔다. 찬찬히 보니 도로 옆에는 단정하게 심어진 코스모스 화단이 길게 펼쳐져 있었고 마을 곳곳에는 배꽃이 활짝 피어 있었다. 마을 사람들은 자유롭게 도로를 가로질러 다녔다. 거기에는 한 무리의 어린이들도 있었다. 다행히 마도로스 일행의 차들이 과속방지턱 때문에 속도를 크게 떨어뜨린 후였다. 덕분에 그들의 모든 모습들이 낱낱이 잡혔다.

'만약 속도를 낮추지 않았다면?'

이 작고 아름다운 마을을 무섭게 돌진하면서 관통할 뻔했다. 어쩌면 앙증맞게 노는 꼬마들을 발견하지 못했을 수도 있었으리라.

"속도를 낮췄으니 망정이지 자칫 큰 사고가 날 수도 있었겠어요."

시우가 바짝 긴장한 채 말했다.

"네, 정말 그러네요. 갑자기 이렇게 아름다운 마을이 나타날 줄 정말 몰랐어요. 참 다행이다 싶어요."

마도로스는 조금 전의 당혹스러운 표정을 감추고 말했다.

"과속방지턱에 감사해야겠어요. 위험도 피하고, 아름다운 마을도 감상하고······."

주식사부가 주위를 찬찬히 살피며 조심스럽게 말했다.

'그렇구나! 과속방지턱의 역할이 바로 이런 거구나.'

만약 마을 입구에 과속방지턱이 없었다면 과연 어떻게 되었을까……. 이런 생각을 하며 시우는 안도의 한숨을 쉬었다.

그들이 회룡포 마을 입구에 도착한 것은 12시 40분이 지나서였다. 서울을 출발한 지 거의 6시간이 넘은 때라 모두들 지칠 대로 지친 상태였다. 차 한 대가 겨우 다닐 만한 길을 따라가니 회룡대라는 푯말이 나왔다. 빈 공터에 차를 세운 후 장안사를 우측으로 두고 나무 계단을 타고 올라갔다. 향긋한 나무 냄새를 맡으며 좁은 산책로를 10여 분 올라가니 회룡대가 나타났다. 회룡대는 회룡포 마을과, 그 마을을 감싸며 굽이쳐 흐르는 강의 모습이 한눈에 보이는 곳이었다.

"휴…… 힘드네. 저기 아래로 보이는 마을이 회룡포예요?"

퇴직금여사가 땀을 훔치며 말했다.

"네, 신비롭죠? 마을이 마치 섬 같지 않아요?"

양 조교가 감회가 새롭다는 듯 작은 눈을 껌벅거렸다.

"정말 그렇네요. 아, 좋다. 정말 한 폭의 그림 같아요. 굽이치는 강도 멋지고, 병풍처럼 둘러싼 산도 아름답고…… 초록의 논과 밭은 너무 정겨워요. 그런데 마치 마을 모습이 큰 주걱 같네요. 참, 마을 이름이 왜 회룡포죠?"

퇴직금여사가 감탄사를 연발하다가 양 조교를 돌아보며 물었다.

"자세히 보면, 용이 마을을 감고 있는 것처럼 안 보여요?"

"용이? 글쎄요……."

"하하, 저도 용이 감고 있기보다는 거대한 물주머니같이 보이는데, 아무튼 그렇다고 하네요. 여기 안내판이 있네요. 음, 회룡포라는 지명은 낙동강의 지류인 내성천이 용이 비상하는 모습으로 물을 휘감아 돌아간다 하여 붙여진 이름이다…… 뭐, 이렇게 적혀 있네요."

"아무튼 장관이네. 강이 거의 350도로 마을을 휘감고 있어 육지 속의 섬마을이라는 표현이 딱 맞아."

깡통맨이 연신 사진을 찍으며 거들었다.

"저렇게 강이 마을을 돌아 나가는 마을을 흔히 물돌이동이라 하죠. 우리나라에는 대표적인 물돌이동이 두 개가 있는데 하나는 안동 하회마을이고 또 하나는 바로 저 마을이죠. 조선조에는 대표적인 귀양지였기도 하고요."

양 조교가 거들었다.

"어쩐지, 고립감이 느껴지더라니."

시우는 이마를 찡그리며 말했다.

"고립감이라고요? 시우 씨! 정말 그렇게 느끼시나요? 확실히 시우 씬 저랑 생각이 참 많이 다르네요."

"네? 또 뭔 말을 하시려고요?"

"아니, 제가 고작 고립감이나 느끼시라고 여기까지 여러분들을 모셨겠어요?"

"제 느낌이 약간 그렇다는 얘깁니다. 양 조교님! 저도 저 마을과 강이 아름답고 감동스러운 거 알거든요."

"좋습니다. 그렇다면 시우 씨, 저 강과 마을을 보고 뭔가 느끼시는 것이 없나요?"

"……."

"무슨 부호 같지 않아요?"

"알파벳의 U자요!"

태권도가 손으로 마을을 가리키며 말했다.

"하하하, 관찰력은 고광식 씨가 젤 낫네요. 잘 보셨습니다. 항아리 모양 같기도 하고, 가만 보면 알파벳의 U자 같기도 하고요. 전 저런 모습이 신기해서 여기를 자주 온답니다. 유유히 흐르던 강이 저 지점에서 갑자기 방향을 틀어 둥글게 원을 그릴 수 있다니……."

양 조교가 손으로 강의 모습을 따라가며 U자를 그렸다.

"그러고 보니 그렇네요. 참 신기하다. 어떻게 저런 일이……."

퇴직금여사가 손을 맞잡으며 감탄사를 연발했다.

"네, 볼수록 신기해요. 특히 강줄기가 방향을 틀어 다시 거슬러 올라가는 모습이 믿기지 않을 정도로 신기했으니까요……. 처음엔 정말 처음 보는 기이한 풍경에 엄청 큰 감동을 받았죠."

양 조교는 감회가 새롭다는 표정을 짓더니 말을 계속했다.

"비약이 심하다고 말씀하셔도 좋습니다만, 전 저 모습에서 인생의 전환점, 즉 터닝 포인트를 찾고 싶습니다. 저기 강을 보세요. 자연의 법칙을 어기면서 강줄기가 상류로 거슬러 올라가는 모습 보이죠? 정말 저렇게 역방향으로 물길이 돌아가기까지 얼마나 긴 세월이 필요했겠느냐는 거죠."

"아……. 양 조교님이 말씀하고자 하는 것은 바로…… 꾸준함이나 희망?"

노후대비가 말했다.

"맞습니다. 바로 그겁니다. 꾸준함! 인생에는 반드시 몇 번의 큰 계기가 옵니다. 인생을 크게 뒤집을 수 있는 그런 역전의 기회 말이죠. 그런데 그 어떤 계기나 결정적 기회가 우리가 기대하는 것처럼 준비 없이 혹은 이유 없이 그렇게 급작스럽게 나타날까요? 천만의 말씀입니다."

"맞아요. 아주 천천히, 그리고 조금조금씩 진행되겠죠. 우리는 그것을 분명 못 참아 할 것이고요. 결코 희망을 버려서는 안 되는데 말입니다."

노후대비가 알겠다는 듯 머리를 끄덕였다.

"그렇습니다. 저는 저 강을 보며 어떤 경우에도 희망을 버리지 않습니다. 결코 서두르지도 않고요."

말을 마친 양 조교의 작은 눈빛이 날카로웠다.

'도대체 이 사람의 정체는 뭐야?'

처음 겪는 양 조교의 진지함에 시우의 머리는 무척 혼란스러웠다.

"자, 그만들 감상하시고, 돌아갈 길이 멉니다. 얼른 마을로 한번 들어가보도록 하죠."

마도로스가 말을 마치자 모두들 차에 탔다.

회룡포 표지판을 따라 계속해서 차를 몰았다. 얼마 못 가서 길이 끊기고 내성천이 나타났다. 강의 모래는 너무 하얗고 고와서 마치 해변에 온 듯한 착각에 빠졌다. 그 모래 위로 기괴하게 생긴 다리가 덩그러니 놓여 있었다.

"이게 그 유명한 뽕뽕다리입니다."

양 조교가 다리를 가리키며 말했다.

"뽕뽕다리요?"

"네, 무슨 광고에도 나왔죠. '우리 마을에 저 다리가 없으면 꼼짝도 못해요. 우리한테 억수로 중요한 다리죠.'라고 소개하는, 뭐, 그런 CF요."

양 조교가 사투리를 쓰며 광고 흉내를 냈다. 조금 전의 양 조교는 또 어디 갔단 말인가?

"아, 언제 본 거 같다. 그런데 왜 이름이 뽕뽕다리죠?"

인천가치주가 물었다.

"그건, 다리를 만든 재료가 공사장에서 쓰는 구멍 숭숭 뚫린 철판이어서 그런 이름이 붙었다고 합니다. 일명 아르방이라고도 하고요. 어쨌거나 엉성한 다리지만 이 마을이 외지와 소통할 수 있는 유일한 다리라서 마을 주민들한테는 정말 젖줄과도 같다고 합니다."

뽕뽕다리는 생각보다 튼튼했다. 마을이 바깥과 소통할 수 있는 유일한 길이라는 것을 신기해하며 시우는 다리를 건넜다. 새삼 애정이 가면서 느낌이 새로웠다. 마을 입구에 들어서니 알록달록한 용 조각상이 뾰족하게 서 있었다. 그 뒤편으로 인기 TV 프로그램이었던 〈가을동화〉에서 준서와 은서가 자전거를 타고 촬영했다는 시골길이 보이고 그 길을 따라 다시 새파란 논이 길게 펼쳐져 있었다.

마을은 조용했다. 너무 사람이 없어서일까? 순박한 마을 노인들이 눈만 마주치면 깊게 인사를 했다. 세상에 다시없을 것 같은 평화로움이 넘쳤다.

그러나 시우에게 회룡포 마을은 왠지 모를 슬픔 같은 것이 느껴졌다. 아이들이 하나도 없다는 사실이 더욱 그랬다.

"잠시 커피 한잔하고 출발합시다."

양 조교가 손뼉을 가볍게 치며 말했다. 민박집 안에 있는 식당에서 막 식사를 끝낸 참이었다.

일행 모두는 커피를 감싸 쥔 채 민박집 마당에 빙 둘러섰다. 그때 중앙에 섰던 주식사부가 가볍게 헛기침을 몇 번 했다. 식사도 대충 하면서 쉬지 않고 메모 정리를 하던 주식사부였다. 그는 간단하게 좌중을 둘러보며 자신의 메모장을 들어 보였다. 메모장에는 각종 화살표와 글씨가 어지럽게 씌어 있었다.

"이건 오늘 여행 중에 느낀 점들을 메모한 것입니다. 메모를 하다가 간단한 이론을 하나 발견했는데 문득 여러분들에게 도움이 되지 않을까 해서 잠시 말씀드리겠습니다."

주식사부는 메모장을 몇 장 빠르게 넘기면서 말했다.

"아하, 드라이브 이론, 그거 말씀하시는 거죠?"

마도로스가 알겠다는 표정으로 말을 뱉었다.

"드라이브 이론? 음, 그거 괜찮네요."

주식사부가 만족스럽다는 듯 고개를 끄덕이며 말했다.

"좋습니다. 오늘 발견한 이론을 '드라이브 이론'이라 이름을 정하죠."

"하하, 이번에 만드신 이론이 성공하면 이름값으로 저한테 한턱 쓰셔야 합니다."

"얼마든지. 하하하. 자 그러면 시간이 많지 않으니까 '드라이브 이론'에 대해서 설명을 드리도록 하겠습니다. 아마도 좋은 교육이 될 거 같습니다."

"정말 기대되네요. 근데 메모를 해야 되나?"

퇴직금여사가 기대에 찬 표정으로 귀를 쫑긋했다.

"아마도 오늘의 여행 경험들은 앞으로 투자에 있어 정말 살아 있는 교육이 될 것 같습니다. 자, 그러면 잠시 시우 씨 교통사고 전으로 되돌아가서 시우 씨한테 간단한 질문을 드리면서 시작해보겠습니다."

"왜 하필 저예요?"

모든 사람들의 시선이 쏠리자 시우의 얼굴이 금세 빨개졌다.

"네, 별 뜻은 없습니다. 오늘 큰 사고를 당할 뻔했고, 저랑 여기까지 오면서 많은 얘기를 나눴으니 이해도가 높을 거 같아서요."

"……네."

"먼저, 운전은 어떻게 하는 것이 최고의 경지라고 했죠?"

"운전은, 최대한 영악하게 하는 것이 가장 잘하는 것이라고 했습니다."

"그러면 과연 어떻게 하는 것이 영악하게 하는 걸까요?"

"간단합니다. 안전 구간에서는 최대한 속도를 높여 신속하게 달려주는 겁니다. 그러나 위험 구간이라고 판단될 경우, 최대한 속도를 낮춰 안전하게 빠져나가는 것이 영악하게 운전하는 겁니다."

"잘하셨습니다. 그렇다면, 오늘 시우 씨가 사고를 낸 지점은 안전 구간입니까? 위험 구간입니까?"

"네, 위험 구간요."

"네, 맞습니다. 그렇다면 당시에 시우 씨가 취해야 할 조치는 무엇이었죠?"

"음…… 사고가 나지 않을 정도로 속도를 완벽하게 줄이는 것입니다. 안전하게 위험 구간을 통과할 수 있게 최소한의 속도를 유지하면서 말입니다."

"좋습니다. 그런데, 만약 그렇게 속도를 크게 떨어뜨리면 목적지까지 시간이 많이 지체될 겁니다. 그건 어떻게 해결하실 계획이죠?"

"오늘 큰 경험을 했기 때문에 이제는 답을 알아요. 위험 구간에서는 목적지까지의 시간 소요 등은 결코 고려 대상이 될 수 없습니다. 오로지 안전 이외에 중요한 것은 없는 것이죠. 시간 지체를 염려하다가 사고가 나게 되면 결국 목적지까지 영원히 갈 수 없을 수도 있으니까요."

"네, 아주 만족스럽습니다. 그렇다면 지체된 시간은 포기한다는 말씀이시죠?"

"그건 아닙니다. 음…… 지체된 시간은 안전 구간, 즉 직선 도로에서 충분히 만회할 기회가 있을 겁니다. 최대한 속도를 올려 전체적인 교통 흐름을 빠르게 가져가면 그동안 위험 구간에서 소진한 시간을 충분히 벌충할 수 있을 테니까요. 대신 집중력을 발휘해서 적극적으로 운전에 몰입해야겠죠. 가속해야 할 구간에서까지 두려움에 사로잡혀 낮은 속도를 고집해서는 안 됩니다."

"와, 언제 이런 내공이……?"

태권도가 신기하다는 듯 시우를 바라봤다. 모두들 놀랐는지 웅성웅성했다.

"완벽합니다. 자 이제 투자의 세계로 넘어옵니다. 사고 얘기를 다시 꺼내서 미안합니다만, 시우 씨가 오늘 사고 난 지점은 급격한 커브 길입니다. 심각한 위험 구간이었죠. 그렇다면 시우 씨한테 묻겠습니다. 오늘 사고 지점이 투자의 세계로 비유하면 이익 구간에 속합니까, 손실 구간에 속합니까?"

"당연히 손실 구간이겠죠."

주위의 반응에 고무된 시우는 대답에 자신감이 넘쳤다.

"이때 취하셔야 할 조치는요?"

"손실 확정입니다. 다시 말해, 손실 난 상품이나 종목을 즉시 처분하는 겁니다."

"막상 손실을 확정짓게 되면 무척 속이 상할 겁니다. 손해 보고 파는 것은 투자자들한테 가장 극복하기 어려운 심리니까요. 그렇다면, 이를 어떻게 극복하시겠습니까?"

"아깝다고 손실을 확정하지 않는 것은, 음…… 커브 길에서 완벽하게 속도를 제어하지 못해 사고가 난 꼴과 같다고 생각할 필요가 있습니다. 그러면 손실 포지션을 처분하는 데 크게 고민하지 않을 것이니까요. 사고가 나는 것보다는 속도를 완벽하게 떨어뜨려주는 것이 좋듯이, 더 큰 손실로 이어지기 전에 차라리 작은 손실을 입는 것이 백 번 낫다고 생각해야 합니다. 작은 손실로 끊어줄 수 있으면 언젠가는 만회할 수 있는 기회가 반드시 올 테니까요."

와, 하는 반응으로 주위는 금세 시끄러워졌다. 잠시 주식사부가 웃으며 손을 저었다. 조용해지기를 기다렸다가 주식사부가 다시 입을 뗐다.

"잘하셨습니다. 다시 질문을 드립니다. 오늘 시우 씨가 앞장을 섰던 직선 구간은 위험 구간입니까, 안전 구간입니까?"

"그거야 당연히 안전 구간이죠."

"이때 운전자가 해야 할 조치는요?"

"속도를 허용 범위 내에서 최대한 끌어올려야 합니다. 이때 망설이거나 두려워해서는 결코 안 될 겁니다. 안전 구간, 즉 속도를 높여도 무방한 직선 구간이니까요."

"망설이거나 두려워할 경우 어떤 일이 벌어지나요?"

"아마도 엄청난 정체 현상이 벌어질 겁니다. 소위 주름잡기 효과가 발생하겠죠. 어쩌면, 정체 구간을 벗어나기 위해서 연속적으로 추월 행동이 일어날 수도 있을 겁니다. 이런 연쇄 행위의 유발은 망설임이나 두려움으로 인해 속도를 낮춰 조심스럽게 운전하는 것보다 더욱 위험한 상황을 만들지 모릅니다. 아무튼, 안전 구간에서만큼은 법적으로 허용된 범위 이내에서 적극적으로 달려주는 것이 모두에게 이롭습니다. 그렇게 하라고 만든 구간이니까요. 뒤차와의 간격을 최대한 벌려주게 되면 전체 교통 흐름을 원활하게 하는 데 분명 한몫하게 될 겁니다."

대답하는 내내 시우는 스스로에게 크게 놀랐다.

'내가 이렇게 조리 있고 똑똑할 줄이야!'

아주 짧은 시간에 발전한 자신이 무척 대견했다. 양 조교는 작은 눈을 반짝이며 시우의 말에 가만히 고개를 끄덕이며 듣고 있었다.

"좋습니다. 그렇다면 안전 구간에서 망설임이나 두려움만 해결하면 다른 문제는 없을까요?"

"음…… 태만이나 방심 등도 큰 문제가 될 것 같네요. 운전을 하다 말고 소위 딴짓을 하는 경우가 이에 해당되죠. 이럴 경우 결과는 망설임과 두려움을 갖는 것과 거의 같을 거라 봅니다. 어쩌면 위험 구간에서와 같은 끔찍한 사고로 이어질 가능성도 배제할 수 없겠죠."

"시우 씨, 브라보! 정말 대단하십니다. 입이 다물어지지 않네요."

양 조교가 손뼉을 치며 말했다. 늘상 핀잔만 주던 양 조교의 칭찬에 시우는 순간 콧날이 시큰했다. 정말 오늘은, 알 것도 같고 모를 것도 같은 그런 신기한 하루라는 생각이 다시금 들었다.

"시우 씨, 수고했어요. 이번에 모두들 경험했겠지만, 시우 씨 차 한 대의 지체가 다른 모든 차량의 정체로까지 이어졌다는 사실을 기억해야 할 것 같습니다. 안전 구간이라고 해서 적극적으로 운전하지 않으면, 어쩌면 우리는 인생의 대부분을 도로 위에서 보내게 될지도 모릅니다. 어떤 상황이든 최선을 다하는 것이 가장 중요하다고 봅니다."

주식사부는 메모장을 앞으로 몇 장 넘기더니 말을 이었다.

"시우 씨! 질문을 하나 더 드립니다. 그렇다면 직선 구간은 이익 구간에 속합니까, 손실 구간에 속합니까?"

"당연히 이익 구간이죠."

"네, 맞습니다. 그러면 이익 구간에서 취해야 할 행동은요?"

"이익이 나고 있는 경우는 절대 팔면 안 됩니다. 갈 때까지 가야죠."

"동감입니다. 이익은 최대한 굴리는 겁니다. 이런 표현을 써서 좀 뭣하지만 이때 왕창 못 땡기면 인생에서 돈 벌 수 있는 기회는 영원히 날아가버리죠."

인천가치주가 확신에 찬 말투로 의견을 피력하자 모두의 시선이 시우에게서 순간 인천가치주에게로 쏠렸다.

"말씀은 쉬운데, 과연 그것이 실제로 거래 상황에서 쉬울까요?"

태권도가 고개를 갸우뚱하며 되물었다.

"맞는 얘깁니다. 막상 그런 상황이 오면, 글쎄요…… 아마 적당한 시점에 팔기 바쁠 겁니다. 이익은 빠르게 확정 짓고 싶은 것이 사람의 본성이니까요."

시우가 답을 대신했다.

"저도 항상 종목을 살 때는 이익 목표를 50% 이상으로 잡죠. 그런데 50% 이상까지 가져간 적은 단 한 번도 없어요. 이번에는 끝까지 가져간다고 몇 번씩 다짐했다가도 막상 조금 오르면 10~20% 정도에서 던집니다. 이익 나면 불안해서 도저히 못 버티니까요. 그런데 사부님은 이익 목표를 50% 정도로 잡는 것도 불만이시니……."

인천가치주가 주식사부를 바라보며 말했다.

"하하, 불만이라기보다는 모순이기 때문입니다. 이익 구간에서 이익 목표를 미리 설정하고 매도한다는 것이 큰 모순이라는 얘깁니다. 누차 말씀드리지만 개인 투자자들이 주식투자를 통해 부자가 될 수 있는 유일한 길은 먹을 때 크게 먹는 방법뿐입니다. 자, 지금까지 내용을 정리해보겠습니다. 모두들 이익은 크게 굴려야 한다는 데는 이견이 없는 듯합니다. 그런데 크게 굴려야 한다는 명제가 성립하려면, 이익 구간의 끝이 어디냐는 문제가 발생합니다. 어떤 투자 상품이든 정해진 가격이나 고정된 목표 값은 없을 것이니까요. 그렇다면 이럴 경우 그 기준은 어떻게 잡으면 좋을까요?"

"글쎄요……."

태권도가 도저히 모르겠다며 머리를 가로저었다.

"이것도 드라이브 이론으로 풀면 되지 않을까요?"

시우가 거침없이 말했다.

"드라이브 이론으로? 어떻게요?"

태권도가 궁금하다는 표정으로 되물었다.

"쉽게 얘기하면, 속도를 감속해야 하는 것은 커브 길이나 과속방지턱 때문이죠. 장애물이나 위험 구간이 출현하지 않았는데 속도를 미리 떨어뜨리는 것은 매우 비효율적이니까요. 다시 말해, 커브 길이나 과속방지턱이 나타날 때까지 끌어올린 속도를 최대한 유지하는 것이 가장 효율적입니다. 그렇다면 그 기준은 바로 과속방지턱이나 커브 길 출현이 될 겁니다."

시우가 말을 마치자 태권도가 이제야 이해한 듯 나섰다.

"아하, 그러니까 직선 구간도 언젠가는 커브 길이나 과속방지턱이 나올 거다, 그러니까 가속 구간을 그때까지로 잡으면 된다…… 대충 이런 말씀이시죠?"

"오호라, 알겠어. 손실 구간에 접어들기 전까지 계속해서 보유 포지션을 끌고 가면 되겠네. 간단하네."

깡통맨이 결론을 내리듯 큰소리로 말했다.

"네, 아주 좋습니다. 커브 길이나 과속방지턱을 손실 구간으로 잡자는 의견은 정말 대만족입니다. 그런데 투자의 관점에서 보면, 도대체 손실 구간의 시작점, 그 기준은 어디로 잡아야 할지 모호하지 않나요? 즉, 이익을 최대한 굴리는 것까지는 좋은데 도대체 어디에서 멈추어야 하느냐는 겁니다."

주식사부가 의견을 내보라는 듯 손바닥을 펴며 말했다.

"휴…… 어렵네. 도대체 뭔 말인지."

퇴직금여사가 머리를 가로저었다.

"음…… 쉽지 않네. 목표 가격을 50% 이상 잡아놓고 팔 수도 없는 노릇이고."

태권도가 쉽지 않다는 표정으로 말했다.

"잠깐만요, 이러면 어떨까요? 직전 최고 가격을 기준으로 이익 구간의 끝을 정하는 것이죠. 쉽게 얘기하면 최고점에서 일정 폭 떨어지면 처분하는 것입니다. 예를 들어, 1만 원에서 2만 원까지 급등했다면 손실 구간을 매입 가격인 1만 원을 기준으로 하는 것이 아니라 최고가인 2만 원을 기준해서 하락폭을 정하면 될 거 같습니다."

시우가 힌트를 냈다. 주식사부가 만족한 듯 고개를 크게 끄덕였다.

"아하, 그러니까 1만 원에서 출발한 종목이 계속 상승하면 끝까지 들고 가다가 어느 시점에선가 꺾이면 꺾인 시점의 가격을 기준으로 해서 손실 구간을 잡자…… 뭐 그런 뜻이죠? 그렇다면 쉽네요."

마도로스도 알겠다는 듯 고개를 끄덕이며 말했다.

"그렇습니다. 만약 2만 원까지 갔다가 꺾이면 그 가격을 최고점으로 잡고, 일정 폭 하락하면 손실 구간으로 생각하고 처분하면 된다는 얘기죠. 뭐, 대충 최고점 대비 꺾인 폭을 10% 정도로 잡았다 쳤을 때, 2만 원의 10%인 2000원 가량 하락한 1만 8000원 정도를 이익 구간의 끝, 즉 손실 구간의 시작으로 잡는 것입니다."

시우의 계속된 얘기에 주식사부는 연신 고개를 끄덕였다. 만족스러운 미소가 얼굴 전체에 그득했다.

"만약 2만 원을 찍고 하락하다가 1만 8000원까지 안 오고 다시 상승하면, 그땐요?"

"그땐 여전히 안전 구간, 즉, 이익 구간으로 간주해야겠죠. 기준 가격 밑으로 떨어지지 않았으니 아직 위험 구간에 도달하지 않았다고 판단하고 이익을 최대한 굴려야 할 겁니다. 결코 처분해서는 안 되겠죠. 이는 안전 구간에서는 결코 속도를 낮춰서는 안 된다는 드라이브 이론에도 위배되니까요."

시우가 시원시원하게 정의를 내렸다. 시우는 단 하루 만에 몰라보게 달라져 있었다.

"시우 씨 얘기는, 1만 원에 사서 목표가를 10~20% 잡고 1만 1000원이나 1만 2000원에 정해놓고 파는 것보다 얼마가 되든 최고점이 나온 후 그 가격대 기준해서 10% 떨어지면 파는 것이 훨씬 유리하다는 그런 얘긴가요?"

퇴직금여사가 오랜만에 나섰다.

"네, 맞습니다. 목표 값을 정하지 않고 끝까지 수익을 불려가는 것이 훨씬 좋다는 얘깁니다. 예를 들어, 직선 구간에서 커브 길에 당도하지도 않았는데 10km 달리고, 혹은 20km 달리고 속도를 떨어뜨릴 필요가 없다는 의미입니다."

"맞네, 위험이 닥치지 않았는데도 속도를 낮춘다는 것은 1만 원에 사서 2~3만 원 혹은 5만 원 이상 갈 수도 있을 주식의 이익 폭을 1000~2000원으로 제한하는 것과 같겠네요. 위험 구간이 나올 때까지, 다시 말해, 과속방지턱이나 커브 길이 출현하기 전까지 계속 달린다는 것은 몇 만 원의 큰 이익을 챙길 수도 있다는 결론이 되고, 최고가로부터 10% 이상 꺾이지만 않으면 팔지 않을 것이니까 말이야. 이게 진짜 대박일세."

깡통맨은 얼굴이 상기된 채 말했다.

"그렇습니다. 목표 값을 정하고 처분할 경우 최대 이익 폭은 1000원에 고정되고 말겠죠. 그러나 최고점 대비 꺾인 폭을 기준할 경우, 만약 추세가 지속된다면 최대 이익 폭이 얼마가 될지 그 누구도 알 수 없을 것 같네요. 개인적인 생각입니다만, 돈을 최대한 굴리는 데 이 드라이브 이론이 최고의 법칙인 거 같습니다."

시우가 확신에 찬 목소리로 말했다.

"그렇다면…… 과거 IMF 때 사부님 친구분께서 무지함과 방관에 의해 열 배를 벌었다는 새롬기술이나 금호석유의 경우도 이 드라이브 이론을 적용할 수 있겠네요. 그럴 경우 절대 행운이 아니라 누구나 실력으로 그들 이상의 대박을 챙길 수 있다는 얘기가 되네요."

마도로스가 말했다.

"하하하, 그렇습니다. 새롬기술의 경우 최고점 가격 기준으로 적용하면 이익은 열 배가 아니라 최대 오십 배 이상 벌었을 겁니다. 당시에 새롬기술은 액면 분할 전 가격으로 무려 308만 원까지 찍고 내려왔으니까요."

주식사부가 호탕하게 웃으며 말했다. 그러자 그의 뒤에 서 있던 깡통맨이 허공에다가 손가락으로 계산하면서 말을 이었다.

"308만 원이라, 그렇다면 최고점 대비 꺾인 폭을 10%로 잡았다고 가정하면, 음…… 대략 270만 원에서 처분했다는 결론이 나오네. 휴…… 그런데 막상 그 상황이 되면 그렇게 진득하게 챙길 수 있을까 몰라."

"쉽지는 않겠죠. 그러나 그 점이 바로 드라이브 이론을 숙지해야 하고 반드시 지켜야 할 이유라고 생각합니다. '이익은 최대한 굴려라!' 이것만이 개인 투자자들이 부자가 될 수 있는 거의 유일한 방법이라는 판단이니까요. 솔직히 지금까지 저도 이런 식의 거래를 경험해보지는 못했습니다. 그 점이 많이 아쉽습니다. 그러나 앞으로 이런 상황에 맞닥뜨린다면 결코 두려워하거나 물러서지 않고 당당하게 거래할 계획입니다. 철저하게 드라이브 이론에 입각해서 말입니다."

시우가 주먹을 불끈 쥐며 말했다.

짝짝짝. 여기저기서 박수소리가 터져 나왔다.

"시우 씨, 정말 대단해요! 도대체 언제 이렇게 전문가가 된 거야? 솔직히 지금까지 얘기한 내용들이 완전하게 이해되지는 않지만 '이거다!'하는 느낌은 아주 강하게 오네요. 가슴이 확 부풀어 오르면서 희망이 펑펑 샘솟는 거 같기도 하고요. 거의 부자 된 기분, 그런 기분 아시죠?"

퇴직금여사가 희망에 찬 표정으로 말했다.

"저도 그렇습니다."

"우리가 찾는 평생의 파이프라인이 혹시…… 오늘 발견한 드라이브 이론인 거 아냐?"

깡통맨이 눈을 크게 뜨며 말했다.

"그런 거 같습니다. 모두들 수고하신 사부님 그리고 시우 씨를 위해 박수 한번 쳐드립시다."

마도로스의 말이 끝나자 우레와 같은 박수소리가 터져 나왔다.

짝짝짝.

chapter 13

이것이 진짜 큰 승부다

Become a Genius in Stocks

시우는 가급적 진득한 마음으로 최근에 편입한 종목의 움직임을 지켜봤다. 그 사이 20여 일이 지났다. 일부 종목이 예상을 벗어나 움직이기도 했으나 전체적으로 매입이 크게 잘못됐다고 판단되는 종목은 없었다. 거기에는 4월에 들어서며 다시 시작된 종합지수의 고점 높이기 덕도 보았다.

시우는 자신이 편입한 종목의 차트를 켜놓고 그간의 변화에 대한 분석을 해보기로 했다.

코스맥스

5월 중순에 매입하여 보유 기간이 한 달 반에 이르렀다. 3월초에 시작된 외국인 매집이 6월에도 계속 이어졌고 7월 들어서는 기관의 수급도 유입되기 시작했다. 좀 더 묻어두기로 결심하는데 긍정적인 신호가 아닐 수 없었다.

시우의 매입가인 2만 500원의 주가도 그 사이 2만 7000원대로 올라 있었다. 30% 이상의 이익!

그런데 이 가격대에서 6월 말에 들어서며 20일선에 근접하는 조정을 보였다. 시우는 갈등했다. 이쯤에서 이익을 챙겨야 하나? 그때 떠오른 말, '크게 승부하라.' 시우는 다시 상황을 살폈다.

20일선을 잠시 이탈하는 조정을 보였지만 주가는 빠르게 20일선을 회복했고, 또 자신이 정한 과속방지턱 기준일 직전 고점 대비 -15%, 아직 여기에는 미치지 못하고 있었다. 7월 들어 기관이 매입을 늘리고 있는 모습도 믿음을 주었다. 시우는 보유를 결정했다.

파라다이스

전형적인 계단식 상승이었다.

5월 이후, 단기 상승에 따른 기간 조정이 계속됐다. 그때마다 주가는 20일선의 강하게 지지하며 저점을 높여가고 있었다.

오히려 시우는 20일선을 지지하는 풍부한 대기 매수세력을 확인하면서 종목에 대한 확신을 가지게 되었다. 게다가 기관의 매수세가 꾸준히 유입되고 있었고, 중국VIP 방문객이 증가하고 있는 상황에서 팔아야 할 이유가 없었다.

오스템임플란트

매입 이후 주가는 20일선을 거의 건드리지 않고 꾸준히 상승했다. 1만 3000원에 산 주식은 한 달여 만에 1만 6000원대를 찍었다. 무려 20%에 가까운 수익이 발생했다. 외국인의 지속적인 매수가 무엇보다 크게 작용한 듯했다. 시우는 외국인의 힘을 새삼 실감했다.

강세를 보이던 주가는 7월 들어 외국인의 매수가 주춤하자 7월 3일 -7%대의 장대음봉이 나타났다. 시우는 매도를 신중하게 고민했다.

팔아야 하나, 말아야 하나…….

사부님이 그렇게 강조하던 보유 기간의 조절! 금방이라도 20일선을 이탈할 것만 같은 장대음봉은 시우에게 큰 고민을 안겨주었다.

그러나 시우는 이 종목에서 만큼은 직감을 따르기로 결정했다. 7월 외국인의 매수세가 주춤했지만 아직 그들의 물량이 빠져나가지 않았고, 주가는 여전히 20일선의 지지를 받고 있었기 때문이다. 추세가 꺾일 것이라는 생각이 들지 않았다. 그만큼 기업에 대한 확신이 너무나도 강했다.

한동안 불안과 희망이 이어졌다.

인포피아

매수를 망설였던 인포피아는 매입 후 반등 없이 줄곧 하락하는 모습을 보였다. 20일선 이탈 후 빠르게 회복하는 모습을 보였지만 주가는 또 다시 20일선을 무너뜨리며 긴 조정국면에 들어갔다.

20일선 추세 이탈하면 무조건 던져라!

시우는 인포피아의 성장성에 배팅했던 자신의 판단이 성급했음을 인정했다. 2월 기관의 수급이 빠져나가고 있다는 점과 경기 악화로 인포피아의 수익성이 악화되고 있다는 점을 놓쳤던 것이 가장 큰 실패 요인이었다.

아쉽게도 2만 1300원에 매수했던 인포피아는 3월 6일 20일선을 두 번째 이탈하는 시점인 2만 100원에 손절했다. 시우는 다소 속이 상했지만 원칙대로 매도 급소점에서 주저하지 않고 과감하게 잘라줬다는 점에 위안을 삼았다.

인포피아는 이후에도 지속적으로 하락해 손절매의 중요성을 다시 한번 일깨워 주었다. 인포피아는 3월 22일 120일선마저 무너뜨리며 6월 초 1만 1850원까지 내려갔다. 짧고 과감하게 끊어준 손절매가 결과적으로 손실 축소는 물론 기간 손실도 막아줬던 것이다.

컴투스

삼성전자의 갤럭시 시리즈와 애플의 아이폰은 예상대로 스마트폰 시장의 혁신을 불러일으켰다. 이에 모바일게임 시장의 선두주자인 컴투스의 주가는 20일선을 타고 전형적인 계단식 상승을 보여주었다.

5일선을 타고 상승하던 주가는 4월 25일 -8%대의 장대음봉을 맞았다. 갑작스런 급락에 시우는 매도를 고민하지 않을 수 없었다. 하지만, 메이저의 수급이 유입되고 있었고 20일선은 아직 무너지지 않았다는 점에서 보유를 결정했다.

결국 20일선 근처에서 기관의 강력한 매수세가 유입되며 주가는 빠르게 저점을 높여갔다. 2만 500원에 매수했던 주가는 불과 한 달반 만에 3만 1000원을 돌파했다. 50%가 넘는 수익이었다. 시우는 스마트폰 시장에 대한 확신과 기관의 수급이 꾸준히 들어오고 있다는 점에서 조금 더 보유하기로 결정했다.

JCE

2월 23일, 20일선 눌림목 구간에서 반등하는 모습에 매수했던 주가는 다음날 곧 바로 +7% 급등하며 수익을 안겨주는 듯했다. 하지만, 4만 950원을 고점으로 주가는 상승추세를 이어가지 못하고 옆으로 횡보하기 시작했다.

3월 초 잠시 반등을 주는가 싶더니 외국인의 수급이 이탈하기 시작하면서 주가는 내리막을 걷기 시작했다. 3월 15일, 20일선을 이탈하는 시점에 매도를 결심했지만 매수가인 3만 7000원까지는 여유가 있다는 생각에 매도 타이밍을 잠시 늦췄다.

하지만 이게 패착이었다. 반등을 기대했던 주가는 이틀 뒤 60일선과 120일선을 함께 무너뜨리며 크게 하락했다. '기본에 충실하라'는 사부님의 말씀이 갑자기 생각났다.

아쉽게도 3만 7000원에 매수했던 JCE는 3월 19일 3만 6000원에 매도했다. 워낙 저가에 잡았던 종목이라 손실폭은 크지 않았지만 조금 더 빨리 팔 수 있었는데 그러지 못했던 점이 못내 아쉬웠다.

씨티씨바이오

1만 2700원에 매입한 후, 다음 날 +11%대의 장대양봉이 나타났다. 기분 좋은 출발이었다. 하지만 이후 보름 동안 주가는 15,000원대에서 별다른 조정 없이 횡보하는 모습을 보였다. 이미 10% 이상 이익이 났던 터라 시우는 이익 실현 욕구에 매일매일 시달렸다. 아마 이전의 거래 방식이었다면 당연히 매도해 이익을 실현시켰을 것이다.

시우는 보유를 결정했다.

큰물을 믿고, 드라이브 이론을 믿었다. 아직 20일선을 깨지 않았다. 그렇다면 속도를 줄여야 할 커브 구간이 아직 나오지 않았다는 얘기 아닌가?

'이익이 난 포지션은 절대 팔지 않는다. 오히려 이익이 난 포지션에서 추가 매수로 가야 한다. 드라이브 이론에서 배운 대로, 큰물한테서 배운 대로 해야 한다. 이익은 최대한 크게 굴려야 하지 않겠는가.'

생각이 여기에 미치자 시우는 씨티씨바이오에 모험을 걸기로 했다. 추가 매수를 결정한 것이다.

'리스크 없이 기회도 없다'는 말이 있지 않은가. 시우는 계단식 상승을 거의 6개월째 지속하는 강한 추세를 믿기로 하고 7월 19일, 1만 6100원 가격에서 추가 매입을 감행했다. 손절한 돈에 보유 현금을 보태 900만 원을 몽땅 털어 넣었다. 실로 과거엔 상상할 수도 없었던 강한 배팅이었다. 이제 씨티씨바이오에 대한 투자금이 1300만 원으로 늘어났다.

보유 주식에 대한 교통정리를 대충 마쳤다. 종목 수는 처음의 일곱 개에서 두 개를 손절하고 다섯 개를 유지했다. 아직 이익을 확정 지은 건 아니지만 일단은 5승 2패, 대단히 만족할 만한 결과였다.

시우는 자주는 아니었지만 투자에 대한 현황을 석기에게도 얘기했다. 사랑하는 남자에게 자신의 일을 떳떳이 드러내고 싶었다. 석기도 전처럼 주식에 대해 반감 일변도는 아니었다. 그것은 양 조교의 개입이 가져다준 큰 변화였다. 시우는 새삼 양 조교가 고맙게 느껴졌다.

그러던 어느 날 오후, 시우는 석기가 강의를 하는 학교의 교정에 석기와 나란히 앉았다. 그날은 보유종목이 유독 많이 올라 시우는 자신도 모르게 가볍게 콧노래까지 흥얼거렸다.

"얼씨구, 아주 신났네. 아예 얼굴에다 '나 돈 놓고, 돈 먹은 사람이다.'라고 써주랴?"

"뭐야? 그런 말 안 하기로 했으면서 웬 반칙? 나 일어선다."

"하하, 미안 미안. 그냥 농담해본 거야."

"한 번만 더 그랬단 봐라."

그때 교정 저쪽에서 이쪽으로 손을 들어 보이며 다가오는 사람이 있었다. 양 조교였다. 석기가 뜨악한 표정으로 시우를 봤다.

"저 녀석이 웬일이야? 네가 불렀니?"

"응, 주식 공부뿐 아니라 우리 사이까지 좋게 만들어줬는데, 고맙단 표시를 제대로 못 해서 밥 한번 사려고."

"그럼 따로 보지 그랬어. 내가 자리 피해줘?"

"아니, 석기 씨도 있어야 해. 둘이 싸우고 난 후 한 번도 못 봤다고 했잖아. 나 때문이었으니 내가 화해 자리도 만들고 싶어. 잘했지?"

"그래, 잘했다. 안 그래도 한번 만나려던 참이었는데."

그사이 양 조교가 예의 능글거리는 웃음을 지으며 다가왔다.

"여…… 이거 두 사람 데이트하는데 내가 방해한 거 아냐?"

"방해는…… 그래, 반갑다. 잘 지냈냐?"

석기가 가볍게 손을 들며 대답했다.

"얼레? 웬 친절? 난 주먹이라도 날아올 줄 알았는데."

"그만 놀려라. 네 덕분에 그동안 몰랐던 세계를 하나 더 알게 됐으니, 오히려 내가 감사해야지. 게다가, 시우 얼굴에 이렇게 다시 미소도 찾아줬는데."

"야, 이거 천지가 개벽할 일이네. 샌님이 나 같은 놈을 다 이해한다 하고. 아무튼, 맞을 일 없어서 잘됐다. 흐흐흐."

"너 자꾸 느물거릴래?"

시우는 두 사람의 옥신각신하는 모습이 재미있는지 크게 소리 내어 웃었다.

"무슨 남자들이 여자들처럼 그렇게 토닥거려요? 근데 이거 너무 싱겁게 짝짜꿍해버리니 내가 할 일이 없네."

시우의 말에 양 조교가 짐짓 심각한 표정을 해보이며 말을 받았다.

"할 일이 없다니요? 우리 아직 안 풀렸는데. 밥이라도 떡 벌어지게 사면 풀리려나? 석기 넌 어때?"

"글쎄, 일단 먹어보고 나서 이 여자를 혼내든가 말든가 하자."

"어휴, 이 남자들 웃겨. 알았어요. 가요, 가!"

시우는 두 사람 사이에서 모처럼 해맑게 웃었다. 멀리서 비치는 석양 노을이 그녀의 얼굴을 더욱 해사하게 물들였다.

여름이 짙어졌다. 그동안에도 시우는 주식과의 씨름에 열중했다. 다만 보유 종목에 일부 변동이 있었다. 코스맥스, 파라다이스,

컴투스는 매도를 통해 이익을 실현했고, 오스템임플란트는 추가 매입과 보유, 7월 이미 투자금을 더했던 씨티씨바이오는 보유를 이어갔다.

다음은 그 변동 내역이다.

코스맥스는 꾸준히 계단식 상승을 이어갔으며, 5월 말부터는 외국인의 매수세가 유입되면서 주가는 가파르게 상승했다. 한 달간 폭발적인 상승이 있었다. 그러다가 9월 들어 외국인과 기관이 차익 실현하는 모습이 포착되며 음봉을 기록하는 날이 많게 되었다.

시우는 이제 때가 되었음을 인지하고 3만 8700원에 물량을 모두 던졌다.

수익률 90%!

결코 작지 않은 수익이다. 이렇게 코스맥스는 시우한테 첫 대박을 안겨주었다. 이후 재반등하여 4만 9000원까지 추가 상승하여 아쉬움을 주었지만, 메이저의 수급이 이탈되는 시점에 정확히 매도를 하였기에 잊기로 했다.

파라다이스는 5월과 6월 20일선을 건드리는 일시적인 조정 구간이 나왔지만 다행히 20일선을 견고하게 지지해 주었다. 매입 이후 단 한 번도 20일선을 무너뜨리지 않고 안정적인 계단식 상승 패턴을 보여주었다. 당연히 매도할 이유가 없었다.

그러던 7월 중순 이후, 종합지수가 글로벌 증시의 급락과 함께 크게 조정을 받자, 결국 파라다이스는 외국인들의 대량 매도세에 견디지 못하고 20일선 밑으로 곤두박질쳤다. 7월 13일 -5%대의 Sell음봉이 20일선을 이탈하자 시우는 1만 3200원에 지체 없이 전량 정리했다. 그동안 갈등과 두려움에 얼마나 시달려왔던가! 그런 시우인지라 기준점에 이르자 일말의 미련 없이 정말 후련하게 던졌다.

수익률은 무려 52%!

7월 중순부터 약 한 달간 지루하게 횡보하던 주가는 8월 중순 이후 기관의 매수세가 폭발하며 10월 2만 1000원까지 추가 상승했다. 파라다이스 역시 아쉬움이 많이 남는 종목이지만 외국인의 수급과 20일선이 이탈되는 시점에 매도했다는 점에서 후회는 없었다.

오스템임플란트는 6월 한 달간 시세를 낸 이후 7월 초 거래량을 동반한 장대음봉이 나타났다. 이후에도 20일선을 터치하는 단기 조정은 보였지만 주가는 20일선을 지켜냈고 메이저의 수급이탈도 포착되지 않아 보유를 유지했다.

8월 중순, 시우는 이 종목의 거래량이 점증하며 5일선을 타는 모습을 포착했다. 사상최고가를 경신하는 등 매물에 대한 부담감은 전혀 없었다. 이 종목은 이제부터 다시 간다!

8월 22일, 주가가 5일선을 타고 사상 최고치를 경신하자 시우는 추가 매수를 결행했다. 2만 1300원에 다른 종목을 판 자금인 1000만 원어치를 몽땅 쏟아 부었다.

망설임이 적지 않았던 결정이었으나 상승 추세를 확신한 선택이었다. 여전히 보유중인 10월 중순, 현재 주가는 3만 3000원 선에 올라있다. 첫 매입가에서는 154%, 추가 매입 부분에서는 55%의 엄청난 수익이었다. 시우는 짜릿한 전율을 느꼈다.

컴투스는 5월과 6월 기관의 폭발적인 매수세가 유입되면서 2만 500원대에서 4만 5000원대로 기분 좋은 시세가 나왔다. 그러나 7월 중순 20일선을 이탈하자 시우는 매도에 대한 고민을 하기 시작했다. 하지만, 지금까지 기관의 매집 물량을 감안할 때 기관 자금이 이 종목을 이탈했다고 판단하기는 힘들었다. 시우는 조금 더 보유하기로 결정했다.

이후 주가는 보기 좋게 20일선을 회복하며 2차 상승으로 이어졌다. 2만 500원에 매수했던 주가는 10월 7만 6000원까지 급등했다. 그러던 10월 18일 기관의 대량 매물이 나오면서 20일선을 또다시 이탈하자 시우는 미련 없이 6만 7000원에 전량 매도했다.

수익률은 무려 230%!

아, 양 조교가 그랬던가. 평생 더블 종목 한번 못 잡는 투자자가 90% 이상이며, 더블 종목 먹는 순간부터 개안(開眼)의 경지에 든다고. 시우는 한동안 벅찬 감회에 빠져 눈시울을 붉혔다.

씨티씨바이오는 4개월째 보유가 이어졌다. 주가는 20일선을 타고 꾸준히 저점을 높여갔다. 9월 기관의 매도와 함께 20일선을 잠시 이탈했지만, 9월 말 기관과 외국인의 쌍끌이 매수가 유입되면서 10월 현재 주가는 2만 7000원대까지 가파르게 상승 중이다. 매입 시기로부터 치면 무려 113%의 엄청난 수익이었다.

오스템임플란트와 컴투스에 이어 또 다시 더블 종목이 터지다니! 시우는 새삼 감격스러웠다.

시우는 반년 사이에 자신도 놀랄 만한 엄청난 수익을 올리고 있었다. 그렇다고 마냥 편안히 주가의 변화를 지켜본 것은 아니었다. 거의 매일 종가 무렵에 각 종목의 안전 구간과 커브 구간 여부, 행여나 과속방지턱이 나타나지는 않았는지 살피고 또 살폈다. 특히 주가가 조정에 들어 출렁일 때는 보유와 매도 사이에서 하루에도 마음이 수십 번씩 휘둘렸다. 그럴수록 20일선 지지, 직전 고점 대비 -15% 이탈 여부 등 원칙을 잊지 않았다.

시우는 또 다른 유혹과도 싸웠다. 그것은 뜻밖에도 주가가 아무 탈 없이 잘 달리고 있을 때 찾아왔다. 특히 연일 고점을 높여가는 급등 종목의 경우 매 순간 엄청난 공포를 안겨주었다. 그만 멈추고 이익을 실현할까 하는 유혹이 시우를 시시각각 괴롭혔다. 그러나 그럴 때마다 큰물과 주식사부의 철학과 가르침을 생각하면서

꿋꿋하게 버텨냈다. 때로는, 참기 힘들면 대바늘을 옆에 두고 허벅지를 찌르라는 양 조교의 농담을 떠올리면서 유혹을 뿌리쳤다.

'보유 기간의 조절', '크게 승부하라', 이 모든 이론적 배경 그리고 그 해답은 결코 미래를 예측하지 않는 것에서 찾아야 한다. 눈에 보이는 현상, 즉 추세는 추세에 맡겨야 한다. 공포와 희망에 휘둘리지 않으면서 말이다.

'언제가 되든지 커브 길은 나타날 것이고, 그러면 속도를 낮추면 된다. 그때까지는 최대한 속도를 올려서 가속을 멈추지 않아야 한다.'

거기에 추세의 끝이 있지 않겠는가.

'이익은 최대한 굴려야 한다. 커브 길과 과속방지턱을 미리 예상하고 이익을 미리 확정 짓는 우를 범하지 말아야 한다.'

아무튼, 시우는 자신이 정한 뚜렷한 원칙을 끝까지 고수했다. 그의 정신적 지주인 '큰물'과 '주식사부'를 항상 생각하면서 매 고비마다 유혹과 싸웠던 것이다. 결국, 이런 강한 의지와 원칙 대응은 시우에게 놀라운 결과를 안겨줬다. 정말 과거와는 결코 비교할 수 없는 엄청난 수익을 가져다준 것이다.

불과 반년 사이, 시우의 자본금은 놀랍게도 거의 세 배로 불어 있었다. 정말 마법 같은 일이 실제로 현실로 나타난 것이다. 시우가 한 일은, 단지 몇 가지 수익 모델을 배우고, 거기에 따른 원칙을 정했으며, 그 원칙을 끝까지 고수했을 뿐인데 말이다.

시우는 그동안의 결과를 큰물에게 보여주고 조언을 듣기로 했다.

종목	매입가		현재가	상태
코스맥스	600만 원	→	1132만 원	※ 이익 실현
파라다이스	700만 원	→	1062만 원	※ 이익 실현
오스템임플란트	500만 원	→	1269만 원	※ 보유
	1000만 원(추가 매입)	→	1549만 원	※ 보유
인포피아	300만 원	→	283만 원	※ 손절
컴투스	300만 원	→	980만 원	※ 이익실현
JCE	500만 원	→	486만 원	※ 손절
씨티씨바이오	400만 원	→	850만 원	※ 보유
	900만 원(추가 매입)	→	1509만 원	※ 보유
초기 자금	3600만 원	→	현재 : 7520만 원	

맨 처음 큰물과 만났던 H호텔 커피숍. 큰물은 예나 지금이나 달라진 게 없었다. 점퍼와 평범한 청바지 차림에 다듬지 않은 머리와 다소 통통한 체구, 모두가 그대로였다.

"여전하시네요. 옷 입으신 것도 그대로고."

"허허. 나야 항상 그렇지, 뭐. 그런데 시우 양은 많이 달라졌어. 표정도 그렇고, 말투도 그렇고."

"그래요? 특히 어떤 점에서요?"

"음, 예전보다 더 확신에 차 있다고 해야 하나? 아무튼, 당당하고 아주아주 보기 좋아. 내가 다 가슴이 후련할 정도야."

큰물은 변함없이 반가운 얼굴로 시우를 대했다. 시우는 큰물에게 지난 반년 사이의 거래 내역을 메모한 일지를 보여주었다. 묵묵히 보던 큰물의 얼굴에 감탄의 빛이 번졌다.

"이런, 대단해, 정말 대단해. 이제 드디어 시우만의 파이프라인을 구축한 것 같군."

"아저씨! 지금, 저 칭찬하시는 거예요?"

"칭찬이고말고. 좋은 종목을 발굴했다는 것도 훌륭하지만, 위기 때마다 냉철한 판단력으로 매도 급소 구간까지 용케 버텨낸 게 난 더 대견해. 확실히 시우에겐 승부사 기질이 있어. 정말 대단한 자산이지."

"부끄러워요. 사실은 순간순간 얼마나 갈등이 많았는지 몰라요."

"그러니까 자네가 대견한 거야. 이익을 주고 있는 종목을 팔고 싶은 유혹, 이건 결코 이겨내기가 쉽지 않거든. 엄청난 수익도 훌륭했지만 자네가 극한의 공포를 극복하고 이익을 최대한 굴렸다는 사실이 더욱 대단해. 정말 믿기지 않을 정도야. 덕분에 앞으로 자네가 그토록 걱정하던 아버지를 도울 수도 있을 테고 말이야. 나도 나이를 먹어가는 처지로 그런 일이 예사로 보이겠나."

큰물은 마치 자기 자신의 일인 듯 감격해 했다.

"이 모든 것이 다 아저씨 덕분이에요. 제게 이런 큰 선물을 주신 것에 정말 감사드려요."

"아니야. 오히려 내가 그동안 많이 배웠고, 덕분에 많이 행복했지. 그래, 이젠 어떻게 할 건가?"

"좀 쉬려고요. 일부 종목을 팔았다고 바로 주식을 매입하지는 않을 거예요. 보유 주식을 쥔 채 곧바로 교체 종목을 고르는 건 조급함만 주더라고요. 아마 욕심이 앞서서 그런 것 같아요. 다시 한 번 에너지가 응집되기 시작한 종목, 고점 매물대가 없으면서 정말 날아갈 때 한계가 없을 그런 종목을 찾아 천천히 투자할 거예요."

"허허. 역시 달라. 자네는 큰손이 될 자질을 타고났어. 첨부터 내 알아봤지. 그러곤?"

"그런 후 조만간 직장으로 돌아가 방향을 찾지 못하는 개인 투자자들을 돕고 싶어요. 허황된 꿈이 아니라 진중한 투자가 될 수 있도록 말이에요. 더 이상 아버지처럼 무모하게 투자하는 사람이 나오지 않게 제가 할 수 있는 역할에서 최선을 다해볼 생각입니다."

"갈수록 예쁜 말만 하는군. 허허허."

큰물은 가방에서 조그맣게 포장된 물건 하나를 꺼냈다. 큰물은 그 물건을 조심스럽게 건네면서 '평생 선물'이라고 했다. '평생 선물?' 시우는 조금 의아하게 생각하면서 조심스럽게 포장을 벗겼다. 내용물은 다름 아닌 파이프라인을 형상화한 작은 조형물이었다.

"어? 파이프라인이네요."

"그래, 파이프라인이야. 이 파이프라인은 사람으로 치자면 동맥과 같은 그런 소중한 존재지. 때로는 에너지를 세계 곳곳으로 나르면서 온 세상을 풍요롭게도 하고, 또 때로는 사람과 사람을 이어주는 소통의 역할을 하기도 하고. 모쪼록, 평생 파이프라인을 기억하고, 또 평생 이를 구축하라는 그런 의미에서 이렇게 선물로 주는 거야."

시우는 감격에 겨워 선물을 소중하게 어루만졌다. 황동으로 정교하게 만들어진 파이프라인 조형물이었다.

그 조형물 상단에는 이렇게 적혀 있었다.

크게 승부하라

"큰 성공은 항상 큰 승부를 즐기는 사람들의 몫이었다네. 실패하는 사람들 대부분은 물에 젖지 않고 물을 건너고 싶어하는 그런 부류들이었고. 이 말을 평생 명심하게. '리스크 없이 수익도 없다.'란 사실을 말일세. 아무튼, 자네는 분명 크게 성공할 거라고 믿네. 자네한텐 합리적인 리스크를 기꺼이 감내하는, 그런 배짱이 있거든."

시우는 큰물의 선물을 손에 꼭 잡은 채 환하게 답했다.

"네, 명심할게요."

"그러나저러나, 난 벌써 궁금해지는걸?"

"네? 뭐가요?"

"다음엔 자네가 또 어떤 종목으로 승부할지 말이야."

"어쩌죠? 아직 아무것도 못 정했는데. 진정한 승부사는 목표물이 과녁에 들어올 때까지 과녁을 결코 움직이지 않는다면서요? 조만간 제 과녁에 자연스럽게 머리를 들이미는 그런 종목이 나타날 것이라 믿어요. 전 항상 방아쇠를 당길 준비를 해두고 있을 거고요."

"허허허. 이런! 이제 정말 더 가르칠 게 없구먼."

"호호, 별말씀을 다 하세요. 아무튼, 정말 고맙습니다. 이 모든 것이 일산 아저씨 덕분이에요. 평생 이 은혜 못 잊을 거 같아요."

"하하하. 그렇게 말해줘서 정말 고맙군. 솔직히 그동안 돈만 아는 사람으로 비쳐서 사람들 만나기를 주저했거든. 정말 자네 때문에 최근에 무척 행복했네. 나중에 크게 성공하게 되면 그때 날 괄시하면 안 되네. 알겠지? 하하하."

"넵! 호호호."

시우와 큰물은 커피숍이 울리도록 즐거운 대화를 이어갔다. 더러 사람들이 쳐다봤지만 두 사람은 아랑곳하지 않았다.

에필로그

청량리 지점
트레이딩 센터장이 된 홍시우

세계증권사 청량리 지점.

시우는 다시 회사로 돌아와 있었다. 그동안 세계증권 청량리 지점에는 적지 않은 변화가 있었다. 그것은 시우가 휴직을 하기 직전, 지점 차원으로 논란이 되었던 브로커리지 업무에 대한 노선 설정이었다.

자산관리에 비중을 둘 것이냐, 브로커리지 업무에 비중을 둘 것이냐의 문제는 단순히 '왼쪽으로 갈까 오른쪽으로 갈까'의 사안이 아니었다. 정답은 무엇이 매출 증대에 기여할 방안이냐 하는 것이었다. 과거 미국 대선에서 아버지 부시와 겨루었던 클린턴은 "It? Economy, Stupid. (문제는 경제야, 바보들아.)"라는 자극적인 구호로 서민층의 마음을 파고들어 승리를 일구어냈던 적도 있지 않은가.

청량리 지점이 당면한 문제도 결국은 그런 것일 수 있었다. 수익의 증대! 시우를 비롯한 직원들의 건의도 있었지만 청량리 지점은 본사의 방침인 자산관리 업무의 확대보다는 오히려 지점의 전

통적 수익 기반이었던 브로커리지 기능을 강화하는 쪽을 택했다.

'청량리 지역은 고액 자산가로 둘러싸인 강남이 아니다. 오히려 소매 영업 쪽에서 답을 찾아야 한다.'

아무리 판단이 그렇다 해도 본사의 방침과 대치되는 노선을 걷는다는 것은 큰 모험이 아닐 수 없었다. 그것은 본사도 인정할 만한 실적을 내지 못한다면 지점의 운명에 큰 영향을 미칠 수도 있는 선택이었다.

브로커리지 영업 강화 이후, 지점의 시장점유율을 하위 10%에 포함시키지 않기 위해 크렘린 지점장을 비롯한 직원들은 지난 6개월 동안 지점의 사활을 걸고 뛰었다. 전업 투자자를 위한 트레이딩 룸의 시설을 개선하고 고객 상담 직원을 증원하는 등 서비스의 질을 높였다. 그런가 하면 투자자를 위한 정기 증권 강좌도 실시했다.

그러기를 몇 달, 개인 투자자들 사이에 세계증권사 청량리 지점에 가면 투자에 도움을 받을 수 있고, 실제로 승률도 높아지더라는 소문이 났다. 그 결과 고객들의 계좌 개설이 눈에 띄게 늘었고, 지점의 영업이익도 지역 내 경쟁사들보다 크게 신장되었다. 지난달에는 놀랍게도 전체 지점 MS 평가에서 신장률 1위를 기록하기도 했다.

청량리 지점의 실적 향상은 이제 본사에서도 크게 인정하는 분위기가 됐다. 나아가 본사에서는 브로커리지 영업이 강한 지점이라면 브로커리지를 주력으로 해도 좋다는 이례적인 결정까지 보내왔다.

같은 건물 3층에 새로이 내걸린 '세계증권 청량리 지점 트레이딩 센터'.
시우는 그곳에 있었다. 시우의 가슴에 작은 배지가 붙어 있었다.
'청량리 지점 트레이딩 센터장, 홍시우'
초가을의 청량한 바람이 상큼하게 불어오는 이날, 센터 안은 사람들로 북새통을 이뤘다. 오늘이 바로 지난 3개월간 심혈을 기울여 공사를 해온 200석 규모의 국내 최대 트레이딩 센터의 개장일이었다.
본사의 고위 임원, 지점장과 동료들을 비롯해 시우의 부모님, 석기, 그리고 큰물, 주식사부, 양 조교, 파이프라인 증권아카데미 동료들까지 시우를 아끼는 모든 사람들이 축하차 센터를 찾았다. 또, 평소 2층 트레이딩 룸을 이용하던 일반 투자자들도 행사장을 가득 메웠다.
시우는, 외출을 해도 좋을 만큼 기력이 회복된 엄마와 기쁨을 감추지 못하는 아버지가 나란히 참석한 것이 무엇보다 뿌듯했다.
오픈식이 임박한 오전 10시경.
시우는 긴장을 이기느라 엄마와 아버지의 손을 꼭 잡고 서 있었다.

"대견하구나. 네가 정말 이 큰 사무실의 대장이란 말이지? 나는 말이다…….."

엄마의 말에 시우가 황급히 뒷말을 막았다.

"엄마, 쉿! 여기 지금 높은 분이 얼마나 많이 와 계신데."

그 말에 크렘린 지점장이 평소의 무뚝뚝하던 표정 대신 모처럼 환한 웃음을 지으며 대신 대답을 했다.

"네, 어머님 말씀이 옳습니다. 하하, 이곳에선 홍 센터장이 최고 대장입니다."

"지점장님, 우리 엄마 오해하세요."

"어허, 내가 틀린 말 했나? 앞으로 나도 여기에 오면 홍 센터장 말 잘 들을 건데."

그 말에 모두가 크게 웃었다. 시우도 싫지 않은 표정을 지었다.

많은 사람들의 중심에 당당히 자리 잡은 그녀의 모습에 석기도 적잖이 놀란 표정이었다. 그러나 그 내면에는 지난날 시우의 변화를 받아들이지 못하던 때와는 전혀 다른, 그녀에 대한 따뜻한 배려와 자랑스러움이 숨어 있었다. 석기는 소란스러운 분위기에 시우 부모님께 겨우 인사만 하고 양 조교와 같이 서 있었다.

"야, 막상 와보니 우리 홍시우, 근사하네. 이거 기죽어서 어디."

"호호호. 또 샘님 티낸다. 애인이 잘되면 좋은 거지. 너 질투하냐?"

"그래, 질투가 막 난다. 그런데 하나도 기분 나쁘지 않은 거 있지."

그때 시우의 아버지가 시우의 손을 잡고 석기 곁으로 왔다.

"석기 군, 왜 여기 따로 있나. 아직도 우리 아이하고 사이가 안 좋은가?"

"아, 아닙니다, 아버님. 사이가 좋으니까 이렇게 왔죠."

"그렇다면 다행이고. 내가 자네한테 사과를 해야 할 거 같아 이리 왔네. 나 때문에 자네도 마음고생 많았지? 시우를 봐서 용서해 주게."

"네? 용서라니요. 아닙니다, 아버님. 제가 오히려 옹졸해서 시우를 힘들게 했습니다."

그때 시우가 잽싸게 말을 잡아챘다.

"치, 옹졸했다는 거 알긴 아나 봐?"

"어허, 시우야, 무슨 말을 그렇게?"

"아이, 아빠, 농담한 거예요, 농담!"

"알았다. 너희 둘, 이번 주말에 같이 집에 오너라. 엄마 병도 많이 호전되었고 하니 이젠 미뤄두었던 너희 일도 마무리 지어야겠다."

"아빠! 저는 아직⋯⋯ 이제 막 시작인데."

"아니다. 매사 다 때가 있는 법이다."

시우가 다시 뭐라고 대꾸하려 들자 석기가 넙죽 허리를 굽히며 말을 빼앗았다.

"감사합니다, 아버님. 주말에 꼭 찾아뵙겠습니다."

"석기 씨!"

그때 장내 마이크가 울려 퍼졌다.

"곧 행사가 시작되겠습니다. 홍시우 센터장님, 그리고 내빈 여러분께서는 단상에 자리해주십시오."

마이크 소리에 막 돌아서 가려는 시우를 석기가 붙잡았다.

"아버님 말씀에 대답 안 해?"

"이따가……. 나 지금 바빠. 내가 여기 센터장이란 말야. 오늘 주인공이라고."

"그러니까 빨리!"

시우는 석기를 향해 눈을 한 번 흘기더니 못 말리겠다는 듯 빠르게 대답했다.

"그래, 알았어. 대신, 석기 씨! 정말 우리 엄마 아빠한테 효도 많이 해야 돼. 두 분껜 나뿐이란 말야. 알지?"

"그래, 약속할게."

석기의 따뜻한 눈빛과 자상한 말투에 시우는 순간 눈물이 글썽했다.

단상에 선 시우는 의외로 편안한 모습이었다. 앞에 앉은 큰물과 주식사부를 보고는 잠시 고개를 숙여 예를 갖췄다.

"제가 이 자리에 설 수 있게 해주신 사부님들이 모두 와계시네요. 초대에 응해주시고 자리를 빛내주셔서 정말 감사드립니다."

큰물과 주식사부는 가볍게 웃으며 손을 들어 시우에게 격려의 사인을 보냈다.

"이 자리는 두 가지 의미가 있습니다. 저는 저희 세계증권 청량리 지점과 개인 투자자 여러분이 함께 이기는 트레이딩 센터 운영을 지향합니다. 그래서 트레이딩 센터의 이름도 '윈윈(win-win) 트레이딩 센터'로 명명하게 되었습니다. 이 센터는 그동안 지점을 이용해주신 투자자 여러분이 계셨기에 설립될 수 있었습니다. 그런 만큼, 저는 무엇보다 투자자 여러분의 성공을 먼저 생각하는 센터장이 될 것입니다. 또 그것이 우리 지점의 이익에도 부합하는 길이라고 믿습니다."

트레이딩 센터에 모인 투자자들로부터 우레와 같은 박수가 터졌다.

"한때 저 또한 투자에 어려움을 겪은 적이 있습니다. 제가 대담한 성격은 아니거든요. 제 별명이 뭔 줄 아십니까? '새가슴'이었습니다. 우습죠? 제 별명만 봐도 제가 얼마나 소심한 성격인지 아실 겁니다. 정말 대담한 투자 같은 것은 꿈도 못 꿔봤죠. 그리고 저기, 평생을 교직에만 계셨던 제 아버지께서는 주변 사람들의 잘못된 인도에 퇴직금을 몽땅 잃기도 하셨습니다. 아빠, 죄송해요. 꼭 하고 싶은 얘기가 있어 밝힌 것이니까요."

시우의 아버지는 말없이 고개를 끄덕였다.

"아버지께서 퇴직금을 잃으신 충격에 제 어머니는 쓰러지셨죠. 저는 갑작스럽게 닥친 경제적 어려움과 부모님의 건강 악화로 정말 너무 고통스러운 날을 보냈습니다. 새가슴이 오죽했겠습니까."

시우는 코믹한 말투로 애써 밝게 말했다. 그러나 웃는 사람은 단 한 사람도 없었다.

"따지고 보면 고통의 사연을 가지신 분이 어디 한둘이겠습니까? 저는 그런 고통과 위기를 '큰 승부'를 통해 극복하기로 했습니다. 그러기 위해서는 그동안의 소심한 투자 패턴을 송두리째 바꿔야 한다는 생각을 했고, 운 좋게 지금껏 이기는 승부를 해왔습니다. 물론 앞에 계신 제 사부님들 덕이지만 말입니다. 아무튼, 그때의 고통을 극복하고 지금 이 자리에 섰으니 제가 깨우친 것 중 몇 가지는 오늘 꼭 말씀드리고자 합니다."

시우의 깊고 열정적인 말투에 센터는 쥐죽은 듯 조용했다.

"주식투자는 퍼즐 맞추기다!"

큰소리로 말문을 연 시우는 좌중을 둘러보며 잠시 뜸을 들였다가 말을 계속했다.

"주식투자에서 성공이란 퍼즐을 완성하는 것과 같습니다. 그 퍼즐을 완성하기 위해서는 수많은 조각이 필요하며 그 조각에는 수급 흐름의 핵심인 차트 분석과 메이저 수급 분석이 있습니다. 그리고 기업의 내재 가치를 분석하는 가치 분석, 장세의 흐름을 읽어내는 안목과 큰 승부에서 심리적 공포를 극복할 수 있는 시장 심리 분석까지 포함됩니다. 저는 주식투자에서 성공이란, 퍼즐의 완성임을 두 사부님을 통해보았으며, 그 완성이 나에게는 큰 희망과 강한 믿음으로 다가왔습니다. 그 믿음과 희망은 나에게 퍼즐의 시작인 밑그림을 그리게 하였으며, 결국 흩어진 개념들을 채색하고 끼워 맞추어나가면서 오늘의 제가 있게 된 겁니다. 정말 제겐 큰 행운이 아닐 수 없습니다."

여기까지 말을 마친 시우는 다시 한 번 두 사부를 향해 가볍게 목례를 했다. 그러곤 웅장한 트레이딩 센터를 찬찬히 둘러보며 말을 계속했다.

"주식투자란 단순히 사고파는 그런 단순한 게임이 아니라는 것을 깨달았습니다. 주식투자란 수많은 사람들이 내 편에 서서, 혹은 상대편에 서서 매일 치열한 전투를 치르는 전쟁이었습니다. 그런 전쟁터에서 살아남기 위해서는 자기만의 생존법, 즉, 수익 모델을 확보해야 합니다. 그러기 위해서 당장 여러분들이 해야 할 일이 있습니다. 그건 바로, 주식에 대한 철학, 트레이딩에 대한 철학을 먼저 정립하는 겁니다. 그 철학은 때로는 거래 타이밍일 수 있고, 또 때로는 거래 규칙일 수도 있습니다. 이런 거래 철학의 정립은 여러분들을 오랫동안 시장에서 생존할 수 있게 해드릴 것이며 아울러 큰 성공을 가져다줄 것입니다. 오늘 제가 이 자리를 빌어 몇 가지 제 거래 철학을 말씀드리면……."

 시우는 잠시 말을 끊었다가 좌중을 둘러본 후 칠판에 크게 글씨를 썼다.

주식투자는 마라톤이다

"주식투자는 자기 인생과 평생 함께 가야 합니다. 결코 서둘지 않으면서, 아주 길게 떠나는 그런 평생 여행 말입니다. 한 1년 급하게 챙겨서 사업 자금이나 만들면 주식판 접어야지! 이런 허황된 심리로는 분명 백전백패하게 될 겁니다. 그리고 조금 잃었다고 주위를 힘들게 하거나, 손실이 크다고 크게 좌절해서 극단적인 선택을 하거나, 결코 그러지 마세요. 반드시 결정적인 계기가 올 겁니다. 언제 왔는지 모르게 자연스럽게 왔다가 갈 거란 얘깁니다. 참고 인내하면서 자신의 문제점을 찾다 보면 어느 순간에 새로운 기회는 자연스럽게 곁으로 다가와서 여러분을 성공의 길로 이끌 것입니다. 한때 내 인생은 완전히 끝났어, 내 인생의 새로운 기회는 이제 더 이상 없다고 굳게 믿었던 저도 지금 이 자리에 이렇게 서 있잖아요? 여러분들도 결정적인 계기가 나타날 때까지 결코 포기하지 마세요. 반드시 성공의 계기는 나타날 거니까요."

 시우의 열정적인 강의에 어떤 참석자들은 크게 고개를 끄덕이기도 하고, 또 어떤 참석자들은 메모에 열을 올렸다.

"또 한 가지 반드시 명심해야 할 철학이 있습니다. 그건 바로, 세상에 공짜는 없다는 것입니다. 특히, 주식시장은 더욱 그렇습니다. 지금껏 존재했던 모든 위대한 투자자들은 남들과는 다른 열정과 노력으로 그 자리에 올랐다는 것을 우리는 결코 잊지 말아야 합니다. 시장은 언제나 겸손하고 노력하는 투자자의 손을 들어주었습니다. 오랜 경험만으로, 혹은 특출한 거래 비책을 배웠다고 해도 자신만의 피나는 노력 없이는 그 누구도 수익의 열매를 맛보지 못할 것입니다."

짝짝짝. 짝짝짝.

시우가 말을 마치자 우레와 같은 박수가 터졌다. 박수가 멎자 시우는 좌중을 둘러보며 목소리를 높였다.

추세를 추종하라

좌중을 다시 한 번 둘러본 후, 시우는 또박또박 칠판에 글씨를 썼다.

"주식 격언에 '시장을 존중하라.'란 말이 있습니다. 아마 모두들 이 말을 너무 많이 들어서 무척 식상하실 겁니다. 네, 그렇습니다. 이 시시한 격언에 답이 있었습니다. 이 말이 던지는 메시지는 바로 추세에 역행해서 투자하지 말라는 것입니다. 과거 시장의 승자들 대부분은 추세를 추종했던 사람들이었다는 걸 여러분들은 명심해야 합니다. 여러분! 부디 시세가 시작되지 않은 구간이나 종목을 잡고, 긴 기간 기회비용을 잃지 마시기 바랍니다. 그리고 시세가 이제 막 시작된 종목을 작은 이익에 만족하고 결코 던지지 마시기 바랍니다. 단지 조금 올랐다는, 그런 단순한 가격 논리에 의해서 보유를 포기하게 된다면, 여러분들은 평생 주식투자를 통해서는 부자가 되지 못할 겁니다. 제가 단언합니다만, 에너지가 모이고 본격적으로 움직이기 시작하는, 그런 종목이 바로 여러분들을 큰 부자로 만들어줄 것입니다. 이제 우리는 해답을 찾아야 할 때입니다. 오를 때 팔지 않고 떨어질 때 사지 않아야 합니다. 이것만이 영원한 해답입니다. 그러기 위해서는 이익을 최대한 굴리고 손실은 즉시 끊어줄 수 있어야 합니다. 제가 배운 '드라이브 이론' 대로 말입니다."

"홍 센터장님, 말씀 끊어서 죄송합니다만, 드라이브 이론이 뭔지 설명해주실 수 있나요?"

시우가 소리가 난 쪽으로 고개를 돌렸다. 거기엔 마도로스가 손을 들고 환하게 웃고 있었다. 그 옆에는 태권도가 두 주먹을 불끈 쥔 채 입 모양으로 화이팅을 외쳤다. 시우는 가볍게 목례를 하며 감사함을 표시했다.

"글쎄요…… 드라이브 이론은 천기누설인데……. 호호, 농담입니다. 오늘은 시간 관계상 말씀드릴 순 없습니다만, 조만간 기회가 올 겁니다. 오늘의 저를 있게 해준 파이프라인 증권아카데미의 현승철 원장님과 양 조교님이 당분간 저희 센터에서 교육을 진행해주실 거니까요. 그분들께 직접 배우시게 될 겁니다. 어떻습니까, 기대되시죠? 마침 저기 파이프라인의 핵심 브레인께서 와계시네요."

시우의 소개에 평소와 달리 말쑥하게 차려입은 양 조교가 일어나 가볍게 목례를 했다.

"이제 여러분들께 마지막 메시지를 드리겠습니다."

말을 마친 시우가 칠판 쪽으로 돌아서더니 지금까지 쓴 어떤 글씨보다 크게 글씨를 썼다.

크게 승부하라!

"이 메시지는 제가 드릴 수 있는 것의 거의 전부입니다. 오늘의 저를 있게 한 말이기도 하고요. 손실은 짧게, 이익은 최대한 길게! 앞으로 저희 트레이딩 센터가 추구하는 투자관이자 사훈이 될 겁니다. 여러분도 '큰 승부'에 대한 분명한 거래 철학을 가지고 내일부터 새롭게 도전해보세요. 분명 멀지 않은 장래에 큰 부를 얻게 되실 겁니다. 여러분! 크게 승부하라는 오늘의 이 메시지만은, 부디 평생 잊지 마시기 바랍니다. 승자의 자리에서 웃을 것인가 패자의 자리에서 울 것인가는 결국 여러분의 바른 판단과 이와 같은 확고한 거래 철학에 달려 있으니까요."

시우의 말투는 더욱 열정적으로 변해갔다. 모두들 그 열정에 사로잡힌 채 고개를 연신 끄덕였다. 주위를 크게 둘러보던 시우는 갑자기 긴장된 표정을 풀었다. 그러고는 얼굴 가득 미소를 띠며 부드럽게 말을 이었다.

"그리고 끝으로 한 말씀 더 드린다면, 앞으로 저도 여러분과 같이 연구하고 똑같이 투자할 겁니다. 개인적으로…… 제가 올해 시집을 좀 가볼까 하는데, 결혼 자금이 많이 필요할 거 같아서요. 호호호."

시우의 애교스러운 말에 객석에서 웃음이 터졌다. 일부 시선은 석기에게로 쏠렸다.

"호호, 농담이고요. 그만큼 진지하게 임하겠다는 그런 뜻입니다. 서로 도와가며 회사와 투자자 여러분 모두가 윈윈하는 그런 최고의 트레이딩 센터가 되도록 최선을 다하겠습니다. 참석해주신 여러분, 모두에게 진심으로 감사드립니다."

짝짝짝. 짝짝짝.

"마지막으로, 감사 말씀을 꼭 드려야 될 두 분이 계십니다. 제 평생의 은인이시면서 평생 사부님들이십니다."

시우는 손을 들어 단상 앞에 나란히 앉아 있는 큰물과 주식사부를 가리켰다.

"제게 주식 역사와 철학은 물론, 드라이브 이론을 생생하게 깨우치게 해주신 주식사부님, 그리고 크게 승부하는 법에 대해서 모든 열정을 갖고 전수해주신 일산 아저씨! 이 두 분께 오늘의 모든 영광을 돌립니다. 아저씨! 그리고 사부님! 평생 이 은혜 잊지 않겠습니다. 감사합니다."

말을 마친 시우는 단상을 내려가 두 사부에게 다가가 크게 인사를 올렸다. 우레와 같은 박수소리가 터졌다. 그러자 세 사람은 박수에 화답하듯 나란히 손을 맞잡고 힘차게 흔들었다. 시우는 물론 큰물, 주식사부 모두 눈시울이 붉게 물들어 있었다.

짝짝짝. 짝짝짝.

기분 좋은 박수소리가 그칠 줄 모르고 이어졌다.

쉽고 재미있게 배우는 투자의 정수
주식 천재가 된 홍 대리

초판   1쇄 발행 2007년 12월 14일
초판   19쇄 발행 2012년 4월 7일
개정판   1쇄 발행 2012년 11월 5일
개정판 12쇄 발행 2022년 2월 22일

지은이 최승욱
펴낸이 김선식

경영총괄 김은영
콘텐츠사업1팀장 임보윤 **콘텐츠사업1팀** 윤유정, 한다혜, 성기병, 문주연
마케팅본부장 권장규 **마케팅2팀** 이고은, 김지우
미디어홍보본부장 정명찬
홍보팀 안지혜, 김민정, 이소영, 김은지, 박재연, 오수미 **뉴미디어팀** 허지호, 박지수, 임유나, 송희진, 홍수경
저작권팀 한승빈, 김재원 **편집관리팀** 조세현, 백설희
경영관리본부 하미선, 박상민, 윤이경, 김소영, 이소희, 안혜선, 김재경, 최완규, 이우철, 김혜진, 이지우, 오지영
외부스태프 일러스트 삼식이

펴낸곳 다산북스 **출판등록** 2005년 12월 23일 제313-2005-00277호
주소 경기도 파주시 회동길 490
전화 02-702-1724 **팩스** 02-703-2219 **이메일** dasanbooks@dasanbooks.com
홈페이지 www.dasan.group **블로그** blog.naver.com/dasan_books
종이 (주)한솔피엔에스 **출력 · 제본** 민언프린텍 **후가공** 평창 P&G **제본** 정문바인텍

© 2007, 최승욱

ISBN 978-89-6370-074-8 (13320)

● 책값은 뒤표지에 있습니다.
● 파본은 구입하신 서점에서 교환해드립니다.
● 이 책은 저작권법에 의하여 보호를 받는 저작물이므로 무단 전재와 복제를 금합니다.

다산북스(DASANBOOKS)는 독자 여러분의 책에 관한 아이디어와 원고 투고를 기쁜 마음으로 기다리고 있습니다. 책 출간을 원하는 아이디어가 있으신 분은 다산북스 홈페이지 '투고원고'란으로 간단한 개요와 취지, 연락처 등을 보내주세요. 머뭇거리지 말고 문을 두드리세요.